Diogenes Taschenbuch 24727

de
te
be

Jörg Fauser wurde 1944 bei Frankfurt am Main geboren. Nach Abitur und abgebrochenem Studium lebte er längere Zeit in Istanbul und London. Er arbeitete u. a. als Aushilfsangestellter, Flughafenarbeiter, Nachtwächter. Ab 1974 widmete er sich hauptberuflich dem Schreiben. Seine Romane, Gedichte, Reportagen und Erzählungen sind eine Ausnahmeerscheinung in der deutschen Literatur. Jörg Fauser verunglückte 1987 in der Nacht nach seinem Geburtstag tödlich bei München auf der Autobahn.

Jörg Fauser

Der Schneemann

ROMAN

Mit einem Nachwort von
Dirk Stermann

Diogenes

Die Originalausgabe erschien 1981 im
Verlag Rogner & Bernhard, München
Covermotiv: Foto von Philipp Keel, ›Red Carpet, 2001‹

Veröffentlicht als Diogenes Taschenbuch, 2024

info@diogenes.ch · www.diogenes.ch
In Fragen zur Produktsicherheit (GPSR):
truepages UG (haftungsbeschränkt)
Westermühlstraße 29, 80469 München
info@truepages.de
ASR/25/852/2
ISBN 978 3 257 24727 5

Inhalt

1

Blum sah auf die Uhr. Höchste Zeit. Er leerte die Kaffeetasse, nahm sich einen Zahnstocher aus dem Plastikbehälter und winkte dem Kellner. Die Rechnung war nicht hoch – umgerechnet knapp fünf Mark –, aber er musste unbedingt bald ein Geschäft tätigen, wenn er sich nächste Woche auch noch ein warmes Mittagessen leisten wollte. Die eiserne Reserve tastete er nur ungern an. Er ließ ein paar Cent Trinkgeld in der Untertasse und winkte beim Hinausgehen mit der zusammengerollten *Times of Malta* dem Geschäftsführer zu, der mit der Tochter des Wirts zusammensaß und Karten spielte. Ein heller Junge. Vielleicht auch bald ein Kunde.

Das Licht war so stark, dass es ihn einen Augenblick blendete.

Er tastete nach der Sonnenbrille, und als er feststellte, dass er sie im Hotel vergessen haben musste, sah er neben der Kutsche mit dem altersschwachen Schimmel das Auto, das seit einigen Tagen immer in seiner Nähe war. Einer der beiden Männer, die darin saßen, stieg jetzt aus und kam auf ihn zu, ein Kleiner mit schwarzen Haaren und einer Wildlederjacke; er gehörte zu den Leuten, die ihre Sonnenbrille nie vergessen.

»Mr Blum?«

Obwohl er gerade etwas getrunken hatte, war sein Hals trocken. Er nahm den Zahnstocher aus dem Mund.

»Ja?«

»Nur einen Augenblick, Sir.«

Der Mann klappte eine Brieftasche auf und zeigte ihm den Ausweis, der überall auf der Welt gleich aussieht. Blum spürte, wie ihm der Schweiß ausbrach. Aus dem Zeitungsladen hörte er die Stimme des pensionierten englischen Majors. Die *Daily Mail* war auch heute nicht gekommen.

»Worum handelt es sich?«

»Das wird Ihnen Inspektor Cassar erklären. Nur eine Formalität.«

»Inspektor? Ich verstehe nicht. Ich bin Tourist ...«

Aber Blum verstand sehr gut, und es war ihm klar, dass der Polizist das auch wusste. Der Major ließ sich wieder zum *Daily Telegraph* überreden, und Blum warf den Zahnstocher weg und folgte dem Polizisten zum Auto. Eine andere Möglichkeit schien es nicht zu geben, so früh am Tag.

2

Es war ein kleines muffiges Zimmer, doch das waren sie ja meistens. Es gab einen Deckenventilator, der aber nicht in Betrieb war. Energieknappheit. Der Inspektor hatte seinen Stuhl zur Wand gerückt. Sein Gesicht lag im Schatten, aber Blum hatte genug gesehen, um zu wissen, dass es nicht zu den Gesichtern gehörte, an die man sich gern erinnert. Straff gescheitelte braune Haare und ein permanentes Zucken um den fischigen Mund. Der dunkle Anzug war tadellos gebügelt, und die Finger, die in Blums Pass blätterten, waren muskulös und perfekt manikürt. Sie legten den Pass beiseite, blätterten in einem Ordner und kehrten wieder zum Pass zurück. Vielleicht gefiel ihnen das Papier besser.

»Sie haben ein Touristenvisum, das für einen Monat gültig ist, Mr Blum.« Inspektor Cassar sprach ein lupenreines Beamtenenglisch. Ein Bastard, dachte Blum. Er nickte.

»Das Visum läuft in drei Tagen ab.«

»Ich könnte es verlängern lassen.«

»Aus welchem Grund sollten Sie das tun?«

»Weil es mir auf Malta so gut gefällt, zum Beispiel.«

»Sie halten sich jetzt schon geraume Zeit in dieser Region auf, Mr Blum. Für einen Touristen recht ungewöhnlich, finden Sie nicht auch?«

»Ich kenne Touristen, die jahrelang unterwegs sind.«

»Sie meinen die mit den langen Haaren und den Rucksäcken und Gitarren? Die jungen Leute? Aber Mr Blum, ich bitte Sie. Wenn Ihr Pass nicht gefälscht ist, dann wurden Sie am 29. März 1940 geboren. Ich glaube kaum, dass Sie sich noch zur jungen Generation zählen können.«

Blum starrte an die Wand. Eine Fliege inspizierte das Bild des Präsidenten. Der Mann sah vertrauenerweckender aus als Inspektor Cassar. Wahrscheinlich war das ein Grund, warum er Präsident geworden war.

»Darf ich fragen, was Sie von Beruf sind, Mr Blum?« Die Stimme des Inspektors klang immer noch amtlich-distanziert, aber Blum hörte schon eine härtere Tonart heraus.

»Ich bin Geschäftsmann, Sir.«

Der Inspektor rückte seinen Stuhl näher und nahm wieder den Ordner zur Hand.

»Aha. Und welche Geschäfte betreiben Sie?«

»Ich war zuletzt an einem Import-Export-Geschäft in Berlin beteiligt.«

»Zuletzt?«

»Nun, das Geschäft lief nicht mehr gut, und so ließ ich mich von meinen Partnern auszahlen, um eine Weile Ferien zu machen. Eine schöpferische Pause, verstehen Sie.«

Jetzt war Inspektor Cassar ganz dicht am Schreibtisch, und ein Streifen Sonnenlicht fiel über sein Gesicht. Die Augen waren gelb. Raubtieraugen. Blum spürte sein Herz schlagen. Er machte die Zigarette aus. Seine Finger waren nass vom Schweiß.

»Für jemand, der im Import-Export-Geschäft ist, haben Sie ein ausgefallenes Vokabular, Mr Blum. Schöpferische

Pause, so ein Quatsch! Soll ich Ihnen sagen, warum Sie eine ›schöpferische Pause‹ eingelegt haben? Weil Sie zu einer internationalen Bande von Kunstdieben gehören und in Marokko und Spanien und Tunesien und jetzt hier bei uns wieder mal in Aktion treten wollen, wie damals in Istanbul!«

Cassars härtere Tonart erinnerte Blum an besonders rechthaberische Schullehrer. Der Inspektor steckte sich eine Benson & Hedges an und blies den Rauch über den Schreibtisch auf Blums Blazer.

»In Istanbul? Ich verstehe nicht recht …«

Cassar klopfte auf den Ordner.

»Sie verstehen sehr gut, Mr Blum. Im Jahr 1969 gehörten Sie laut Interpol der Organisation an, die aus dem Archäologischen Museum von Izmir Altertumsschätze im Wert von über zwei Millionen Dollar gestohlen hat, darunter das Diadem mit den zwölf Arbeiten des Herkules …«

Blum räusperte sich.

»Inspektor, gestatten Sie, dass ich Sie unterbreche, Sir. Was Sie da aufs Tapet bringen, ist dieser ganze alte Wust von Verleumdungen, den ich schon damals bei der Polizei in Istanbul eindeutig widerlegen konnte. Wenn das heute noch von Interpol behauptet wird, handelt es sich um nichts anderes als völlig abwegige Gerüchte und Verdächtigungen, gegen die ich gerichtlich vorgehen würde, wenn mir meine Zeit nicht zu schade wäre.«

Cassar rang sich ein Lächeln ab.

»Sie würden gegen Interpol gerichtlich vorgehen? Ich muss sagen, Sie haben Nerven, Mr Blum.«

»Ich hatte nichts mit der Sache zu tun! Glauben Sie, die

Türken hätten mich laufen lassen, wenn sie mir auch nur die geringste Verbindung hätten nachweisen können?«

»Was die Türken getan oder nicht getan haben, interessiert mich im Moment überhaupt nicht.« Cassars Stimme war jetzt schneidend. »Wenn Sie hier bei uns etwas ausgeheckt haben, vergessen Sie es, Blum. Ein Kunstraub auf Malta verstößt nicht nur gegen die Gesetze unserer demokratischen Republik, er wendet sich direkt gegen den katholischen Glauben des Volkes, und die Strafe dafür können Sie in *einem* Leben gar nicht verbüßen.«

Er warf den Ordner verächtlich in die Ablage. Die Fliege schiss auf das Ohr des Präsidenten. Blum stand auf.

»Ich bin kein Kunsträuber, Inspektor Cassar.«

»Was immer Sie sind, Mr Blum, Sie werden kaum noch Gelegenheit haben, hier tätig zu werden. Wie ich schon sagte, Ihr Visum läuft in drei Tagen ab, und ich würde mir an Ihrer Stelle keine großen Hoffnungen machen, ein neues zu bekommen. Vielleicht können Sie Ihre ›schöpferische Pause‹ ja in Italien weiter ausdehnen. Die Tür ist dort drüben.«

»Ich werde mich bei meinem Botschafter beschweren.«

»Viel Spaß dabei, Mr Blum. Aber vergessen Sie nicht – wenn Sie eine Stunde nach Ablauf Ihres Visums noch auf Malta sind, kann Ihr Botschafter Sie in Kordin besuchen.«

»In Kordin?«

»Dort liegt unser Zivilgefängnis, Mr Blum.«

3

Als der Moskito in den Lichtkegel der Nachttischlampe geriet und direkt vor der Wand schwirrte, nahm Blum ein Pornoheft und schlug ihn tot. Die Tapete des Hotelzimmers war mit plattgeschlagenen Moskitos übersät. Blum rieb das Heft am Bettpfosten ab und gab es dem Pakistani, der auf der Überdecke saß und ihn mit Augen beobachtete, die älter waren als Pakistan, so alt wie alles zwischen Mann und Frau und Moskito in der Dämmerung.

»So ist das Leben«, sagte Blum, »hart, aber fair.«

»Ein interessanter Gedanke«, sagte der Pakistani.

Blum holte das Päckchen HB aus dem Blazer, steckte sich eine Zigarette an und hielt die Schachtel dem Pakistani hin.

»Ich rauche nicht«, sagte der lächelnd und legte den Kopf schief. In der Dämmerung wirkte seine Haut noch dunkler. Er trug einen grünen Anzug aus Kunstseide und Leinenschuhe ohne Socken. Sein langes fettiges Haar, da und dort schon angegraut, lag wie ein Kranz um sein faltenloses Gesicht.

»Da haben Sie recht«, meinte Blum. »Sex ist gesünder.« Er sah auf seine Armbanduhr. »Den ganzen Tag habe ich allerdings nicht für Sie Zeit, Mr Wach …«

»Haq«, verbesserte ihn der Pakistani, »Hassan Abdul Haq.«

»Natürlich, Mr Haq. Also, wie finden Sie die Dinger? Ich weiß nicht, ob Sie sich auskennen, aber gegen die alten Dänenpornos stinkt alles andre immer noch ab.«

Der Pakistani blätterte in den Heften, und Blum sah sich im Zimmer um. Kategorie D, dachte er, spartanisch, aber sauber. Im Sommer war der alte Palazzo sicher ganz angenehm, aber jetzt im März lauerte noch die Kälte in den Ecken. Und Moskitos gab es das ganze Jahr. Der Pakistani reiste mit leichtem Gepäck – ein kleiner Plastikkoffer lag unter dem Waschtisch, zwei Hemden hingen an Drahtbügeln zum Trocknen, und die Zeitschriften und Taschenbücher auf dem wackligen Nachttisch sahen nicht so aus, als ob sie aus Pakistan stammten. Immerhin, Mr Haq besaß einen Remington und benutzte ein teures Rasierwasser. Blum war schon mit leichterem Gepäck gereist, und für Kategorie C hatte es auch nicht immer gereicht.

Mr Haq legte das Heft beiseite, sah Blum einigermaßen enttäuscht an und sagte: »Amerikanische Produkte scheinen mir – wie sagt man – realistischer?«

Blum drückte die halbgerauchte Zigarette aus. Im Innenhof fingen die Touristen zu singen an, und er hatte es eilig.

»Sie meinen brutal. Die Amerikaner sind brutaler. Das da ist aus einer Zeit, als die Leute noch Geschmack aneinander hatten, wenn Sie mich verstehen.«

Aber was erzählte er dem Mann denn? Wahrscheinlich sodomisierte der schon vor dem Frühstück drei heilige Kühe. Überhaupt Wahnsinn, Asiaten Pornos zu verscheuern.

»Die Sache ist außerdem die, auf Malta gibt es keine anderen Produkte. Wenn Sie welche wollen, müssen Sie schon meine kaufen, Mr Faq. Und eins will ich Ihnen sagen – die Amerikaner lassen euch in der Scheiße sitzen, wenn der Russe über den Khaiber kommt.«

»Haq«, sagte der Pakistani ungerührt. »Hassan Abdul Haq. Waren Sie schon in meinem Land?«

Nein, Mr Blum war noch nicht da gewesen, und er wollte vorläufig auch nicht hin. Was er aus den Zeitungen wusste, genügte ihm.

»Vielleicht finden Afghanis an diesen Produkten Befriedigung, aber für meinen Geschmack sind sie künstlerisch wertlos.«

Womöglich fand Blum das auch, aber ein Pakistani durfte ihm nicht damit kommen. Er schnappte sich ein Heft und zeigte ihm die Rosinen.

»Das sind Klassiker, mein lieber Mann. Dänemark 1968, das ist so etwas wie ein Spitzenwein, verstehen Sie Spitzenwein? Ach so, ihr trinkt ja nicht. Jedenfalls, in Kairo krieg ich jeden Preis bezahlt, jeden.«

Mr Haq war aber kein Ägypter, er lehnte die Ägypter aus privaten und auch aus politischen Gründen ab, und 1968 sagte ihm auch nichts. Er fand die Hefte langweilig – »immer die gleiche Frau, immer der gleiche Mann, ja«.

»Es ist ja auch immer die gleiche Sache«, sagte Blum. »Vielleicht haben die Chinesen noch ein paar Tricks in petto – oder die Indianer am Amazonas –, aber die Sache als solche ist nun mal der gleiche alte Vorgang. Und was heißt da schon künstlerisch? Wer will denn Kunst dabei?«

»Amerikanische sind interessanter.«

Der Pakistani starrte auf einen Punkt über Blums Schulter. Blum hörte einen Moskito sirren. Er wartet darauf, dass ich auch den totmache, dachte er. Er hat es gern, wenn ich ihm die Moskitos totmache. Der Pakistani sitzt auf dem Bett und macht die Pornos madig, und der weiße Mann hüpft im Zimmer rum und haut die Mücken tot. Das könnte ja komisch sein, aber nicht mit mir.

»Wollen Sie vielleicht Bilder, wo sich zwei Männer die Fäuste in den Arsch rammen? Oder geht Ihnen einer ab, wenn Sie zusehen, wie es eine blonde Frau mit einem Schwein treibt? Oder stehn Sie mehr auf Kinderficken, Mr Haq?«

Mr Haq sah Blum an, als denke er angestrengt darüber nach, und dann sagte er: »Ich könnte jemand wie Sie gebrauchen, Mr Blum.«

Einen kurzen irritierenden Augenblick dachte Blum, der andere mache ihm ein sexuelles Angebot, dann kam Mr Haq auf Saudi-Arabien zu sprechen. Im Hof wurde jetzt *Guantanamera* angestimmt – drei heisere Männer und zwei schrille Mädchen –, und Blum hatte allmählich einen Drink nötig.

»Mit Saudi-Arabien möchte ich nichts zu tun haben, Mr Haq. Da geht man schon für eine Flasche Whisky ins Gefängnis. Oder man bekommt hundert Stockschläge auf die Fußsohlen, ich bitte Sie.«

»Aber nein – Sie verdienen viel Geld mit Whisky. Stockschläge gibt es nur, wenn man sich erwischen lässt, Mr Blum. Und dann denken Sie an das Problem des sexuellen Angebots …« Der Pakistani schien es sich in den Kopf gesetzt zu haben, mit dem Deutschen in Saudi-Arabien sein Glück zu machen. Er erzählte ihm von dem Flughafen, den deutsche Spezialisten und pakistanische Wanderarbeiter mitten in der Wüste aus dem Sand stampften – 15 000 Männer in Baracken, keine Frauen und kein Alkohol, oder doch von beidem keinesfalls genug, war das nicht eine goldene Chance, wie sie vielleicht nie wiederkam?

»Möglich«, sagte Blum. Er legte die Hefte zusammen. »Aber ich kann mich auch in Kairo gesundstoßen. Was ist, wollen Sie nicht wenigstens die paar Dinger? Ich mache Ihnen auch einen guten Preis.«

Der Pakistani schien auf etwas zu warten. Blum tat ihm den Gefallen und schlug noch einen Moskito tot, aber Mr Haq wollte offenbar etwas anderes. Er saß mit gefalteten Händen auf dem Bett und starrte ins letzte Tageslicht.

»Ich habe gute Verbindungen in Dschidda«, sagte er leise. »Ein Amerikaner hat in drei Monaten ein Vermögen mit gepanschtem Whisky gemacht.«

»Vielleicht hatte er es nötig«, meinte Blum.

»Haben Sie es nicht nötig, Mr Blum?«

»Nicht so, dass ich mich auf die Saudis einlasse.«

»Ja, ich weiß, den Deutschen geht es gut.«

»Ich muss gehen, Mr Haq.«

»Verzeihen Sie, dass ich Ihnen nichts angeboten habe ...«

»Ich bin hier, um *Ihnen* etwas anzubieten.«

»Hier, nehmen Sie etwas von der Schokolade, ist zwar maltesisch, schmeckt aber recht gut ...«

Schließlich geruhte Mr Haq, zwei Hefte zu erwerben, feilschte aber so lange um 50 Cent, dass Blum, als er die Tür zumachte, einen Geschmack auf der Zunge hatte, dessen Bitterkeit nicht nur vom Durst kam.

4

Auch wenn die Geschäfte schlecht gingen oder ihm die Ausweisung drohte, leistete Blum sich mindestens einmal in der Woche ein gediegenes Abendessen und eine angenehme Bar, und auf Malta hatte er sich dafür die Donnerstage ausgesucht, wenn es in der Pegasus Bar des Phoenicia Hotels die Currytafel gab. Blum mochte das – ein Hotel im britischen Kolonialstil, eine Bar, die mit nachgemachten mittelalterlichen Waffen dekoriert war, die Hotelangestellte im Sarong, die eigens für den Curry abgestellt wurde, die englischen Textilkaufleute, die sich seufzend von allem zweimal geben ließen, und die amerikanischen Touristen, die nach dem dritten Bourbon ihren Präsidenten in der Luft zerfetzten. Der Dollar war wieder einmal im Keller.

Mr Hackensack ließ auf den Präsidenten nichts kommen. Er war allerdings auch kein Tourist.

»Ich bin ein loyaler Amerikaner«, sagte er, nachdem er seine Davidoff in Brand gesetzt hatte, »ein Patriot. Solange er nicht dabei ertappt wird, wie er die silbernen Löffel aus dem Weißen Haus an die Russen verkauft, ist der Präsident für mich über jeden Verdacht erhaben.«

Hackensack war ein korpulenter Mann um die sechzig, der seine massige Gestalt in viel zu enge karierte Anzüge zwängte und auf seinen klobigen Schädel viel zu bunte

Hüte pflanzte. Die Fleischwülste von Kinn und Backen schoben den Mund zusammen, so dass er mit seinen gespitzten Lippen merkwürdig klein und zart wirkte. Die hellblauen Augen unter den buschigen weißen Brauen hatten einen stumpfen kalten Glanz. An Mittel- und Ringfinger der linken Hand steckten zwei protzige Rubine, die in massivem Gold gefasst waren, und in seiner gepunkteten Krawatte glänzte eine passende Nadel. Blum hatte schon öfter einen mit Hackensack getrunken, aber an diesem Abend ließ der Amerikaner zum ersten Mal durchblicken, er sei selbst schon für die Regierung tätig gewesen.

»Waren Sie bei der CIA?«

Hackensack setzte ein geziertes Lächeln auf.

»Früher hätte ich mich noch geschmeichelt gefühlt, wenn mich jemand gefragt hätte, ob ich bei der Firma war, aber heute …«

»Ich hoffe, ich habe Sie nicht beleidigt. Ich weiß nicht allzu viel über diese Geheimsachen. Meine Philosophie ist: Was ich nicht weiß, macht dich nicht heiß.«

Hackensack lachte, aber nur seine Fleischwülste schlugen Falten. Die Augen machten das Lachen nicht mit. Blum fühlte sich taxiert, aber Amerikaner waren so, und Hackensack schien jemand zu brauchen, mit dem er sich unterhalten konnte. Er bestellte noch zwei Drinks. In der Pegasus Bar mischte sich die Textilbranche mit der Touristikbranche, und in der Ecke hockten die maltesischen Paten in ihren schwarzen Anzügen und sahen sich den Boxkampf im Fernsehen an. Seine Freunde von der Polizei konnte Blum nicht entdecken. Vielleicht reichte Inspektor Cassars Spesenkonto nur für eine Limonade am Kiosk, drüben auf dem

Busbahnhof. Die Currytafel wurde aufgehoben. Während Hackensack ihm auseinandersetzte, warum Macht nicht nur das Salz des Lebens, sondern seine Essenz war, musterte Blum die Touristinnen, aber da gab es heute keine, bei der er landen konnte, und die Schöne im Sarong turtelte beim Abräumen der Platten mit dem Koch, einem Zwei-Zentner-Mann aus dem Weserbergland, der in Saigon für die Nachschubspezialisten gekocht hatte. Hackensack hob sein Glas und räusperte sich.

»Warum so nachdenklich, Blum? Geschäftsflaute, oder hat Ihnen einer die Missus ausgespannt?«

Die Nase des Amerikaners fing an zu glühen, und auch seine Blumenkohlohren glänzten rosa. Aber seine Augen ließ der Bourbon kalt. Er komme aus Tennessee, hatte er behauptet, aber Blum nahm ihm den Südstaatler eigentlich nicht ab.

»Flaute ist das richtige Wort, Mr Hackensack.«

»Sie als Deutscher?«

Blum konnte es nicht mehr hören. Waren für die Welt alle Deutschen Gewinner, weil Hitler den Krieg verloren hatte?

»Nicht jeder Deutsche ist Millionär, nur weil die Mark gut steht, Mr Hackensack.«

»Sagen Sie Harry zu mir. Ich weiß, Blum. Meine Firma hat eine Filiale in Frankfurt. Kommen Sie mal vorbei, wenn Sie dort zu tun haben.«

Blum nahm die Karte und steckte sie in seine Brieftasche.

»Ich glaube kaum, dass ich in nächster Zeit nach Frankfurt komme, aber trotzdem vielen Dank. In welcher Branche sind Sie, wenn ich fragen darf – oder fällt das unter ein Staatsgeheimnis?«

Hackensack prustete, verschluckte sich und lief violett an. Jetzt sah er in seinem zu engen Anzug und mit dem schweißgetränkten Hütchen auf dem Schädel wie ein Boxmanager aus, der schon zehn Jahre keinen Sieger mehr gehabt hat. Wahrscheinlich ist er auch nur ein armer Irrer, wie wir alle, dachte Blum.

»Ich bin Firmenberater«, sagte Hackensack, als er wieder Luft hatte. »Wenn ich Sie mal beraten kann, kriegen Sie Rabatt – schließlich waren wir beide auf Malta, und das will was heißen.«

»Ich bin zwar nur eine Ein-Mann-Firma, aber wenn ich Rat brauche, komme ich gern vorbei. Nehmen Sie noch einen? Der Nächste geht auf mich.«

Natürlich nahm Hackensack noch einen. Er schüttete den Bourbon wie Wasser herunter und zeigte keine Wirkung. Nur die geplatzten Äderchen in seiner Nase glühten jetzt dunkler.

»Welche Branchen sind denn im Kommen?«, fragte Blum.

»Alles, was mit Macht zu tun hat«, sagte Hackensack und wischte sich mit einem rotgeblümten Taschentuch den Schweiß vom Hals, was seinen Worten viel von ihrer Wirkung nahm. »Mit nackter, gewinnversprechender, menschenverachtender Macht, *Herr* Blum. Natürlich nicht erst seit heute Morgen – aber das wissen Sie ja selbst. Die Deutschen haben ja auch viel darüber nachgedacht, aber sie haben das Problem immer zu abstrakt und zu metaphysisch gesehen. Macht, das ist etwas ganz Konkretes, wie dieser Whisky im Glas und das, was er tut.«

So ein Blödsinn, dachte Blum – ich könnte irgendwo bei einer Frau liegen oder versuchen, die Hefte zu verkloppen, stattdessen höre ich mir an, was dieser Knallkopp über die Macht zu sagen hat, und sehr neu ist das auch nicht. Aber was war schon neu? Seine Geschichten, seine Träume, seine Misserfolge auch nicht. Vielleicht konnte er doch noch herausfinden, ob der Alte nur sinnlos seinem Affen Zucker gab, oder ob er mit seinem Palaver eine bestimmte Absicht verfolgte.

»Ich würde also sagen, Information ist im Moment das große Geschäft. Und natürlich alles, was die Struktur der kleinen grauen Zellen verändert. Die Chemie, Mr Blum. *Yessir,* die Chemie ist das ganz große Geschäft. Verbinden Sie die Information mit der Chemie, und Sie haben die Welt in Ihren Händen.«

»Da sehe ich für mich aber nicht viele Chancen, noch einen Fuß in die Tür zu kriegen«, antwortete Blum. »Ich meine, wenn einer so spät damit anfängt …«

Hackensack sah Blum durchdringend an, und bevor er die Zigarre an seine zarten Lippen führte, sagte er: »Es ist nie zu spät. Sie müssen nur die richtige Einstellung haben, mein guter Mann, dann kommen Sie immer wieder auf die Beine. Nehmen Sie mich – vom Koreakrieg über Berlin und Südostasien, immer wieder eingebrochen, immer wieder auf die Füße gekommen. In meiner Branche gehört das dazu.«

»Ich dachte, Sie sind Firmenberater.«

»Berater, Mann, sagen wir einfach Berater.«

Blum wollte nicht auf dem Unterschied beharren, und er wollte auch nicht mehr auf diesem schwitzenden Koloss beharren, der ihm allmählich suspekt wurde und auf den Wecker ging. Information, Chemie, Südostasien, alles schön und gut, aber was würde Hackensack machen, wenn

Blum ihm von Inspektor Cassar erzählte? Auch nur die Flatter. Er überlegte gerade, wie er ihn loswerden sollte, als er die Touristin sah, die allein in die Bar gekommen war und jetzt etwas hilflos an der Theke stand. Sie war groß und mager und kurzsichtig und trug ein geblümtes Kleid und eine Strickjacke. Sie war zwar nicht die Krönung des Abends, aber vielleicht die Rettung. Er winkte dem Barkeeper und zeigte, als er sie anlächelte, seine erstaunlich gepflegten Zähne.

»Sie sind sicher auch aus Germany«, sagte er und wandte sich von Hackensack ab.

5

Ein Kakerlak packte mit seinen Vorderbeinen ein Weibchen und bestieg es. Als sie auf den Titel *Don't go breaking my heart* gerutscht waren, warf Blum eine Münze in den Schlitz der Musikbox, drückte die Taste und sah den Kakerlaken bei der Paarung zu. Die Box war voller Kakerlaken, toten und lebenden. Rockfreaks, dachte Blum. Tanzen auf dem warmen elektrischen Bauch der Maschine, rocken und ficken sich zu Tode. Viel Spaß, ihr beiden. Der Kakerlak ließ das Weibchen los. Es rutschte über *Sailing* und *La Barca* und blieb auf *Please don't go* regungslos liegen. Der Alte hat sie totgemacht. Bei den Skorpionen ist es das Weibchen, bei den Kakis das Männchen. So ist das Leben, Mädchen. Blum griff sich sein Bier und sah wieder hinaus auf die Gasse, wo die jungen Dinger im Gedröhn der Musik auf die Touristen warteten, die gerade überlegten, ob sie sich eine halbe Flasche Wein zu Mittag leisten oder lieber ihrer Frau das T-Shirt kaufen sollten, auf dem stand *I lost my heart in Malta.*

Schließlich tauchte Larry auf. Larry war Australier und hatte in Vietnam eine Lunge verloren. Seitdem bezog er eine monatliche Rente vom australischen Staat, die er in den billigeren Hafenstädten des Südens vertrank. Jedes Jahr gab es eine billigere Hafenstadt weniger. Er war ein schmaler Bursche mit einem lederartigen Gesicht und graugesprenkeltem Bart und hatte jeden Tag dieselbe verschossene Windjacke an. Er kannte sich mit Booten aus und hatte in seinen Papieren die Berufsbezeichnung »Soldat« stehen.

»Komm, Blum«, sagte er, nachdem er seinen Hustenanfall mit einem Scotch bekämpft hatte, »der Itaker wartet auf dich.«

»Will er sie kaufen?«

»Er will ein Probeheft sehen.«

Sie fuhren mit einem der grünen Autobusse, deren Fahrerkabinen mit den rosenwangigen Marien, den schmachtenden Gottessöhnen, den Plastikblumengirlanden und den lateinischen Bibelsprüchen aussahen wie Hausaltäre. Sie saßen eingeklemmt zwischen Bauern und Schulmädchen und englischen Ehepaaren, die nach Wermut rochen und Bohnenkerne oder Bonbons lutschten. Die Männer erzählten sich die alten Witze – »Kennen Sie den von dem Sikh, der nach Kanada auswandern will?« –, und die Frauen warfen hinter ihren bunten Prospekten den jungen Maltesern feuchte Blicke zu. Blum beneidete sie. Er war erst in ein paar Jahren so alt wie sie, aber hier hockte er schon mitten unter ihnen und kannte keine Witze und hatte keinen feuchten Blick, nur ein altes Pornoheft in der Tasche. Und wenn er in zwei Tagen nicht weg war, auch noch die Schmiere am Hals. Was hielt ihn noch in Gang? Was den Bus in Gang hielt: Sprit und Glaube. *Verbum dei caro factum est,* stand vorn an der Kabine, und so viel er noch wusste, hieß das: *Gottes Wort ist Fleisch geworden.* Na bitte – irgendwo musste doch ein Suppentopf hängen, der die Desperados satt machte.

In Mosta stiegen die Touristen aus. Die Männer hatten

schon Schweißflecken auf ihren Polohemden, und die Achselhaare der Frauen glänzten vor Nässe.

»Ganz schön viel Gold hier«, sagte Blum mit einem Blick auf die protzige Kirche in maltesischem Neo-Barock.

»Das ist aber nur etwas für wirklich abgefuckte Typen«, gab Larry zur Antwort. »Kirchenraub auf Malta. Ungefähr dasselbe, als wollte man Lenins Leiche aus dem Mausoleum am Roten Platz klauen. Da liegt sie doch, oder?«

Blum zuckte zusammen.

»Hast du hier mal mit der Polizei zu tun gehabt, Larry?«

»Wie kommst du denn auf den Gedanken?«

Der Bus ratterte weiter, und Blum lehnte sich zurück und tat, als hätte er die Frage nicht mehr gehört. Sicher nur ein Zufall, dachte er. Hinter Mosta begann das Farmland – dürre Erde, aus der die Bauern mit dem Wasser, das während der Regenzeit fiel, Obst und Gemüse zauberten. Jetzt blühten die Mandelbäume, es roch nach Früchten und Blumen, nach Wind und Meer und Frauen. Blum legte den Kopf an das Fenster und schloss die Augen, und für einen Augenblick überließ er sich dieser Illusion von etwas, das es nie geben würde – Frieden, Glück, Magie ... Dann machte er die Augen wieder auf, sah den Australier, dem der Schleim aus der Lunge hochkam, und ein schielendes Mädchen in blauer Schuluniform, das ihn die ganze Zeit beobachtet hatte und jetzt rot wurde und wieder nach vorne sah. Er nahm die marokkanische Sonnenbrille mit den goldgefassten lila Gläsern aus der Jackentasche und setzte sie auf. Die Dinger waren ihr Geld wert. Manchmal reduzierten sie sogar den Süden auf ein erträgliches Maß.

In St. Paul's Bay stiegen sie am Hafen aus. Das Nest brütete in der Sonne. Ein Hund rannte kläffend hinter dem Bus her. Zwei germanische Touristen schulterten vor einem Café mit Plastikschnüren in der Tür ihre riesigen Rucksäcke. Irgendwo stotterte ein elektrischer Rasenmäher, und ein Bauer trieb einen Esel in die Felder. Zur Straße waren alle Häuser blind. Sie gingen langsam über den Kai. Larry zeigte Blum ein Motorboot, das etwas abseits von den anderen festgemacht hatte.

»Das ist Rossis Boot. Ein Bertram 32-Footer mit Twin-V-8-Dieselmotoren, hochfrisiert wie eine Edelnutte. Mit dem Boot hängst du jede Küstenwache ab.«

»Wozu sollte er das denn?«

»Na, wozu denn schon, alter Junge.«

Larry steckte sich die zwanzigste Rothman's King Size des Tages an und rotzte einen Mundvoll Schleim ins Hafenwasser, ohne dass seine Zigarette nass wurde.

»Was soll er hier denn schmuggeln? Kirchenaltäre?«

»Bestimmt kein Trockengemüse. Komm, er ist jetzt in seinem Palazzo und föhnt seine Dauerwelle.«

Die Villa Aurora war das letzte Haus in einer Sackgasse. Vom Äußeren her konnte Rossi mit seiner Schmuggelei noch auf keinen grünen Zweig gekommen sein. Im Vorgarten verrottete eine Palme zwischen leeren Benzinkanistern, der rosa Hausanstrich war schon lange nicht mehr erneuert worden, und der Stuck über der Tür bröckelte ab. Als Larry auf die Klingel drückte, sah Blum, wie im Nachbarhaus ein Vorhang kurz zurückgeschoben wurde. Die Klingel rasselte schwach. Irgendwo im Haus schlug ein Hund an. Als die Tür aufging, fiel nebenan der Vorhang wieder zu. Eine alte Frau in schwarzer Tracht sagte etwas auf Maltesisch, und

Blum stellte überrascht fest, dass Larry ihr auf Maltesisch antwortete. Das machte ihn misstrauisch. Die Frau verschwand, und an ihrer Stelle stand eine Dogge da und starrte die Fremden mit blutunterlaufenen Augen an. Dann erschien Rossi, pfiff die Dogge zu sich und winkte sie herein.

Der Raum, in den der Italiener sie führte, lag zum Garten und war angenehm kühl. Die Wände hatten auch hier einen neuen Verputz nötig, aber die Einrichtung war komfortabel, und Bilder mit maltesischen und arabischen Motiven gaben dem dämmrigen Zimmer einen Hauch von Luxus. Im Garten entdeckte Blum eine blonde Pin-up-Schönheit, die in einem Liegestuhl völlig nackt ein Sonnenbad nahm. Blum hatte einige Mühe, seine Augen von ihr loszureißen. Blondinen hatten diese Wirkung auf ihn. Schließlich nahm er das Glas, das ihm der Italiener hinhielt.

»Ich nehme an, du trinkst Tequila.«

»Mhm. *Viva Zapata.*«

Rossi hatte eine leise, heisere Stimme, und nach dem ersten Schluck von seiner Margarita sah Blum, dass Larry mit der Dauerwelle nicht übertrieben hatte. Die langen schwarzen Haare des Italieners fielen in kunstvollen Locken über seine Schultern und das knapp sitzende Seidenhemd, das bis zum Nabel offenstand und eine bronzene Brust enthüllte. Dafür war das Gesicht alles andere als gewellt – ein bräunlicher Felszacken mit zwei harten Augen und einem brutalen Kinn. Blum schätzte ihn auf Anfang 30. Nach dem dritten Schluck fragte er sich, wozu der Mann Pornos brauchte. Aber Rossi kam bereits zur Sache. Sein Englisch war ebenso flüssig wie Blums, und er hatte einen leichten amerikanischen Akzent.

»Hast du eins von deinen Heften dabei? Lass mal sehn.«

Er blätterte es mit Kennermiene durch. Seine goldenen Armreifen klimperten.

»Ja, genau so beschissen hab ich mir's auch vorgestellt. Weißt du, ich habe einen Kunden, der eine Schwäche für das Zeug hat.«

»Araber?«

Rossis Blick ließ auf ein beträchtliches Reservoir an Gemeinheiten schließen.

»Vielleicht ist es ein Deutscher, Blum.«

»Warum nicht?«, meinte Blum mit einem Achselzucken.

»Wie viel Hefte hast du davon?«

»Noch zweihundert.«

»Schon ein paar verkauft hier?«

»Man muss schließlich leben.«

»Und du lebst tatsächlich davon – von diesen Heften?«

»Man nimmt, was kommt. Außerdem finde ich das nicht unmoralischer, als Cola zu verkaufen. Oder Tequila.«

»Ich meinte, ob du davon leben kannst. Diese Heftchen sind doch ziemlich, na, sagen wir – überholt?«

»Irgendein Kunde findet sich immer, nicht?«

Der Italiener lachte. Wenn er lachte, sah er gar nicht unsympathisch aus. Vielleicht lag es daran, dass seine Zähne ziemlich schlecht waren. Unter anderen Umständen hätte Blum mitgelacht. Aber seine Situation war zu lächerlich – und gleichzeitig zu desperat –, um mit einem Lachen darüber hinwegzukommen. Er trank lieber seine Margarita. Larry tat so, als betrachte er die Bilder. Das Pin-up-Girl lag jetzt auf dem Bauch, und die Dogge saß mit gespitzten Ohren neben ihr und starrte ins Haus.

»Also gut, kommen wir zum Preis. Hier, nimm noch einen. Margarita, das Dealergetränk, eh? Du bist doch auch ein Dealer, mein Bester, hab ich recht? Wir sind alle Dealer, sogar Larry ist Dealer, was, Larry?«

Der Australier hustete, wischte sich den Mund ab, starrte auf seinen Handrücken und sagte dann: »Es ist deine Party, Rossi.«

Rossi lachte und goss sich jetzt auch etwas in sein Glas. Blum vermutete, dass es pure Limonade war.

»Natürlich«, sagte Rossi, »ich gebe immer Partys. Ich liebe Partys. Kommst du auch zu meiner nächsten Party, Blum? Aber jetzt sag mal deinen Preis, *avanti.* Ich hab's eilig.«

Er machte eine obszöne Geste Richtung Garten. Blum nannte seinen Preis. Rossi tat entrüstet.

»Aber das ist ja Wahnsinn! Sechshundert Dollar, das sind drei Dollar pro Heft! *Mamma mia,* ich glaube, du kennst deinen Markt nicht richtig ...«

Aber Blum ging nicht davon ab. Da war Kairo, da war ein pakistanischer Großeinkäufer, der Saudi-Arabien belieferte. Nein, 600 Dollar waren angemessen.

»Und dann darfst du nicht vergessen – diese Dinger sind Klassiker auf ihrem Gebiet, wie ein Spitzenwein. Kopenhagen 1968, Mann, davon gibt es nicht mehr viele. Sieh mal hier – die Serie *Frühlingserwachen,* von Björn Söderbaum, was glaubst du, was ich dafür erst in Hongkong bekomme! Söderbaum, ein Genie in seinem Fach. Hier, da hat er zum ersten Mal die Technik des Kamera-Auges verwendet – die Perspektive der Dritten Dimension –, da steht ganz China Schlange, wenn ich damit komme ...«

Rossi trat einen Schritt zurück und kniff die Augen zusammen, aber nicht, um Söderbaums Kunst zu würdigen.

»Ich habe dich richtig eingeschätzt, Blum. Dritte Dimension, *porca Madonna*. Okay, ich werde dir fünfhundert Dollar geben, und vielleicht kommen wir noch mal ins Geschäft.«

»Fünfhundertfünfzig, Rossi, und wir reden nicht mehr darüber. Da brauche ich dann aber auch hundert Dollar Anzahlung, sonst schließe ich doch mit dem Pakistani ab.«

Rossi hatte aber keine Dollar, und nach langem Gefeilsche einigten sie sich auf 40 maltesische Pfund. Rossi zählte das Geld ab.

»Bring mir die Hefte heute Abend um elf ins Phoenicia. Zimmer 523. Dann reden wir über eine andere Sache.«

Er blinzelte Blum zu und zeigte mit dem Kinn auf Larry, der inzwischen mit den Bildern fertig war und sich die Flaschen der Hausbar ansah. Blum nickte und steckte das Geld ein. Als sie gingen, warf er einen letzten Blick auf den Garten. Rossis Girl vertiefte sich bereits in das Pornoheft, und auch die Dogge zeigte Interesse für Söderbaums geniale Technik in *Frühlingserwachen*.

Als sie später wieder im Playgirl an der Musikbox standen, sagte Blum: »Meinst du, er kauft die Hefte wirklich für einen Kunden?«

In Larrys Augen waren schon die Dschungel bei Da Nang zu sehen, und er zuckte nur mit den Achseln.

»Die fünfzig Dollar, die ich extra rausgeholt habe, bekommst du natürlich, alter Junge. Ich muss jetzt nur mal die Hotelrechnung anzahlen.«

»Hab ich dir die Geschichte erzählt, wie sie uns aus Versehen in dem Gebiet absetzten, das sie am Tag vorher mit Giftgas behandelt hatten?«

Während Larry den Horror auszutreiben versuchte, den er nie mehr austreiben konnte, beobachtete Blum, wie die Kakerlaken kopulierten und über die Plattentitel rutschten. Die Musik dröhnte ihre Horrorlieder, und Blum hatte Mühe, alles auseinanderzuhalten, den Horror der einen, die Lust der anderen und die eigenen Erinnerungen. Aber am Ende setzten sie sich immer durch gegen den Horror oder die Lust der anderen, die eigenen Erinnerungen, die größte Schweinerei auf Erden.

6

Aber es hilft nichts, dachte Blum am Abend, in seinem Zimmer am Hafen, man muss da durch – du bist nicht Larry, du bist kein Australier, du hast nicht in Vietnam das Giftgas eingeatmet, du bist Blum und musst durch, alles was du brauchst, ist endlich eine Chance, eine einzige wirkliche Chance, den dicken Fisch, den großen Heuler, und dann Schluss mit der billigen Tour, einmal die Knete richtig rollen, Herrgott, die großen Lappen an Land ziehen, den Kopf aus der Scheiße heben, die echte heiße Sonne sehen, *Madonna mia*, und wenn die Rechnung kommt, dann bitte mit allen Stempeln und dem großen Bäng.

Er blätterte in dem Buch, das er im November einem Amerikaner in Algeciras abgekauft hatte. Es war das *Bahamas Handbook and Businessman's Annual*, Nassau, 1978, mit einem Vorwort des amtierenden Generalgouverneurs. Eine Fotografie zeigte Sir John Cash mit Königin Elizabeth II. Ein stattlicher Schwarzer mit verschmitztem Gesicht. Schön, es durfte gelacht werden, ein Spleen, die Bahamas – aber ein Land, dessen oberster Beamter Bargeld hieß, war doch endlich mal was anderes. Der Amerikaner hatte Blum gefragt, in welcher Branche er sei, und Blum hatte vage gelächelt und geantwortet, in der Baubranche. Das klang immer gut. Was er mache, hatte er den Amerikaner dann gefragt. Er arbeite für die Regierung, hatte der mit ebenso vagem Lächeln geantwortet und Blum angesehen, als warte er auf eine Beleidigung. Aber Blum hatte verständnisvoll genickt und aufgepasst, wie viel Trinkgeld der Ami gab. Gar keins, klar. Blum betrachtete die Fotos der bahamesischen Parlamentsabgeordneten. Die meisten waren Schwarze, gehörten der *Progressive Liberal Party* an und waren entweder Geschäftsleute oder Gewerkschaftler oder beides. Wenn er in der Baubranche sei, würden die Bahamas ihm zusagen, hatte der Amerikaner beim Abschied gesagt, dort gebe es den größten Bauboom in der westlichen Hemisphäre.

Auch seltsam, ein Mann, der für die Regierung arbeitete und sich ein Handbuch, das jeder Tourist wahrscheinlich zur Begrüßung in die Hand gedrückt bekam, mit zwei Dollar bezahlen ließ. Na gut, die Amis hatten's jetzt nötig. Auch Hackensack mit seinen Havannas und seinem Bourbon und seinen Rubinen an den Wurstfingern hatte irgendwas nötig, das merkte man doch. Blum, an dem schon viele Booms vorbeigerauscht waren, hätte das Handbuch fast liegenlassen, aber jetzt war er froh, dass er es mitgenommen hatte. Es gab Tage, an denen selbst die Import-Export-Statistiken und die Anzeigen der Grundstücksmakler, ganz zu schweigen von dem Kapitel »Flora« (es war beruhigend zu wissen, dass es auch auf den Bahamas Rosenkohl gab), auf ihn wirkten wie eine schmerzlindernde Droge, die ihn einlullte und an Strände brachte, wo es immer Sonne und Palmen und fliegende Fische gab und Frauen mit Blumengirlanden zur Begrüßung der Reisenden. Aber der Reisende war nie Blum. Blum kam in diesen Träumen nicht vor, und das war das Angenehmste an ihnen – sie enthielten keine Niederlagen.

Es klopfte. Als er zur Tür ging, sah er auf die Uhr. Höchste Zeit für Rossi. Er musste eingeschlafen sein.

»Ich hoffe, ich störe Sie nicht«, sagte Mr Haq und zeigte Blum einen Goldzahn. Er trug denselben grünen Anzug aus Kunstseide, hatte sich aber für diesen Besuch schwarze Plastikschuhe und sogar Socken angezogen. Er machte bei aller Beflissenheit einen entschlossenen Eindruck, wie ein Mann, der sich dazu durchgerungen hat, eine Gehaltserhöhung zu fordern.

»Ich fürchte, ich muss gleich zu einer Verabredung«, sagte Blum und stopfte sich das Hemd in die Hose. Auch er wusch seine Hemden selber, und das schöne marineblaue aus Tanger war vom Herumliegen schon wieder ziemlich verknittert.

»Oh, ich werde Sie nicht lange aufhalten«, sagte der Pakistani und sah sich rasch im Zimmer um. Was er sah, schien ihn zu beruhigen. Der Deutsche war auch nicht besser dran als er.

»Ich hatte gehofft, Sie würden mich noch einmal aufsuchen und mir Gelegenheit geben –«

»Die Hefte sind alle verkauft, Mr Haq. Ich bringe sie gerade weg.«

»Ich hatte nicht an die Hefte gedacht, Mr Blum.«

Blum stieg das Blut in den Kopf. Alles, was ihm jetzt noch fehlte, war eine erschöpfende Diskussion über die Probleme der 15 000 pakistanischen Wanderarbeiter in der Wüste zwischen Mekka und Dschidda. Warum mussten immer die Verlierer an ihm hängenbleiben? Er ging zum

Waschbecken und kämmte sich die Haare. Ein Kakerlak kroch ins Abflussrohr, aber auch nur pro forma. Blum blickte in den Spiegel. Jetzt lichteten die Haare sich auch schon an den Seiten. Bald kam wohl der Tag, an dem er mehr Hoffnungen als Haare hatte. Aber der Pakistani zählte nicht zu den Hoffnungen – noch nicht.

»Mr Haq, wenn Sie an Ihre saudi-arabischen Träume denken –«

»Keine Träume, Mr Blum! Konkrete Vorstellungen sind es, Ideen – mehr als Ideen: Pläne!«

Blum wusch sich die Hände. Das Handtuch war noch das von letzter Woche.

»Mr Haq, ich reise in den nächsten Tagen ab. Aber Dschidda liegt nicht auf meiner Route.«

»Darf ich fragen, wohin es gehen soll?«

Blum zog seine Jacke an.

»Details stehen nicht fest, aber ich denke an Italien.«

»Italien? Mr Blum, kennen Sie Italien?« Er steckte sich ein Bonbon in den Mund und ließ zwei Goldzähne sehen. »Lassen Sie uns doch in Ruhe über meine Pläne sprechen. Was sucht ein Mann wie Sie in Italien? Die haben nicht einmal richtiges Geld.«

Blum steckte seine Zigaretten ein und holte den Koffer mit den Heften aus dem Schrank. Weiter war jetzt nichts mehr zu tun.

»Geld ist Geld, Mr Haq. Italienisches Geld ist auch Geld. Und dann mache ich auch sicher einen Abstecher nach Deutschland, meine Heimat, wie Sie wissen. Dort gibt es, wie man bei uns sagt, eine Menge zu tun. Mal sehn, was sich machen lässt.«

Der Pakistani nickte und blickte vom Koffer wieder zu Blum, wobei er den Kopf heben musste.

»Ich war auch schon dort. Meine saudischen Pläne haben übrigens auch mit einer Reise nach Westdeutschland zu tun …«

Blum nahm den Koffer in die Hand.

»Ich will Ihnen was sagen, Mr Haq – warum kommen Sie morgen nicht noch mal vorbei, dann erkläre ich Ihnen genau, warum ich kein Interesse habe.«

»Sie haben kein Interesse? Aber wie können Sie kein Interesse haben, bevor Sie meine Pläne genau kennen?«

»Ich verlasse mich auf meinen Instinkt. Kommen Sie, es wird allmählich Zeit für mich.«

Der Pakistani lächelte melancholisch.

»Ich hatte gehofft, Sie wären ein aufgeschlossener Mensch, mit dem man die Probleme des modernen Lebens erörtern kann – eine Geschäftsverbindung ergibt sich ja dann meistens von selbst …«

Dann stand er doch im Gang, und Blum konnte absperren.

»Alles zu seiner Zeit, Mr Haq. Über die Probleme des modernen Lebens erzähle ich Ihnen gern etwas, wenn ich weiß, dass ich meine Hotelrechnung bezahlen kann.«

Der Pakistani sagte nichts mehr. Sie gingen durch das halbdunkle Treppenhaus nach unten und traten auf die Straße. Blum atmete eine Mischung aus Abfallgerüchen und Blütenduft ein. Die Abfallgerüche überwogen. Vom Hafen drang das Heulen einer Sirene herüber. Er steckte sich eine HB an und wandte sich an den Pakistani, dessen Gesicht sich unter der roten Hotelreklame grotesk verfärbte.

»Gute Nacht, Mr Haq.«

»Ich könnte wirklich jemand wie Sie gebrauchen, Mr Blum.«

Oh nein, dachte Blum und ging rasch die Straße hinauf. An der nächsten Ecke sah er sich noch einmal nach dem Pakistani um. Mr Haq stand immer noch unter dem roten Licht, und Blum kam es so vor, als mache er einem auf der anderen Straßenseite ein Zeichen. Allmählich schafft mich der Typ, dachte er.

In der Republic Street herrschte noch Hochbetrieb. Gesichter aller Rassen, Rockmusik aus Discotheken, Neonlichter. Blum bahnte sich mit seinem Koffer einen Weg durch das Gedränge. Ein kleiner Junge zog ihn am Ärmel.

»Mister, hey, Mister!«

Die alte Litanei. Blum ging weiter. Der Junge ließ nicht locker, zeigte ihm etwas. Ein Bildchen. Heiliger Strohsack, dachte Blum, die Konkurrenz ist auch noch unterwegs. Arbeiten mit Kindern, die Schweinepriester.

»Mister, for the Church!«

Blum blieb stehen und wurde von der Menge sofort zur Seite gedrückt. Ein Japaner machte ihm Platz und lächelte ihm aufmunternd zu, als wollte er sagen: Nur zu, nimm ruhig auch das noch mit …

»Für die Kirche? Na, zeig mal her.«

Der Knirps gab ihm das Bild, und Blum sah es sich an, den Koffer zwischen die Füße geklemmt. Die Jungfrau Maria in einem blauen Kleid stand, von düsteren Wolken umrahmt, mit ausgebreiteten Armen auf der Erdkugel, einen Reif aus Sternchen über ihrem Haupt. Sie lächelte zart. Nein, für das Jammertal konnte sie wohl wirklich nichts.

Auf der Rückseite stand ein Text in Maltesisch. *Madonna berikni u salvani.* Man brauchte die Sprache nicht zu können, um das zu begreifen. Der Knirps zog Blum am Ärmel.

»For the Church, Mister!«

Wenn mich jetzt Inspektor Cassar sehen würde, dachte Blum gequält und kramte ein paar Münzen aus der Hosentasche. Im gleichen Augenblick wurde er von hinten gestoßen und dann an die Fensterscheibe eines Buchladens gedrückt. Alles ging sehr schnell – ein Ruck, und als er sich befreit hatte, stellte er fest, dass der Koffer weg war. Der Junge war auch weg, und Blum hatte das Bildchen mit der Jungfrau in der Hand. Die Menge schwappte gleichgültig vorbei. Die Glocken der St. John's Kathedrale läuteten. Es war elf Uhr.

7

In der Tür von Nr. 523 steckte der Schlüssel, und an seinem Ring schwang der Holzknauf mit der Zimmernummer noch leicht hin und her, als sei die Tür gerade zugemacht worden. Blum klopfte leise.

»Rossi? Bist du da, Rossi?«

Keine Antwort. Blum war sich sicher, dass niemand von ihm Notiz genommen hatte, als er in das Hotel gekommen war. Ein Mann in mittleren Jahren mit lila Sonnenbrille, Blazer und Halstuch fiel in dieser Umgebung so wenig auf wie ein besoffener Seemann in der Strait Street. Dennoch fühlte er sich beobachtet. Jemand war ihm die ganze Zeit gefolgt. Jemand, der einen Koffer mit alten Dänenpornos lieber stahl, als dafür 550 Dollar zu bezahlen. Der Fahrstuhl klickte und glitt nach unten. Dem Inspektor war natürlich alles zuzutrauen. Warum nur dem Inspektor? Jedem. Blum klopfte noch mal. Nichts rührte sich. Der Fahrstuhl war jetzt unten. Blum blieb nichts anderes übrig – er ging hinein.

Wer immer die Tür zugemacht hatte, er hatte sie nicht beim Betreten, sondern beim Verlassen des Zimmers zugemacht und dann den Schlüssel steckenlassen. Und wenn hier Rossis »nächste Party« über die Bühne gegangen war, dann war Blum froh, dass er dabei gefehlt hatte. Das elegante Zimmer war völlig verwüstet. Die Matratzen waren aufgeschlitzt, und ihre Füllung sah fast so unappetitlich aus wie die Sandwiches, die an den Wänden klebten, und die dunklen Lachen auf dem Teppich mit den zerbrochenen Flaschen und zertretenen Gläsern. Wer hier so ungestört gehaust hatte, in diesem überfüllten Hotel mit den Touristenschwärmen und den Galaabenden und den großen Empfängen und den Dutzenden von Hotelbullen, wer sich die Zeit genommen hatte, Glasrahmen zu zerschlagen, Nachtschränke zu zerlegen, Sonnenblenden vom Fenster zu reißen und auch noch das Telefon aufzuschrauben, der gehörte doch wohl zu den flotteren Akteuren. Aber auf welcher Bühne? Und welches Stück wurde gegeben? Und was hatten er und seine lausigen Pornohefte damit zu tun? Reine Statisterie oder ganz oben auf der Besetzungsliste? Er warf einen Blick aus dem Fenster. Das Panorama war nicht schlecht. Dieser kleine, ausgeleuchtete Felsen im Mittelmeer, eine Falte im Kopftuch der Madonna, *for the Church*, ja sicher, aber ... Alles so eng da draußen, jeder kannte jeden, und er, Blum, hatte geglaubt, hier könne man für sich bleiben und in aller Ruhe eine kleine Kugel schieben. Denkste. Er fragte sich, wo der Knast lag, wie hieß er noch? Kordin. Wahrscheinlich da weiter hinten, wo es zappenduster war.

Und wo, bitte, war Signor Rossi?

Jedenfalls nicht im Schrank, der merkwürdigerweise völlig leer war, als ob hier gar niemand wohne, und nicht in der Badewanne und auch nicht unter dem Bett. Oder doch? War das nicht Rossis Haar? Blum spürte ein flaues Gefühl im Magen. Wenn jetzt hier die Polizei ins Zimmer stürmt, und ich als stadtbekannter Kunsträuber und Pornohändler mit Rossis Leiche unterm Bett – *Madonna salvani.* Nun gut, was konnte man schon tun? Er bückte sich und sah nach. Was er sah, verblüffte ihn, gab ihm Rätsel auf, aber seinem Magen signalisierte es zunächst einmal Entwarnung. Statt Rossis Leiche lagen nur Rossis Haare unter dem Bett.

Ohne es zu wollen, streckte Blum die Hand aus und hob die Haare auf. Nichts abgeschnitten, nein, eine Perücke. Dieser Fatzke, dachte er. Die ganze Lockenpracht ein künstliches Gebilde, Kaufhof, 30000 Lire. Er drehte sie um, so dass er in das Netz sah, und sofort bekam er wieder das flaue Gefühl. Am Innenband klebte ein Stück Tesafilm, und wenn man genau hinsah, erkannte man ein Stück Papier unter dem Tesafilm. Er holte tief Luft und löste den Tesafilm ab.

Ein sorgfältig sechsmal gefalteter Zettel. Blum faltete ihn ebenso sorgfältig auseinander. Ein Hinterlegungsschein der Gepäckaufbewahrung München Hbf. Stelle 1, datiert 2. Februar 1980. Der Schein trug die Nummer 55601. Ziemlich abgegriffen, aber keine Rotweinflecken, keine Spaghettisoße, alles tipptopp, gültig. Blum stand einige Augenblicke mit gerunzelter Stirn in dem verwüsteten Zimmer, roch nichts, sah nichts, hörte nichts, dachte nichts. Dann faltete er den Zettel wieder zusammen und steckte ihn in die Brusttasche des Blazers, zu dem roten Ziertaschentuch, den Streichholzheftchen aus der Pegasus Bar und dem Madonnenbild, das ihn 550 Dollar gekostet hatte – und vielleicht viel mehr.

Draußen gingen Schritte vorbei, Lachen, irgendwo eine

Tür, die geöffnet und zugeschlagen wurde. Dann war Blum im Fahrstuhl, strich sich die Haare glatt, lila Sonnenbrille, Halstuch, vom Scheitel bis zur Sohle 1,78 m ganz der flotte Blum vom Außendienst, immer ein abgebrühtes Lächeln auf den Lippen, auf dem Weg zur Bar einen Hauch Tempo zugelegt, dann vor der Schwingtür die unvermeidliche Zigarette, und drinnen galt sein erster Blick den Frauen am Tresen – *high life.*

»Sie sehen aus, als wären Sie Lady Macbeth begegnet«, sagte Hackensack und wollte Blum neben sich Platz machen.

»Danke, nicht nötig«, sagte Blum. Er hatte eine Bekannte entdeckt, und Hackensacks Nase war wieder einmal violett.

»Sie sind nicht Lady Macbeth begegnet? Aber dann vielleicht wenigstens Hamlets Geist?«

»Mr Hackensack«, sagte Blum, »ich besuche Sie vielleicht doch in Frankfurt. Sind Sie nächste Woche dort?«

»Tun Sie das«, sagte Hackensack. Seine Fettwülste sackten über sein Kinn, aber seine Augen waren wie Veilchen auf Eis. Er schlug mit der flachen Hand auf den Tresen. »Frankfurt! Phantastische Stadt! Da gibt es immer was zu holen. Nehmen Sie einen Bourbon, oder was ist mit Ihnen los, Mann Gottes?«

Er lachte wie jemand, der dafür bezahlt wird, und Blum rückte seine Brille gerade und drängte sich an ihm vorbei zu seiner Bekannten. Sie war in Düsseldorf mit einem Zahnarzt verheiratet.

»Hallo Schätzken«, sagte sie und bohrte ihm ihre langen Nägel ins Handgelenk. Blum wich zurück. Sein Magen machte ihm immer noch zu schaffen. Er starrte zur Tür, wo plötzlich Larry in seiner Windjacke stand und sich über den Bart strich.

»Du bist in Schwierigkeiten«, sagte Larry, als Blum draußen war. Busse knatterten mit Fehlzündungen über den Platz am City Gate. Ein heftiger Wind war aufgekommen.

»Damit untertreibst du noch«, sagte Blum. »Jemand hat mir den Koffer mit den Heften abgenommen.«

»Das passt ins Bild. Ich glaube, Rossi ist in irgendeine Sache verwickelt, die ihm Ärger mit der anderen Seite eingebracht hat. Und für die gehörst du anscheinend zu Rossi.«

»Wer ist denn die andere Seite?«

Larry zuckte mit den Achseln und schnickte seine Kippe weg.

»Hör mal, jetzt fang hier nicht an zu mauern ...«

»Nicht so laut«, sagte der Australier. »Ich weiß nicht, wer die andere Seite ist. Ist das so wichtig? In Vietnam –«

»Larry, wir sind nicht in Vietnam. Mir hat jemand fünfhundertfünfzig Dollar gestohlen, fünfzig davon waren für dich, darum geht es. Und komm mir jetzt bloß nicht mit irgendwelchen Märchen über die maltesische Mafia ...«

Die Tür der Bar ging auf, und die Düsseldorferin kam auf ihren Plateau-Absätzen herausgewankt.

»Wo bleibst du denn, Schätzken? Hast du deine Helga nicht mehr gern? Hallo, Sie, entführen Sie mir bloß nicht meinen Blum!«

Sie laberte weiter, blindlings, sinnlos. Du bist verratzt, dachte Blum, verratzt auf Malta – eine besoffene Zahnarztgattin am Arm, einen Gepäckschein vom Hbf. München in der Tasche, den du aus der Perücke eines Itakers geklaut hast, dem du eigentlich 200 Pornohefte verhökern wolltest, und einen Australier mit einer Lunge vor dir zwischen den Palmen, der seine Alpträume nicht mehr loswird. Ganz zu schweigen von Inspektor Cassar, der sich mit deinen alten Interpol-Dossiers den Arsch abwischt … aber erst, wenn du die Mücke gemacht hast. Bestohlen, verratzt, bedroht von allen Seiten, gestatten, Blum, Baubranche, auf der Suche nach dem Boom, der auch mich begrünt. Plötzlich spürte er, wie kalt es geworden war.

»Jetzt komm doch, Schätzken, mir machen einen drauf!«

Blum machte sich zum zweiten Mal los, ließ sie stehen und ging mit Larry in Richtung City Gate. Die Zahnarztbraut schrie hinter ihm her.

»Ich bring dich nach Gozo«, sagte Larry, »da bist du auch vor deiner Freundin sicher.«

»Nach Gozo?« Blum blieb stehen. »Was soll ich denn auf Gozo? Tomaten anbauen?«

»Ich will dir doch nur helfen, Mann. Ich hab dich schließlich in diese Rossi-Scheiße reingeritten.«

»Ach was, Larry. In meine Scheiße hab ich mich immer selbst geritten.«

Sie waren am City Gate. Die Buden machten für die Nacht dicht. Der Australier starrte Blum an. In seinen Augen war nichts zu erkennen.

»Was willst du denn jetzt machen?«

Blum kniff die Lippen zusammen. Was er machen wollte, ging keinen etwas an, auch keinen Australier, der ihm helfen wollte.

»Wir sehn uns dann.«

»Blum! Warte doch!«

Aber Blum war schon um die Ecke.

8

Nachdem das Taxi eine halbe Ewigkeit durch München gegurkt war, tippte Blum dem Fahrer auf die Schulter.

»Ist das Ihr erster Tag in der Branche?«

»Wir sind schon da, Chef«, sagte der Fahrer und trat auf die Bremse. Blum stieg aus. Es war saukalt, aber wenigstens schneite es nicht. Das Hotel hieß Metropol. Gegenüber sah er einen Flügel des Hauptbahnhofs. Der Taxifahrer gab ihm auf einen Hundertmarkschein siebzig Mark heraus. Jetzt hatte er noch 170 Mark, 25 Dirham und fünf Pfund Malta. Ein Portier wollte ihm seine Reisetasche abnehmen, aber Blum winkte ab. Dann hatte er eine Idee.

»Ich hab noch ein Gepäckstück in der Aufbewahrung, ob Sie mir das besorgen können? Ich hab sechzehn Stunden Flug hinter mir, total erledigt ...«

»Aber freilich, Herr. Immer zu Diensten.«

Blum gab dem Portier den Schein. Er hatte ihn während des Flugs von Frankfurt auseinandergefaltet und glattgestrichen. Der Portier verschwand damit in der Nacht. Blum ging zur Rezeption und fragte nach Zimmern. Es gab noch eins, mit Bad und Frühstück 106 DM. Er trug sich ein. In die Rubrik mit dem Beruf schrieb er »Geschäftsführer«. Dann sah er sich um. Die Halle war recht geräumig. Eine Treppe führte zum Restaurant in der Galerie, die ein Glasdach hatte. Dicke Teppiche, viel Kristall, echte 50er Jahre. Von der Bar am Ende der Halle hörte man das verlockende Klirren von Gläsern und die heisere Stimme einer angetrunkenen Frau, aber Blum war zu nervös, und er wusste, dass man es ihm anmerken würde. Entweder stürmte gleich die Mafia ins Hotel, oder der Portier lag in der Gepäckaufbewahrung am Boden und presste die Hände auf ein Loch im Bauch ...

Der Angestellte an der Rezeption hatte Blum die ganze Zeit nicht aus den Augen gelassen. Jetzt räusperte er sich und sagte: »Was sagten Sie doch gleich, woher Sie kommen?«

Blum hatte gar nichts gesagt. Jetzt sagte er, ohne nachzudenken: »Rio.«

»Hab ich mir doch gedacht«, meinte der Angestellte. »Ich erkenne die Symptome.«

»Welche Symptome?«

»Die Zeitverschiebung und der Klimawechsel. Die Leute sind dann so extrem überreizt. Ich empfehle Ihnen ein warmes Bad, nicht zu heiß, wegen des Stoffwechsels. Wir haben noch Winter hier, wissen Sie.«

Blum versuchte zu lächeln, nickte und steckte sich eine Zigarette an. Winter, *porca Madonna.* In Frankfurt hatte es geschneit, und als er zwanzig Minuten im Scheinwerferlicht vor der Maschine stand, weil das Gepäck »identifiziert« wurde, wäre er am liebsten sofort umgekehrt. Aber nicht gerade nach Malta. Die zwei Stunden, die er im Flughafenrestaurant von Luqa zubringen musste, weil Air Malta natürlich Verspätung hatte, gehörten zu den Erinnerungen, auf die man gern verzichtete und die man nie vergaß. Angstschweiß, zitternde Hände und jedes Mal ein Anfall von Herzversagen, wenn jemand das Restaurant betrat, der auch nur entfernt wie ein Italiener aussah …

Blum hatte festgestellt, dass fast alle Malteser wie Italiener aussehen konnten.

Wie lange brauchte denn dieser Portier? Blum kämpfte gegen seine Magenkrämpfe an. Der Angestellte lungerte immer noch an der Rezeption herum, und auch die Telefonistin beobachtete ihn jetzt, und er verzog sich nach hinten in die Halle, bis er schließlich an der Bar landete. Zwei Araber in Maßanzügen unterhielten sich flüsternd in einer Sitzecke. Die Frau mit der heiseren Stimme hatte die Theke für sich.

»Ich habe die Wette gewonnen«, sagte sie triumphierend zum Barkeeper. »Er ist gekommen.«

Der Barkeeper sah Blum achselzuckend an.

»Was trinken Sie?«

»Meinen Sie mich?«

Die Frau lachte. Sie trug einen kanariengelben Hosenanzug, der ihre blonden Haare blass wirken ließ. Vielleicht war sie nicht älter als 35, aber der Alkohol hatte ihr Gesicht schon verwüstet, und dagegen half keine Schminke mehr. Aber ihre Stimme war so sexy, dass Blum ein Ziehen zwischen den Schenkeln spürte.

»Wir haben gewettet«, erklärte sie ihm. »Ich sah Sie in der Halle stehen und habe sofort zu Tito hier gesagt, ich wette, dass er in drei Minuten am Tresen sitzt und einen Schnaps bestellt, hab ich recht, Tito?«

»Sie sollen nicht Tito zu mir sagen«, sagte der Jugoslawe. Dann sah er Blum ungeduldig an. »Vielleicht ein Bier?«

»Einen Kognak«, sagte Blum.

»Na bitte«, sagte die Frau, »die Runde geht an Tito.«

Sie holte eine Zigarette aus ihrem Etui und ließ sich von Blum Feuer geben, wobei sie sein Handgelenk festhielt. Sie trug Schmuck, der teuer aussah. Von ihren Nägeln blätterte der Lack. Ihr Parfüm war auch schon etwas modrig.

»Und woher wollen Sie gewusst haben, dass ich an die Bar komme?«

»Ich kenne die Symptome, mein Bester.«

Blum verschluckte sich fast an seinem Kognak. Vielleicht waren die Deutschen in seiner Abwesenheit endgültig durchgedreht, saßen nur noch in Hotelhallen und hakten die Symptome ab.

»Sehen Sie, Sie hatten den Kognak wirklich nötig.«

»Stimmt«, sagte Blum, »ich komme gerade vom Amazonas zurück, da habe ich ein Jahr lang nur Lianenwein bekommen.«

Das gefiel ihr. Sie sah Blum an, als würde sie ihm gleich in die Arme fallen. Blum wich etwas zur Seite.

»Und was haben Sie dort gemacht? Den Indianern beigebracht, wie man mit Aktien spekuliert? Mein letzter Mann hat das so gut gekonnt, dass sie ihn jetzt in Stadelheim Kurse abhalten lassen. Wissen Sie, was Stadelheim ist?«

Blum nickte und warf einen Blick auf die Uhr. Er gab dem Portier noch drei Minuten.

»Ja, er war ein guter Betrüger, mein Fritzi, aber am besten hat er doch noch mich betrogen. Gibt es bei den Amazonesen auch Betrüger?«

»Natürlich, Betrug regiert die Welt.«

»Das sagen Sie so – leichthin. Und wie gefällt Ihnen die Heimat jetzt?«

»In jeder Hinsicht überwältigend«, sagte Blum.

»Haben Sie heute Abend schon etwas vor?«

Ihr Blick war so kaputt, dass Blum es mit der Angst bekam. Das war wirklich eine Angst zu viel.

»Ja. Ich bin mit Geschäftspartnern verabredet.«

»Hier, bittschön«, sagte in diesem Augenblick der Portier und stellte einen Karton auf den Barhocker neben Blum. Der Karton hatte eine rot-weiße Banderole, auf der *Old Spice Rasierschaum* stand.

»Ach, in *der* Branche sind Sie«, sagte die Blonde und sah gelangweilt weg. Blum machte mit dem Portier das Geld klar, nahm den Karton und trug ihn mit rotem Gesicht zum Aufzug, und im Aufzug überlegte er, welche Branche sie damit gemeint haben mochte – Vertreter, Drogist oder einfach armer Irrer? Sein Gesicht im Aufzugspiegel zeigte nichts als Konfusion. Die Combo ist wahrscheinlich das Richtige, dachte er. Ein armer Irrer, der einen Drogisten vertritt.

9

Als er in Nr. 316 war, stellte er den Karton auf das Bett, zog die Jacke aus, drehte die Heizung auf, warf einen Blick aus dem Fenster und zog den Vorhang zu.

Rasierschaum.

Old Spice Rasierschaum.

Ein Karton mit Old Spice Rasierschaum in der Gepäckaufbewahrung München Hbf. Der Aufbewahrungsschein festgeklebt in der Perücke eines Italieners, der angeblich Rossi hieß, zuletzt gesehen am 13. März in der Villa Aurora, St. Paul's Bay, Malta. Malta, Inselstaat im Mittelmeer, auf halber Höhe zwischen Sizilien und Afrika, Staatsform »demokratische Republik« mit »katholischem Glauben«, nicht wahr, Inspektor? Einwohner 320 000, Ausfuhr Frühgemüse, Südfrüchte, Wanderarbeiter, Putzfrauen. Und keine Kunstschätze. Ein Schmugglerboot, hatte Larry gesagt. Um Old Spice Rasierschaum zu schmuggeln? Wohin? Nach Dschidda? Mr Faq hätte vielleicht auch darin ein Geschäft gesehen. Verzeihung: Mr *Haq*. Hassan Abdul Haq. *Madonna salvani.* Er machte den Karton auf.

Old Spice Rasierschaum. Daran war nicht zu rütteln. Zwanzig Jumbodosen Old Spice Rasierschaum, net 300 ml, von der Firma Shulton, New York – London – Paris. Er las den aufgedruckten Hinweis: »ACHTUNG: Körper steht unter Druck. Vor Erwärmung über 50 °C (z. B. Sonnenbestrahlung) schützen. Nach Gebrauch nicht gewaltsam öffnen oder verbrennen. Nicht gegen Flamme oder auf glühende Körper sprühen.« Das klang ominös. Was waren glühende Körper? Sein Körper glühte z. B. jetzt. Und in der Wüste war man mit dem Zeug besser nicht unterwegs. *No Old Spice for Dschidda, Mr Haq.*

Warum klebt sich ein Italiener mit Wohnsitz Malta einen Aufbewahrungsschein für 20 Spraydosen (Jumbo) Rasierschaum in die Perücke ein? Weil er ihn gestohlen hat. Der Itaker macht auf Fatzke mit geföhnter Lockenpracht, dabei dient ihm die Staffage als Versteck. Er hat ihn natürlich gestohlen, und jetzt habe ich ihn. Ihr habt mir meine Pornos gestohlen, ich stehle eure Gepäckscheine. Aber was sind 20 Dosen Rasierschaum wert? 550 Dollar jedenfalls nicht. Es sei denn …

Blum zog sein Hemd aus, dann auch die Stiefel, die spanischen Stiefeletten. Der Schweiß lief an ihm herunter. Trotz der Kälte in dem engen Zimmer mit dem Kunststoffteppich und den Plastikmöbeln und der rosa Nuttenlampe über dem knarrenden Einzelbett. Er nahm eine Dose, pustete die Holzwolle weg und schüttelte sie. Sie lag ziemlich schwer in der Hand, und innen bewegte sich etwas. Dann nahm er die weiße Plastikkappe ab und drückte vorsichtig auf den Spender. Hm. Wenig Druck. Ein bisschen Luft, dann der Kringel weißer Schaum auf seinem Daumen. Er roch daran. Kein Zweifel: das war der »männlich frische Duft von Old Spice«, den die Dose verhieß. Herbe Schlagsahne.

Blum ging ins Badezimmer und drückte einen Kringel

Rasierschaum in die Wanne. Dann gab die Dose einen Seufzer von sich, und es kam nichts mehr. Für 300 ml ein bisschen wenig. Ausgesprochener Schwund. Dabei war die Dose immer noch schwer. Ein halbes Pfund wog sie sicher, eher mehr. Und alle anderen wogen auch so viel, stellte er fest. Blum spürte ein Kribbeln unter der Kopfhaut. Lass die Finger davon, alter Junge, warnte ihn eine Stimme, aber sie war nicht besonders laut. Sie kam nicht durch gegen die anderen Stimmen, und besonders gegen das Kribbeln.

Er setzte sich mit der Dose und seinem Taschenmesser auf den Teppich und trennte den Plastikspender ab. Nach zwei Zigarettenlängen holte er einen Zellophanbeutel mit weißem Pulver aus der Dose, und dann machte er den Zellophanbeutel auf, hielt einen feuchten Finger an das Pulver und kostete davon.

10

Für jemand, der ein Jahr im Süden war, siehst du aber schlecht aus«, sagte der Mann, der selbst wie ein weißes Handtuch aussah und sich nicht von seinem Ledersofa rührte.

»Ich hab in letzter Zeit wenig Schlaf bekommen«, sagte Blum und rührte den Zucker in seiner Kaffeetasse um. »Außerdem gleicht sich doch das Leben überall unserer Hektik an.«

»Da hast du auch wieder recht. Im Grunde braucht man gar nicht mehr den Fuß vor die Tür zu setzen.«

Blum betrachtete die Aussicht. Auf den Dächern lag alter Schnee. Der Himmel hing wie eine schmutzige Asphaltdecke über den Dächern, und das war auch so ziemlich alles, was man von hier oben aus dem Penthouse sah. Der Münchner Norden war kein besonders attraktiver Anblick an diesem Sonntag im März.

»Geile Aussicht, wie?«

»Jedenfalls hast du das Selbstmordproblem hier gelöst, Hermes.«

Hermes lächelte und steckte sich seine Gauloise mit einem goldenen Feuerzeug an. Er war ein hagerer, höchstens mittelgroßer Mann unbestimmten Alters und trug nur schwarze Klamotten. Das Penthouse war spärlich eingerichtet, aber das Spärliche war vom Besten, und sie tranken Kaffee aus Jamaica. Ein großer Pott stand auf einer Warmhalteplatte. Auch das Mädchen auf dem französischen Bett war vom Besten, eine Eurasierin, die höchsten 17 sein konnte. Sie las *L'homme révolté* von Camus. Blum zog eine HB aus der zerknautschten Packung und machte sie mit seinem Wegwerffeuerzeug an.

»Aber du bist an diesem schönen Tag nicht aus dem Bett bzw. aus dem Stehausschank gekrochen und hast dir ein Flugzeug nach München genommen, um mit mir über das Selbstmordproblem zu reden, hab ich recht?«

Hermes' Stimme merkte man nicht an, woher er kam.

Mit seinem schwarzen zurückgekämmten Haar und seiner Habichtnase hätte er Levantiner sein können, aber Blum wusste zufällig, dass er 1965 aus einer Kleinstadt in Niedersachsen nach Berlin gekommen und seither im Drogengeschäft war, ohne je Schwierigkeiten mit der Polizei gehabt zu haben. Vielleicht hatte er jetzt auch ein paar Hühner im Stall. Die Eurasierin schlug eine Seite um und kaute an ihrem Daumennagel. Hermes lächelte orientalisch.

»Nein«, sagte Blum schließlich.

»Gut«, sagte Hermes mit seinem Lächeln. »Was liegt also an?«

»Kokain«, sagte Blum.

Die Eurasierin warf ihm einen flüchtigen Blick zu – den ersten, seit er das Penthouse betreten hatte – und strich sich dann durch ihre seidig schwarzen Haare, die bis an ihre Knie reichten. Hermes runzelte die Stirn.

»Du willst von mir Kokain haben?«

»Nein. Ich habe welches.«

»Blum, ich muss sagen, du überraschst mich.«

Hermes setzte vorsichtig die Füße in den schwarzen Slippers auf den Teppich, als müsse er die Tragfähigkeit des Bodens testen, dann stand er auf, warf seinen Zigarettenstummel in einen Alabasterkübel mit einem Gummibaum, der bis zur Decke reichte, und schenkte sich noch eine Tasse Kaffee ein.

Blum wusste, dass Hermes auf nähere Erklärungen wartete, aber er hatte nicht die Absicht, welche zu geben. Schließlich lächelte Hermes und ging zu dem Telefon, das auf dem Empire-Sekretär stand. Er wählte eine Nummer, die er auswendig wusste, sagte ein paar Worte so leise, dass Blum ihn nicht verstand, und legte wieder auf. Dann bückte er sich, wählte aus den Schallplattenstapeln, die verstreut auf dem Teppich lagen, eine aus und legte sie auf den Apparat, ohne ihn einzustellen. Die Eurasierin schlug wieder eine Seite um. Entweder hatte sie einen Kurs im Schnelllesen absolviert, oder sie kannte das Buch schon auswendig und pickte sich nur hier und da ein paar Rosinen heraus. Aber vielleicht tat sie auch nur, als ob sie lese, und nahm das Gespräch mit einem drahtlosen Mikrofon unter dem Daumennagel auf …

»Wir sprechen später darüber«, sagte Hermes, als er wieder auf dem Sofa lag. »Ich bin da ja auch kein Fachmann, wie du weißt.«

»Ich weiß«, sagte Blum und lächelte zurück.

»Und wie war es auf deiner Reise, Blum? Hat man dich anständig behandelt? War das Essen einigermaßen erträglich? Hast du neue, leidenschaftliche Erfahrungen gemacht?«

»Ich kann nicht klagen«, sagte Blum. »Ich bin allerdings nie lange an einem Ort.«

»Ah ja, du bist Profi. Ich habe mich aus meinem Metier eigentlich ganz zurückgezogen. Ich widme mich jetzt der Erziehung meiner Tochter.«

Blum sah den Blick, mit dem Hermes die Eurasierin streifte.

»Das ist sie?«

»Was hast du denn gedacht, alter Lustmolch? Dass ich mit Kindern ins Bett steige?«

»Das Problem haben wir doch alle irgendwann«, sagte Blum.

»Leg dir auch eine Tochter zu, dann vergeht es dir. Aber irgendwo hast du natürlich recht. Ich wünschte, ich könnte von mir behaupten, dass ich endlich einen Anflug von Erkenntnis und eine Spur von Läuterung vorzeigen könnte, aber natürlich ist es nichts damit. Du bist auch so um die vierzig, nicht?«

»Ja. Ich weiß, was du meinst.«

»In der Tat. Ich glaube, jetzt können wir einen Whisky vertragen.«

Diesmal stand er rasch und wendig auf, holte eine Karaffe und zwei Gläser und schenkte ein. Er trank im Stehen und sah auf das Mädchen, das angeblich seine Tochter war. Sie lächelte ihn plötzlich an, ein Lächeln, das Blum fast den Atem nahm. Dann rollte sie sich auf die andere Seite, drehte den Männern den Rücken zu und vertiefte sich in ihr Buch. Blum hätte es nicht für möglich gehalten, wie anziehend ein Hintern sein konnte, der mit Jeans bekleidet war.

Es klingelte an der Tür. Hermes drückte auf den Summer. Ein kleiner, beleibter Bursche mit Hornbrille und Diplomatenkoffer erschien und schälte sich aus einem Kaninchenpelz.

»Mein wissenschaftlicher Assistent«, sagte Hermes. »Henri, das ist Blum. Professioneller Reisender. So, Blum, jetzt lass mal sehn, was du mitgebracht hast.«

Blum holte ein Tablettenröhrchen aus seiner Hosentasche und gab es Henri, der es auf den Teetisch stellte und sein tragbares Chemielabor aufklappte.

»Komm, nimm noch einen Scotch, bis er deinen Stoff untersucht hat«, sagte Hermes und schenkte die Gläser voll. Blum hätte lieber zugesehen, was Henri anstellte, aber das hätte vermutlich gegen die Etikette verstoßen. Er nahm sein Glas und nippte. Draußen fiel jetzt Schneeregen, und die Stadt sah aus wie ihr eigener Friedhof. Krähenschwärme flatterten über das Olympiastadion.

»Seit meine Tochter bei mir ist, bin ich sesshaft geworden«, sagte Hermes, »sonst wäre ich jetzt nicht hier. Ihre Mutter ist in die Politik gegangen, und da musste ich dann doch was tun.«

»In die Politik?«

»Ja, da hinten in Asien geht es drunter und drüber. Das ist auch mit ein Grund, warum ich mich aus dem Metier zurückziehe. Nächste Woche fahren wir in die Schweiz und suchen ein Internat für sie. Da freundet sich die Kleine dann mit den Söhnen der Leute an, gegen die ihre Mutter Krieg führt. Vielleicht suche ich mir bei der Gelegenheit gleich einen Alterssitz. Zürich wäre doch gar nicht übel. Oder gleich Luzern?«

»Also ein Zufall, dass ich dich angetroffen habe?«

»Lieber Blum, in dieser Branche sollte man nicht mit dem Zufall rechnen.«

Henri räumte sein Labor zusammen und gab Hermes das Röhrchen. Blum nahm noch einen Schluck. Sein Hals war ausgedörrt. Er sah, dass die Eurasierin verschwunden war.

»*Peruvian Flake*«, sagte Henri, »kommt direkt vom Erzeuger. Ist noch nicht verschnitten. 96 %. Das ist das Gelbe vom Ei.«

»*Flake*? Was heißt das?«

»Das hängt vom Veredelungsverfahren ab«, erklärte Henri. »Wie Sie vielleicht wissen, wird Kokain aus der Cocapaste gewonnen, die wiederum aus der Ursubstanz, den Cocablättern, hergestellt wird. Normalerweise bekommt man aus dem Veredelungsverfahren Kokainpuder, das hat einen Anteil von ca. 80 bis 86 % reinem Kokain. Wenn man aber die Cocapaste so veredelt, dass sie in einzelnen Kristallen trocknet, dann haben wir die sogenannten Flakes. Und die kommen dann manchmal auf 96 %. Pharmazeutisches Kokain z. B. ist immer 99 % stark und immer in Flakes. Werfen Sie doch mal einen Blick drauf.«

Er schüttete eine Flocke auf einen kleinen Spiegel und gab Blum seine Lupe. Tatsächlich sah Blum in dem Pulver Kristalle glitzern. Es sah aus wie Eiswürfel im Schnee.

»Aber woher wissen Sie denn, dass das aus Peru kommt?«

Henri zuckte mit den Achseln und steckte sein Vergrößerungsglas weg.

»Ach wissen Sie, mit der Zeit lernt man das. Es gibt ja nur drei Möglichkeiten – Kolumbien, Bolivien, Peru. Manche Kollegen behaupten ja, dass das bolivianische Kokain das stärkste sei, aber das ist natürlich Unsinn. Es kommt immer auf den Veredelungsvorgang an. Und das hier hat alle Kennzeichen des peruanischen. Aber das muss man gelernt haben, wissen Sie. Am besten natürlich vor Ort.«

»Na, dann wollen wir doch mal sehen, wie es uns bekommt«, sagte Hermes. Zum ersten Mal wirkte er jetzt wie der Mann, den Blum in Erinnerung hatte. Er holte ein kleines Elfenbeinetui aus dem Sekretär, schob mit einer Rasierklinge zwei Linien von dem Kokain auf dem Spiegel gerade und zog es durch eine zusammengerollte Dollarnote in die Nase. Dann atmete er tief durch und schob das Besteck Blum zu.

»Sie verschneiden es heutzutage oft mit den unglaublichsten Sachen – italienisches Babyabführmittel ist noch das harmloseste davon. Wie heißt das Zeug, Henri?«

»Mannite. Sieht genauso aus unter der Lupe, schmeckt genauso und löst sich auch genauso auf wie Koks. In letzter Zeit nimmt man aber auch gern Joghurtkulturen.«

»Du lieber Himmel.« Hermes steckte sich eine Zigarette an und machte einen genüsslichen Lungenzug. »Wirklich gutes Zeug, Blum. Gratuliere.«

Blum hätte ihn gern gefragt, wozu. Stattdessen reichte er den Spiegel an Henri weiter. Henri sah ihn fragend an. Blum schüttelte den Kopf.

»Ich fühle mich nicht danach.«

»Hast du überhaupt schon mal was genommen?«, fragte Hermes.

»Letztes Jahr in Paris«, sagte Blum. »Mich macht das Zeug zu nervös.«

»*Chacun à son goût,* kann man da nur sagen.«

Henri schnupfte und schenkte sich dann einen Whisky ein. Seine Hände zitterten ein wenig.

»Haben Sie den Stoff ins Land gebracht?«, wollte er von Blum wissen.

»Du hast doch gehört, Blum ist ein professioneller Reisender«, sagte Hermes. »Da liest man die seltsamsten Dinge auf. Manchmal sogar etwas, an das man sich erinnern will. Ich glaube, ich möchte jetzt Musik hören.«

Er legte sich aufs Sofa, sein Glas in Reichweite, nahm etwas zur Hand, das aussah wie die Fernbedienungsbox eines TV-Apparats, und drückte eine Taste. Der Plattenspieler rastete ein. Henri setzte sich und blätterte in einer Zeitschrift. Der Einzige, der sich nicht entspannte, war Blum. Er hielt sich an seinem Glas fest und starrte auf das Bett.

»Charlie Parker«, sagte Hermes und schloss die Augen. »*Charlie Parker All Star Sextett.* Miles Davis, Trumpet; Charlie Parker, Alto; J. J. Johnson, Trombone; Max Roach, Drums; Duke Jordan, Piano; Tommy Potter, Bass.«

Aber die Musik konnte Blum nicht beruhigen. Im Gegenteil – wie immer bei Parker schien jeder noch so leicht, fast flüchtig angespielte Sound ein dunkles, quälendes Echo auszulösen. Wie Leute sich das zum Vergnügen anhören konnten, war ihm ein Rätsel. Es war eine Musik mit mehr Schatten, als Blum jetzt sehen, und mehr quälenden Fragen, als er hören wollte. Charlie Parker mit *Out of Nowhere* an einem Nachmittag im Norden, der Schneeregen wie eine graue Wand zwischen dem Penthouse und der Peripherie der Autobahnzubringer und Supermarktzentren, wie eine Wand, in die Miles Davis Löcher blies, aber dahinter war wieder eine Wand, sagte Charlie Parker, und dahinter wieder eine. Lass dich jetzt nicht unterkriegen, dachte Blum. Du hast die größte Chance seit Ewigkeiten, und du wirst sie verdammt noch mal nutzen, und weder Charlie Parker noch der Schneeregen noch ein Hermes mit dem Aussteigerblues werden dir diese Tour vermasseln. Was heißt da übrigens Aussteigerblues? Der Mann ist noch nie irgendwo ausgestiegen, bis zum Sarg steigt der immer nur ein. Du darfst nicht eine Sekunde aus dem Spiel gehen.

»Unglaublich«, sagte Hermes, als die Platte zu Ende war, »er hat für jedes Licht einen Schatten und für jede Antwort eine Frage. So, und was für Fragen haben wir noch, Blum?«

»Kennst du Käufer, Hermes?«

Hermes stand mit seinem Glas Whisky am Fenster.

»Pass auf, Blum, kein Seminar, aber ein paar *Essentials*. Der Kokainhandel ist eine ziemlich geschlossene Gesellschaft, und das soll er auch bleiben, es ist besser für alle Beteiligten. Jeder kennt seine Leute, und damit hat es sich. Bis jetzt haben wir nur Leute in der Branche, die einen klaren Kopf haben, und die Kundschaft dankt das unter anderem durch gute klingende Münze. Kokain ist eben keine schmutzige Sache wie Heroin. Vielleicht wird es das auch noch, wenn es wirklich Big Business wird – in zehn Jahren ist wahrscheinlich Schnüffelleim Big Business –, aber im Moment sind wir noch ein exklusiver Kreis, was den Vorteil hat, dass die Bullen sich auf ihr geliebtes Heroin konzentrieren können und auf die armen kleinen Drücker in der nächsten U-Bahn-Toilette. Da kriegen sie ja auch ihre Verhaftungsstrichlisten besser voll. Natürlich kenne ich Käufer, Blum – jetzt beantworte ich deine Frage –, aber solange ich noch nicht vollständig aus dem Metier ausgestiegen bin, behalte ich sie für mich. Du wirst es aber nicht weiter schwer haben, die paar Flöckchen, die du hast, loszuwerden – ich kauf sie dir ab. Sogar ich bekomme nämlich solch guten Schnee nur selten. Wie viel hast du denn eigentlich?«

Auf diese Frage war Blum vorbereitet. Er hatte nicht umsonst die ganze Nacht wachgelegen und zugesehen, wie sich aus der Morgendämmerung die Schlote der Fabriken und Müllverbrennungsanlagen schälten. Er durfte keinem sagen, wie viel er hatte.

»Hier.«

Er legte das Zellophantütchen, das er am Morgen abgepackt hatte, auf den Teetisch. Etwa ein Zehntel des Inhalts einer Dose. Henri wog den Beutel auf einer Feinwaage aus Leichtmetall mit Perlmuttverzierung.

»Das sind genau 11,35 Gramm.«

»Schön«, sagte Hermes. »Damit kann ich die Schweiz schon besser überstehen. Und du bist sicher, dass du nicht mehr davon hast?«

Er lächelte orientalisch. Blum lächelte zurück.

»Ich würde selbst das nicht verkaufen, wenn ich nicht ein bißchen abgebrannt wäre.«

»Gut, ich gebe dir einen Scheck.«

»Vielleicht sollten wir uns erst mal über den Preis einigen«, sagte Blum.

»Wie du meinst. Wie stehen die Grammpreise im Moment, Henri?«

»Das übliche Gepansche zweihundert Mark. Für die Flakes, unverschnitten, könntest du schon um die dreihundert verlangen.«

»Du würdest sie aber nicht bekommen. Aber ich bin

ja nicht so, Blum braucht die Kohle. Sagen wir also für 11,35 Gramm – bei dem üblichen Rabatt unter Freunden – na, ich gebe dir einen Scheck über zweitausendvierhundert Mark.«

»Ich nehme nur Bargeld, Hermes.«

Das schien Hermes zu irritieren.

»Bargeld?« Er sprach das schöne Wort aus wie die Pointe eines faden Herrenwitzes. »Also Bargeld, Blum – an einem Sonntag – ich hab nie Geld im Haus, verstehst du. Zahle nur mit Kreditkarte. Hast du Bargeld, Henri?«

»Bargeld?« Das klang wie die etwas schmierigere Variante des Herrenwitzes. Henri kramte in seinen Taschen, ein abschätziges Lächeln auf den Lippen. »Hier, ein Zehner – aber den brauch ich selbst, zum Tanken.«

»Ich dachte, in deinem Metier geht es nur mit Bargeld ab«, sagte Blum.

»Meistens, Blum. Nicht immer. Und wenn, wird das Geld doch sofort weggebracht, gewaschen, angelegt ...«

Blum nahm den Beutel wieder an sich.

»Dann wird das wohl nichts«, sagte er und machte Anstalten zu gehen.

»Also komm«, sagte Hermes, »jetzt mach mal halblang. Jetzt setz dich mal hier in diesen schönen Sessel und nimm dir noch einen schönen Whisky, und genieß die schöne Aussicht und gib mir eine Stunde Zeit oder so, dann kannst du es haben, bar auf die Hand ...«

Hermes ging hinaus. Blum steckte sich eine HB an. Die letzte. Er brauchte dieses Bargeld. Durch seinen Kopf klickten die Zahlen wie die bunten Ziffern in den Spielautomaten: 10 × 12 = 120 ... 120 × 20 = 2400 ... 2400 × 200 =

480 000 ... Joker. Henri blätterte in seiner Zeitschrift, und als er sie durchhatte, nahm er sich die nächste vor. Er würdigte Blum keines Wortes mehr. Vielleicht war einer mit 11,35 Gramm einfach indiskutabel für Henri, auch wenn es *Peruvian Flake* war, 96 %. Blum setzte für die 200 eine 300 ein. Das gab dann 720 000. Bleib lieber bei 200, sagte er sich. Nicht durchdrehn jetzt. Er starrte in den Schneeregen. Die bunten Ziffern huschten im Dämmer auf und ab.

Es dauerte mehr als zwei Stunden, bis Hermes mit den 2400 DM zurückkam. Er nahm den Beutel Stoff an sich und zählte Blum das Geld hin.

»Stimmt's so?«

Blum hielt seinem Blick stand.

»Geht in Ordnung, Hermes.«

Dann nahm Hermes eine Prise von dem bläulichen Schnee, und seine Tochter kam ins Zimmer. Sie trug jetzt ein langes, pfirsichfarbenes Seidengewand und baute ein Teeservice auf. Der Blick, mit dem sie Blum streifte, hatte aber nichts Einladendes an sich.

»Du bleibst doch noch zum Tee, Blum?«, fragte Hermes.

»Eine Tasse kann nichts schaden.«

Als er ging, spielten Parker und Dizzie Gillespie *Perdido*. Henri zog sich eine Line in die Nase. Hermes lag auf dem Sofa, und die Eurasierin saß neben ihm, hielt seine Hand und las *L'homme révolté*.

Draußen schwappte ihm bei jedem Schritt der Schneematsch über die Stiefeletten. Der Supermarkt an der Ecke offerierte als Angebot der Woche DAS GLÜCK AUS KLEINEN DOSEN.

II

Am Abend ging Blum auf eine Party. Ein Mädchen mit grüngefärbten Haaren, der er den Koks an der Spitze ihrer sommersprossigen Nase ansah, hatte ihm die Adresse in einem Café auf der Leopoldstraße gegeben, wo er seine nächsten Schritte überlegte. Das Mädchen war mit zwei geschminkten Zwittern mit Sicherheitsnadeln im Ohr unterwegs und schien alle Leute, von denen sie sich etwas versprach, zu dieser Party einzuladen. Vielleicht sah sie in Blum ein klassisches Exemplar der Gattung Spießer. Ihm war es recht – eine gute Tarnung war jetzt lebenswichtig. Und für einen Klassiker hielt er sich schon lange.

Die Villa gehörte einem Schriftsteller und lag in einem verwilderten Garten. Ein Ruderboot verrottete zwischen den Sträuchern. Krähen auf dem Garagendach, ein Halbmond über der Skyline, das Haus illuminiert, Lichtergirlanden sogar im Garten, wo immer noch der Schneeregen fiel, und in allen Zimmern dröhnende Musik, Gedränge, Stimmengewirr.

»Wir ziehen aufs Land«, erklärte ihm die Gastgeberin. »Wissen Sie, die Hypotheken hier machen uns einfach wahnsinnig. Und auf dem Land kommt mein Mann endlich wieder zum Arbeiten, und ich werde Gemüse ziehen. Schreiben Sie auch?«

»Nur Zahlen«, sagte Blum. Die Gastgeberin schwebte in ihrem Modellkleid schon zu den nächsten Gästen. Blum bediente sich mit Whisky. Diesem Schreiber schien es gar nicht so schlecht zu gehen. In der Halle bogen sich die Tische unter Schüsseln mit Suppen und Salaten, Hors-d'œuvres-Platten, Champagnerkübeln, Wein- und Whiskyflaschen in schimmernden Batterien. Blum bediente sich mit einem Salat von Meeresfrüchten, dem er ein kräftiges Chili und etwas Käse folgen ließ. Er beobachtete die Leute. Obwohl die meisten in seinem Alter waren, gaben sie sich das Flair unbekümmerter Jugend. Viele Frauen wirkten so aufgekratzt wie ausgebuffte Hysterikerinnen. Die wenigen Jungen taten dagegen trotz ihrer bizarren Aufmachung wie Betriebsprüfer, die ihren scheelen Blick auch nach Feierabend nicht kaschieren können. Blum verspürte bald eine leise Sehnsucht nach den Alpträumen Larrys, den Hirngespinsten Mr Haqs, den Donnerstagabenden in der Pegasus Bar. Er stellte seinen Teller weg und sah sich im Haus um.

In einem abgedunkelten Raum war die alte Kiffergarde versammelt. Kerzen, Moschus, Afrohaare, lila Latzhosen, kiloweise indischer Schmuck, die Wasserpfeife in der Mitte und an der Wand der unvermeidliche Zappelheini mit den Bongotrommeln. Blum nahm die kleine Dose mit dem Schnee aus der Tasche. Man war angetan.

»Das Gramm kostet –«

»Is ja gut, Mann, *be cool.*«

Dass Blum auf Barzahlung bestand, machte ihn zwar unverdächtig, aber auch zur miesen Type. Er steckte die Dose wieder weg.

»Tut mir leid, Freunde, aber auf Spesen gibt es nur den Wienerwald.«

»Selber Wienerwald«, sagte die mit den grünen Haaren.

»Schlechtes Karma, du«, sagte einer, der auf Inder machte. Die Stones jammerten aus allen Boxen:

»Please, Cousin Cocaine, place
your cool hands on my head
Hey, Sister Morphine, you better
make up my bed …«

Blum wanderte ins nächste Zimmer. Eine flackernde Kerze auf dem Fenstersims, zwei Schachspieler in Grüblerpose vor einem Brett. Bei denen gab es sicher auch nichts zu holen. Die hatten ihren Schub schon weg. Im ersten Stock wurde eine Schöne mit Madonnengesicht von zwei Windeiern bekniet.

»Er ist am Ende, ich sage es dir doch, faktisch am Ende, ausgebrannt, erledigt – er zitiert nur noch sich selbst …«

»Aber der Anfang war brillant, das musst du zugeben. Diese Halbtote mit den SA-Stiefeln durch das Licht der Striptease-Reklame fotografiert, das macht ihm so leicht noch keiner nach …«

Die Madonna nickte andächtig.

Ein vierschrötiger Kerl mit Halbglatze und Smoking kam auf Blum zu.

»Ich höre, wir haben Charley im Haus. Sind Sie das?«

»Tut mir leid, ich heiße Blum.«

»Oh nein, Mann, nein – Charley wie C, Coke, ja? Das sind doch Sie?«

Das waren nun die Macher in Halbseide: Filmemacher, Büchermacher, Kunstmacher, Modemacher, Zeitungsmacher, Weichmacher, Anmacher. Taten alle ausgesprochen flott, aber wenn Blum die Sprache aufs Bare brachte, winkten sie ab: »Bin momentan nicht flüssig, Alter, aber ruf mich doch in vierzehn Tagen an, dann hab ich den neuen Werbeetat ... die Produktionsgelder ... die Münze aus Bonn ... die Erbschaft aus Hamburg ... das Honorar meiner Frau ... die Kohle vom Goethe-Institut ... die Knete vom BND ...«

»Vom BND?«

»Auch der BND mischt in der Kulturpolitik mit, endlich, kann ich nur sagen. Wenn ich mir vorstelle, an wen die CIA ihre Gelder alle vertan hat ...«

»Was heißt Kulturpolitik? Ich spreche von einem Pfund Kokain.«

»Mein lieber Freund, hast du noch nie von der Air Opium gehört?«

Blum verstand. Das Leben war hart, aber die Kunst war noch härter, da konnte man nicht die Hand umdrehn. Allerdings, Blum musste die Hand umdrehn, leider.

»Ich brauch wirklich Bargeld, Kinder. Vielleicht probiert ihr es mal mit einem Kleinkredit?«

Aber wahrscheinlich trauen sie mir nicht zu, dass ich 5 Pfund Koks unter meinem Bett im Metropol habe, dachte er, als er weiterging. Wahrscheinlich spüren sie, dass ich bisher über gewisse Ansätze – einen Waggon EG-Butter, einen »Tizian«, eine Ladung Dänenpornos – noch nicht hinausgekommen bin. Scheiße, darauf beruht doch das System, dass das Geld seinen Weg macht. Ihr habt Bonn im Rücken, den BND oder wenigstens die Kultur, ich muss nehmen, was kommt. Und was kommt, so teuer wie möglich verscheuern.

Er sah sich weiter um. Jeder nutzte seine Chance. Unter einer blau bestrumpften Lampe saß ein Dichter und hielt Hof. Er trank Wein aus einer Zwei-Liter-Flasche und gab von Zeit zu Zeit auf einer Maultrommel einen Ton von sich. Die Gemeinde war fasziniert.

»Er hat die Symptome der Sprachlosigkeit schon wieder überwunden, die Gesundung ist nahe«, sagte eine Tante und wiederholte es für den Kassettenrecorder, den ihr einer trug.

»Hast du eine Lulle, Bruderherz?«

Ein Mann mit Seehundsbart und den Augen eines Bassets, der im Tierheim großgeworden ist, tippte Blum mit einem nikotinverfärbten Finger an. Sie tranken zusammen einen Whisky.

»Ich habe sechs Gedichtbände veröffentlicht – zwei davon in renommierten Häusern –, ferner einundzwanzig Hörspiele und sicher hundert essayistische Betrachtungen zum Geist der Zeit verfasst«, gestand der Seehund, »aber eines Tages galt das alles plötzlich nichts mehr – wir brauchen kein Feuilleton, hieß es in den Redaktionen, wir wollen den Originalton der Fließbänder und die Zahnräder der psychischen Verelendung. Von einem Tag auf den anderen einfach abgebaut, raus, aus – als ob diese Zahnräder mich nicht selbst zerfressen. Ist die Flasche schon leer? Wenn du nicht weißt, wo du nächtigen sollst, in Fürst Gorkis Kartoffelkeller ist noch ein Eckchen frei …«

Kurz nach Mitternacht beobachtete Blum, wie sich einige Schnorrer die Manteltaschen mit den Resten vom kalten Büfett füllten. *Ich könnte jemand wie Sie gebrauchen, Mr Blum.* Kinder, Kinder. Er verließ seine Ecke und wanderte wieder durch das Haus. Wenn er schon keine Käufer fand, konnte er sich wenigstens eine Frau suchen.

In dem Raum, in dem die Schachspieler gesessen hatten, hockte jetzt ein kahlgeschorenes Wesen in einem schimmernden Seidenhemd, mit einer Schlange um den Hals. Drei Räucherkerzen brannten, und in dem schwülen Mief über einem Matratzenlager hielten sich drei Frauen in Saris an den Händen und stießen mit geschlossenen Augen in rhythmischen Abständen kehlige Laute aus:

»Awawawa-ah!«

»Ululululu-uh!«

In einem großen, verdunkelten Zimmer surrte ein Filmprojektor. Der Film war in Schwarzweiß und ohne künstliches Licht aufgenommen, aber die Bilder ließen keinen Zweifel an der Handlung: Eine Frau wurde von drei Bluthunden in Fetzen gerissen, und ein nackter Mann onanierte dazu. Das Publikum schien nicht zufrieden.

»Ästhetisch lässt der Streifen Wünsche offen«, erklärte ein Mann mit wagnerischer Haartolle. »Man lässt Menschen nicht leiden, wenn die Kunst nicht als immanenter Wille zur Ästhetik jeden Augenblick des Leidens durchdringt.«

In der Küche löffelte ein Mann in Strickweste und Haferlschuhen eine Erbsensuppe, und die Gastgeberin – jetzt in einem streng geschnittenen Reitkostüm – sagte: »Ich hoffe, ihr amüsiert euch. Mein Mann hofft es auch, nicht wahr, Liebling?«

»Nein«, sagte der Mann in der Strickweste und fischte

einen Brocken Schweinemagen aus der Suppe. »Ich hasse Kino, ich hasse die Kunst. Joseph Goebbels hatte hundertprozentig recht: Wenn ich das Wort ›Kultur‹ höre, greife ich zur Pistole. Leider habe ich keine, sonst würde ich euch jetzt alle umlegen.«

»Sein letzter Roman wurde von der Kritik so falsch verstanden«, erklärte seine Frau.

»Er wurde völlig richtig verstanden«, sagte der Mann mit vollem Mund. Eine Erbse kullerte über sein Kinn.

Blum stand neben einer kleinen schlanken Frau mit langen dunklen Haaren, die den Schriftsteller traurig ansah. Sie trug ein langes Kleid, das ihre zarte Figur betonte. Blum drückte ihr ein Glas Champagner in die Hand. Sie hatte einen Ehering. Sie nahm das Glas und lächelte ihn überrascht an.

»Kommen Sie«, sagte Blum, »ich zeige Ihnen etwas.«

Sie gingen hinaus in die Diele und fanden Platz neben einem lesbischen Pärchen.

»Er war mal so begabt«, sagte die Frau, »und jetzt dieser Jammer. Warum gehen sie so schnell vor die Hunde, können Sie mir das sagen?«

Sie sah Blum an, als interessiere sie die Antwort wirklich. Blum nickte wie jemand, der sich täglich solche Fragen stellt.

»Von Begabung wird man nicht satt. Er hat Meterware geliefert, abgesahnt und sich überfressen.«

»Sie sagen das aber sehr bestimmt.«

»Ist es etwa nicht richtig?«

»Doch, wahrscheinlich. Und wie geht es Ihnen?«

»Ich bin in einer ganz anderen Branche.«

Er nahm die Dose heraus und klappte sie auf. Er hatte sich nicht getäuscht. Sie kannte es und nahm sofort eine Prise.

»Ist ja toll«, meinte sie anschließend. »Sind Sie etwa der Typ, der so viel davon hat und nur gegen bar verkauft?«

»War Ihr Mann einer von den Leuten mit Smoking?«

»Mein Mann ist in einem Kloster in Thailand.«

»Du meine Güte, was macht er denn dort?«

»Ich nehme an, er sucht sich selbst. Vielleicht sucht er aber auch mich. Oder ein Mittel gegen Heuschnupfen. Sie sind gar nicht der Typ, der mit Kokain handelt.«

»Gibt es da einen festgelegten Typ?«

Sie lachte und legte ihm die Hand auf den Arm.

12

Willst du noch etwas von dem Schnee?«

»Danke, ich nehme immer nur ganz wenig. Für die Inkas war das Coca ein Geschenk der Götter, und wir haben Kokain daraus gemacht. Ein Business.«

»Man kann schlecht von uns verlangen, dass wir Inkas sein sollen.«

»Deswegen versuche ich ja, in dem Pulver mehr zu sehen als ein teures Vergnügen. Und du nimmst es gar nicht?«

»Doch, aber noch seltener als du. Und solange ich damit handle, gar nicht.«

»Meinst du, du schaffst es?«

»Warum denn nicht?«

»Drogen sind nicht wie Gemüse, Blum. Sie sind magisch. Sie stehen in Verbindung mit Kraftfeldern, die wir nicht kontrollieren können.«

»Erzähl das der Mafia, die lachen sich schief.«

»Du bist aber nicht die Mafia. Ich will dich ja auch nicht entmutigen, im Gegenteil – ich fände es phantastisch, wenn du es schaffst. Aber du musst dich auf die Magie einstellen, sonst zerstört der Stoff dich. Der Stoff ist mächtiger als alle, die ihn verkaufen.«

»Mhm. Und dieser Typ in Frankfurt ist ein Freund von dir?«

»Um Himmels willen, nein. Ich weiß nur, dass er ziemlich groß in diesem Geschäft ist.«

»Wie groß?«

»Ich sag doch, ziemlich groß. Wie groß, wirst du ja vielleicht herausfinden. Ich rufe ihn morgen früh an und besorge dir einen Termin.«

»Muß man sich bei dem die Termine besorgen lassen?«

»Glaub mir, es ist besser so. Du rufst ihn dann unter der Nummer an, die ich dir jetzt gebe.«

Er ließ sie die Nummer auf die Rückseite von Hackensacks Visitenkarte schreiben.

»Das ist wirklich nett von dir. Wie heißt du eigentlich –?«

»Jetzt brauche ich ein Glas Champagner.«

Sie kam nicht wieder. Er wusste nicht einmal ihren Namen. Die Dunkle, das musste genügen. Hermes hatte recht, es gab auch Dinge, an die man sich gern erinnerte, und in der Regel waren es nicht die tierischen Ficks und die Sausen unter den Niagarafällen, sondern flüchtige Momente, Dämmerungen, dunkle Augen, die Kugel, die noch mal auf der 17 landet.

Er ging in den Garten. Inzwischen fiel wieder richtiger Schnee. Die Flocken schwebten auf die Girlanden herunter und schmolzen auf den bunten Glühbirnen. Die Bäume waren schwarz von Krähen. Unter ihnen schwoften die Partygäste. Viele taumelten, und manche fielen. Man musste schon Masochist oder stockvoll sein, um ein Vergnügen daran zu finden, in der mit Autos verstellten Kieseinfahrt und auf dem matschigen Rasen zu tanzen – unter den höhnischen Blicken der Punks und zu ihrer infernalisch einfältigen Musik. Die Betrunkenen tanzten im Dreck, die Punks bewarfen sie mit den Scherben der Champagnerflaschen und Schneebällen, in die sie Kieselsteine mischten, und die Krähen saßen auf den Dächern und in den Bäumen und warteten ab – Touristen der Finsternis.

Blum wollte wieder ins Haus, als ihm zwei Männer den Weg verstellten. Einer war ein Graukopf in einem weißen Anzug, der andere war jünger und hatte irgendwelches Leder an.

»Sind Sie der mit dem Koks?«, fragte der Ältere.

»Meinen Sie mich?«

»Natürlich ist er das, mit dem Blazer«, sagte der Jüngere, der Blum schon ziemlich nahe gerückt war. »Gib doch mal her, Alter, wir hätten gern was davon.«

Also keine Bullen. Privatinitiative. Blum verlagerte sein Gewicht.

»Wenn ihr flüssig seid, gern.«

»Lassen Sie doch mal sehn«, sagte der Ältere, der sich noch nicht ganz schlüssig war, ob er auch mittun sollte.

»Komm, Alter, mach was locker.«

»Bitte, ich kann's euch ja mal zeigen …«

Blum tat so, als wolle er in die Jackentasche greifen, und als der Jüngere der Bewegung folgte, stieß er ihm mit aller Kraft die Spitze seiner Stiefelette in die Weichteile und packte den Älteren am Arm. Der Mann riss sich los und trat nach Blum, erwischte aber nur eine Gipsfigur, die zu Boden ging. Blum sprang von der Treppe und drängte sich durch die Tanzenden auf die Straße. Die Punks johlten. Er sah sich um. Die beiden kamen hinter ihm her. Eine Frau im Pelzmantel schloss gerade die Tür eines Sportwagens auf.

»Bullen!«, schrie Blum. »Nehmen Sie mich mit!«

Sie verschwand im Auto, und einen Augenblick lang dachte er, sie werde ohne ihn losfahren, doch dann machte sie die Beifahrertür auf und winkte ihm. Als er die Tür zuschlug, fuhr sie los. Blum sah sich nicht um. Vielleicht war alles nur Einbildung gewesen, rein freundschaftlich. Manche Leute konnten sich nicht richtig ausdrücken, das kannte man doch. Jedenfalls saß er wieder neben einer Frau. Diesmal in einem Sportwagen. Der Kokainhandel ließ sich nicht schlecht an.

»Vielen Dank«, sagte Blum. »Haben Sie vielleicht auch eine Zigarette?«

Sie tippte lässig an das Handschuhfach. Blum holte eine angebrochene Packung Reyno heraus und machte sich eine an. Die Frau hatte kurzes schwarzes Haar, eine krumme Nase, einen grell bemalten Mund und einen langen Hals. Sie trug einen Herrenanzug mit Nadelstreifen. Er schätzte sie auf Mitte vierzig. Die Adern an ihren Händen traten schon deutlich hervor. Er hatte sie schon einmal gesehen – neben dem Mann mit der Wagnertolle, den die Ästhetik des Horror-Pornofilms nicht überzeugt hatte.

»Ich weiß, wer Sie sind«, sagte die Frau und streifte ihn mit einem Lächeln.

»Dann lassen Sie mich vielleicht lieber an der nächsten Ecke raus.«

»Im Gegenteil – ich fahre Sie auf dem kürzesten Weg zu mir nach Hause.«

»Sie haben sich doch nicht unsterblich in mich verliebt?«

»Liebe, diese Obszönität. Ich denke an das Kokain, das Sie verkaufen.«

»Die Bullen sind aber hinter mir her.«

Jetzt lächelte sie, wie Hyänen lächeln mochten, wenn ein Sterbender sich noch einmal aufrafft.

»Das waren doch nur mein Mann und sein schwuler Freund. Sie haben Ihnen doch nicht weh getan?«

»Ich hatte den Eindruck, sie wollten gern.«

»Sie haben es halt schwer. Körperintensität und all das. Eigentlich sollten sie Sie nur zu mir bringen.«

»Das ist ihnen ja auch gelungen.«

Blum wurde es etwas heiß. So hatte er sich den Kokainhandel nun auch wieder nicht vorgestellt. Je schneller er das Zeug loswurde, umso besser.

»Da Sie mich nicht *ver*führen wollen, nehme ich an, Sie wollen mich *ent*führen. Das war übrigens ein Rotlicht.«

»Mit Radar, ja. Aber ich habe es eilig. Haben Sie Angst?«

»Dann würde ich nicht mit Koks handeln.«

»Ich finde Angst so erotisch. Aber ich will Sie auch nicht entführen, ich will nur Ihr Coco.«

»Das hätten Sie einfacher haben können. Wie ich schon Ihrem Mann sagte – solange Sie flüssig sind …«

Sie bog in eine Seitenstraße ein und nahm fast einen Fußgänger mit.

»Aber ein wenig Dramatik gehört doch dazu, Herr Blum.«

»Woher wissen Sie meinen Namen?«

»München ist doch ein Dorf. Ich bin Renée.«

Sie hielt ihm ihre Hand hin, als erwarte sie einen Kuss. Blum drückte die Reyno aus. Er hatte diese Mentholdinger noch nie gemocht. Er hatte genug von der Frau und genug von München. Sie nahm ihre Hand weg und parkte das

Auto vor einer Einfahrt. Es war eine ziemlich dunkle Gegend mit alten Bürgerhäusern.

»Danke für den Lift, aber hier trennen sich unsere Wege«, sagte Blum und griff zum Türöffner. »So viel Dramatik schlägt mir aufs Herz.«

»Aber nein, lieber Herr Blum, Sie gehen jetzt nicht. Es ist doch alles schon vorbereitet.«

Blum stieg aus und schlug die Wagentür zu. Aus dem Halbdunkel lösten sich zwei Figuren und traten ins Straßenlicht. Natürlich, der Mann und sein Freund. Vielleicht hatten sie einen Hubschrauber genommen.

»Na, Jungs, habt ihr Lust auf die zweite Runde?«

»Da hast du dir aber einen unsympathischen Kerl ausgesucht, Renée«, beschwerte sich ihr Mann.

Die Frau nahm Blum am Arm.

»Jetzt gehen wir alle hübsch nach oben und schließen Freundschaft. Und dann …«

»Ich glaube, ihr überschätzt euch alle ein bisschen«, sagte Blum, machte sich los und stiefelte einfach weg. Er hatte Glück – hier wurde immer gleich gestreut. Er war schon an der Ecke, als Renée schrie: »Das wirst du büßen, Blum!« Sie schrie es mit der Stimme eines Bierkutschers, der im nächsten Leben ein Schakal sein wird.

Aber nicht bei dir, dachte Blum und stoppte ein Taxi. Er lehnte sich seufzend ins Polster und wischte sich den Schweiß ab. Hier war noch Winter, aber man kam mehr ins Schwitzen als im Süden. Im Metropol war die Bar noch auf, und obwohl er schon an der Rezeption die Stimme der Trinkerin hörte, deren Mann in Stadelheim Einführungsseminare in den Aktienhandel gab, ging Blum mit seinem

Schlüssel nach hinten. Er brauchte dringend etwas so Normales wie Bier.

Diesmal war sie nicht allein am Tresen, aber sie war immer noch die einzige Frau, und das schien ihr nicht bekommen zu sein. Sie krallte sich mit der linken Hand an einen Anzug und mit der rechten an ein Kognakglas und versuchte, den Vamp zu spielen. Ihr Hosenanzug war fleckig. Asche hatte graue Streifen auf dem gelben Stoff hinterlassen, und der Rotwein war auch schon drübergegangen. Die Männer mit den roten Gesichtern, die mit ihr am Tresen hockten, sahen aus, als warteten sie darauf, dass sie umfiel und die Beine breitmachte. Bierströme, Schweiß und Chanel Nr. 5. In der Ecke saßen wieder die Araber und starrten auf die Betrunkenen. Sie haben sich die Logenplätze für die Massenvergewaltigung gesichert, dachte Blum und versuchte, so unauffällig wie möglich ein Bier zu bekommen. Aber der Jugoslawe ignorierte ihn. Und dann entdeckte ihn schon die Blonde.

»Da sind Sie ja, Sie treulose Tomate!« Die Männer feixten. »Aber heute haben Sie was Besseres getrunken als Lianenwein. Er hat nämlich drei Jahre lang nur Lianenwein getrunken, wisst ihr, da unten bei den Hottentotten.«

»So sieht er auch aus«, hörte Blum.

Der Jugoslawe stellte ihm einen Kognak hin. Blum schüttelte den Kopf.

»Von der Dame«, sagte der Jugoslawe.

»Er verträgt ihn nicht mehr«, tönte einer der Männer. Blum stieg das Blut in den Kopf, aber er sagte nichts. Mit 5 Pfund Koks unterm Bett legte man sich nicht mit Besoffenen an.

»Ich bekomme ein Bier«, sagte er und trank den Kognak mit einem Schluck. Es war Mariacron. Der Jugoslawe musste einen gesunden Hass auf ihn haben. Blum lächelte über das leere Glas der Blonden zu. Gestern wäre er fast mit ihr ins Bett gestiegen, heute tat sie ihm nur noch leid. Einer der Männer hatte seine Pranke schon an ihrem Hinterteil. Die Araber bestellten noch einen Kaffee. Sie schienen sich nichts aus den hasserfüllten Blicken der Vertreter zu machen, für die jede Benzinpreiserhöhung ein Schlag unter die Gürtellinie war. Vielleicht gehörte ihnen auch schon das Hotel.

Blum bekam sein Bier, und während er es trank, spürte er die Blicke der Blonden und versuchte, nicht zu hören, was sie im Tran von sich gab, und plötzlich hörte er doch hin, er hörte sogar genau hin, denn sie sprach von ihm –

»– und dann hat der Portier einen Karton mit Rasierschaum hingestellt, ich bitte euch, Rasierschaum! Und mir erzählt er groß vom Amazonas.« Sie merkte, dass er zuhörte, und wandte sich direkt an ihn: »Stimmt's, oder hab ich recht? Aber wenn Sie so viel Rasierschaum haben, könnten Sie sich wenigstens anständig rasieren.«

Das wurde ein Lacherfolg bei den Vertretern. Prusten, wieherndes Gelächter, Schenkelklatschen, und der mit der Pranke griff sich jetzt ganz ungeniert ein Stück Hintern. Blum blieb ruhig. Aber die Besoffenen rückten ihm schon auf den Pelz.

»Sie stehen auf meinem Fuß, Sportsfreund.«

»Ach, tatsächlich?« Der Mann hatte ein Gesicht wie zerlaufener Camembert, der mit Paprika bestreut war, und seine Augen hatten Mühe mit der Brennschärfe. »Haben Sie nich gehört? Sie solln sich anständich rasiern!«

Blum zog langsam seinen Fuß unter dem des anderen weg. Wenn der Camembert jetzt kippte, gab es eine Schlägerei. Er legte einige Markstücke auf den Tresen und versuchte wegzukommen.

»Der Schaumschläger verträcht kein Bier mehr«, sagte der mit der Pranke, die jetzt am Rücken der Blonden nach oben glitt.

Plötzlich stand sie von ihrem Drehhocker auf, dessen Lehne prompt ihrem Verehrer das Bierglas aus der Hand schlug, und ließ sich an ihm vorbei zu Boden fallen, wobei sie das Glas unter sich begrub. Die Männer unterhielten sich weiter, als sei nichts geschehen. Nur ihr Verehrer beklagte sich über das Bier. Blum half der Frau auf die Beine. Tränen schwammen über ihr Gesicht und lösten ihr Make-up auf. Der Geruch von Kognak und Parfüm war überwältigend.

»Tut mir ja so leid«, stammelte sie, »ich wollte nach meinem Mann sehn. Wo bleibt er nur?«

»Hier sind deine Männer«, dröhnte einer.

»Möchte wissen, wozu ein Mensch so viel Rasierschaum braucht«, fragte sich der Sportsfreund.

»Frag ihn doch, Otto.«

»He, Sie, wozu brauchen Sie'n Karton Rasierschaum?«

Er brüllte so laut, dass man es in der ganzen Halle hören konnte. Die Araber sahen Blum erwartungsvoll an.

»Ihr Mann kommt sicher gleich«, sagte Blum zu der Blonden und lehnte sie an den Tresen. Ihr verschmiertes, aufgedunsenes Gesicht lächelte ihn selig an.

»Er verkauft den Schaum den Bimbos!«, brüllte der mit der Pranke. »Und wir zahlen die Subventionen!«

Er erntete allgemeine Zustimmung. Die Bimbos hatten den Schaum ja nun echt nötig.

»Sie sind so nett«, sagte die Blonde und ließ ihre verklebten Wimpern flattern. »Kommse, wir tüteln noch einen.«

Aber Blum machte sich los und ging, und schon wieder – zum dritten Mal in drei Tagen – schrie eine Frau hinter ihm her. Allmählich schafften sie ihn. Dann hörte er, wie sie wieder der Länge nach hinfiel. Diesmal blieb sie unten und schrie wie am Spieß. Als er am Fahrstuhl war, sah er die Nachtportiers nach hinten eilen.

»Disgusting«, sagte eine Amerikanerin mit blauen Haaren, die gerade aus dem Nachtleben zurückkehrte.

»It's only a movie«, sagte Blum und setzte seine Sonnenbrille auf. Die Amerikanerin stieg gleich wieder aus.

Als er in Nr. 316 war, holte Blum tief Luft. Das wird härter, als du angenommen hast, dachte er. Das Drumherum ist es, was die Sache so hart macht. Er starrte auf einen Anschlag an der Wand: FÜR IHRE SICHERHEIT. Es ging um den Fall eines Hotelbrandes. Der letzte Punkt lautete: »Bewahren Sie Ruhe – vermeiden Sie Panik – danke!« Richtig, dachte Blum. Ich hoffe, ich kann es mir merken.

Er konnte lange nicht einschlafen und blätterte in dem Bahamas-Handbuch. Ein Mr Bernard Butler, seit zehn Jahren dort ansässig, sagte von Freeport, der neuen Stadt auf Grand Bahama: »Hier läuft alles in unserem Sinn«, und vielleicht musste man gar nicht für die Mafia arbeiten, um dort ein Stück vom Kuchen samt Rosinen zu bekommen – aber arbeitete Blum nicht schon für die Mafia? Er gehörte zum Spiel, in dem man nicht mit dem Zufall rechnen durfte. Er knipste das Licht aus und starrte hinaus auf den Turm, an dessen Spitze ein rotes Auge blinkte und alles registrierte. Keiner gibt dir eine Chance, dachte Blum. Vielleicht kommst du gerade damit durch. Was den Koks betrifft, bin ich vielleicht Amateur, aber was das Überleben angeht, bin ich 40 Jahre in der Branche. Er drehte an seinem Transistorradio und empfing auf Kurzwelle eine Frauenstimme, die verschlüsselte Nachrichten an Leute sendete, die auch Experten in ihrer Branche waren, und die unendlichen Zahlenkolonnen des Codes schläferten ihn irgendwann ein, so gut wie jener Traum von den weißen Stränden –

»14 811–34 210–42 734–38 307–15 759–61 003–21 536–89 342« – Palmen, leichte Brise, Morgenröte – »99 188–50 777–53 338–73 512–39 834–93 631–90 961–47 345« – »der Stoff ist mächtiger als alle, die ihn verkaufen« – »51 120–43 943–37 518–65 343« – »ich brauche jemand wie dich«, sagte eine Hyäne und schnappte nach seinem Hals. Er wachte schweißgebadet auf. Die Dämmerung kroch über die Dächer, das rote Auge erlosch. Aber er wusste, dass die Kontrolleure überall waren.

13

Montagmittag strahlende Sonne, bayrische Wölkchen, ein weißblauer Himmel. Bei einem Türken erstand Blum einen gebrauchten Musterkoffer, Kunstleder, schwarz, 54 × 36 cm, 85 DM.

»Braucht sonst noch was, der Herr?«

»Haben Sie ein gutes Messer?«

Der Mann lächelte breit und zeigte seine Kollektion. Blum nahm eins mit Perlmuttgriff, 24 cm, Solingen, scharf wie eine Rasierklinge. Der Mann ölte den Schnappmechanismus.

»Damit eine Zehntel von Sekunde Sie schneller, Arkadesch.«

Im Hotelzimmer packte Blum die Dosen in den Koffer. Die 20 passten genau hinein. Es hätten auch 21 sein dürfen, aber Blum wollte nicht gierig sein. Ein volles Röhrchen und die Dose verstaute er in seinen Hosentaschen. Man musste auch was parat haben. An der Rezeption erkundigte er sich nach der Blonden. Der Angestellte tat, als wüsste er von nichts. Durch die Drehtüren fiel eine Busladung Schwedinnen ins Hotel ein. Betrunkene Blondinen, das gab es im Dutzend billiger. Blums Geschmack trafen sie alle nicht. Er gab kein Trinkgeld.

Noch ein Weißbier im Bahnhofsbuffet, den Musterkoffer

neben sich auf dem Stuhl. Hier war München noch die Hauptstadt der Tandler und Viehhändler, der Maghrebiner und Hopfenperlen. Stiernackige Allgäuer beobachteten über den Rand des *Memminger Boten* die Taschendiebe aus Mazedonien, die mit den schwerbusigen Servierfräulein intime Verhältnisse vortäuschten, und wandernde Heilpraktiker aus Böhmen hielten unter den arbeitslosen Söhnen der anatolischen Müllmänner nach Assistenten Ausschau. Blums Mittagsglück wurde abgerundet durch den Auftritt der Heilsarmee. Sechs pausbäckige Mädchen sangen »Halleluja, Gott kommt auch zu dir«, und ein martialischer Herr, der mindestens den Rang eines Stabsfeldwebels bekleidete, verteilte eine Schrift, der Blum entnehmen konnte, dass Bob Dylan, der Protestsänger, zu Gott gefunden habe. Es schien ein passender Abschluss der 70er-Jahre, so wie das Kokain in Blums Musterkoffer der richtige Auftakt für die 80er zu werden versprach. Blum belohnte die Heilsarmee mit einem Heiermann und ging zu seinem Intercity 624, Abfahrt 13.16 Uhr (Würzburg – Frankfurt / M – Köln – Wuppertal – Dortmund).

Natürlich können sie überall sein, dachte er, als er den Mann im blauen Maximantel sah, der an der Würstchenbude stand und sich mit einem *Corriere della Sera* beschäftigte – Rossi; oder die, denen er den Stoff gemopst hat oder mopsen wollte; oder Freund Hermes, Madame Renée; und natürlich die Polizei, das BKA, der BND, Interpol, die CIA, wie geht's denn, Mr Hackensack – und genau davon gehen sie aus: dass du durchdrehst, dass du aufgibst, dass du in die Knie gehst und den Koks wieder zur Aufbewahrung Stelle 1 gibst und den Gepäckschein eingeschrieben ans Phoenicia schickst. Paranoia heißt das Wort. Verfolgungswahn. Diese Stiche im Herzen, diese Nierenschmerzen, das Kribbeln an der Wirbelsäule, das Jucken unter der Kopfhaut, alles nur der Verfolgungswahn. Bleib *cool.* Du hast dich entschlossen, die Sache durchzuziehn, also zieh sie auch durch, betritt diesen Speisewagen mit der gereizten Miene eines Reisenden in Rheumawäsche, letzte Woche kein Abschluss, die Chemie rottet uns aus, die Frau hatte ihre Tage, Hertha BSC hat schon wieder verloren, und eine lange Woche im Raum Wuppertal starrt dir in das biervernebelte Hirn.

»Ober, ein Pils, aber kalt, näch!«

Das war schon der richtige Ansatz, und jetzt noch etwas mehr Widerwillen in der Stimme und –

»– und 'n Pichelsteiner, is ja doch das Einzige, wat man bei euch essen kann.«

»Das sage ich auch immer«, sagte ein Mann und setzte sich zu Blum, obwohl noch einige Tische frei waren. Blum presste die Beine an den Musterkoffer unter der Sitzbank und besah sich den Mitreisenden. Rundliches Gesicht, korrekter Scheitel, Brille mit Stahlfassung, grauer Anzug, Schlips und Weste. Mochte um die 35 sein, aber eins dieser Gesichter, die nie alt werden, sondern einfach irgendwann tot sind. Er legte einen Wälzer in einem Packpapiereinband neben sein Besteck und steckte sich eine Lord Extra an.

»Fahren Sie auch so oft mit der Bahn?«, fragte Blum.

Der Mann nickte bedächtig. Vielleicht ein bisschen zu bieder, um als Mitglied des Rossi-Syndikats in Frage zu kommen. Sah eher nach Bulle aus. Also war er wahrscheinlich doch beim Syndikat. Blum brach der Schweiß aus. Dabei war der Zug erst in Pasing.

»Viel zu oft«, sagte jetzt der Mann, »aber die Arbeit bringt es mit sich, und da nimmt man es in Kauf.«

Der Ober brachte Blum ein eiskaltes Pils. Wenigstens bei dem hatte er den richtigen Ton getroffen. Sein Gegenüber bestellte ein Apollinaris und einen Mozart-Toast.

»Aber nicht durchgebraten«, sagte er fast flehentlich. Der Ober murmelte etwas und ging weiter. »Durchgebraten schmeckt es einfach nicht«, sagte der Mann, als müsste er sich rechtfertigen.

»Nehmen Sie doch Pichelsteiner.«

»Den habe ich ja am Freitag erst gegessen«, sagte der Mann und klappte sein Buch auf.

Erst nach dem Essen – der Mozart-Toast war natürlich durchgebraten, und der Pichelsteiner ein Gedicht – kamen sie wieder ins Gespräch. Blum hätte sich auch mit einem Taubstummen unterhalten. Alles war besser als der ständige Blick auf die Tür, in der jeden Augenblick einer mit MP auftauchen konnte – aber das war ja Kino. In der Realität saß das Syndikat schon am Tisch, schob den Teller mit dem Rest Mozart-Toast zur Seite, zog sich eine Lord Extra aus der Schachtel und sagte: »Ich frage mich, ob Sie mir einen Gefallen tun könnten.«

Aha, dachte Blum.

»Wissen Sie, es ist so – ich habe gestern Abend mein Pensum nicht mehr ganz geschafft.«

Was war das denn? Das Geständnis eines überarbeiteten Killers? Der Mann machte seine Zigarette an und rieb mit dem Daumen über die Buchkante.

»Reptilien. Ich hatte als Junge eine Blindschleiche, vielleicht bin ich deswegen auf das Thema gekommen.«

Blum entspannte sich. Der Fuzzi konnte höchstens beim BND sein. Er wurde ja ganz rot im Gesicht.

»Haben Sie eine Prüfung?«

»Oh nein, von Beruf bin ich Staubsaugermechaniker. Jetzt habe ich mich aber auf Quiz spezialisiert. Ein Leben lang Staubsauger reparieren, das wäre doch etwas einseitig. Haben Sie mich noch nicht im Fernsehen gesehen?«

»Ich komme relativ wenig zum Fernsehen«, meinte Blum. »Was machen Sie denn bei denen?«

»Na, ich trete in Quizsendungen auf. Vielleicht haben Sie mich doch schon gesehen, man schaut ja nicht immer so genau hin – ›Quiz nach neun‹, ›Wer weiß mehr?‹, ›Die Große Frage‹? Nein? Wir haben aber hohe Einschaltquoten. Mein Debüt hatte ich in ›Kino für Kenner‹, aber man kann den Hauptpreis ja nur einmal gewinnen. Als Profi muss man schon vielseitig sein.«

Das fand Blum auch. Er lehnte sich zurück.

»Sie machen das hauptberuflich?«

»Was bleibt mir übrig? Das Auswendiglernen ist ein Ganztagsjob. Mir kommt da natürlich mein spezielles Gedächtnis zugute. In der Schule war meine Stärke Geschichte, ich konnte mir alle Geschichtszahlen merken. Machen Sie die Probe aufs Exempel, fragen Sie mich!«

»Was denn?«

»Ein geschichtliches Ereignis!«

»Was für ein geschichtliches Ereignis?«

»Sie werden doch ein geschichtliches Ereignis wissen!«

Der Mann wurde ganz fuchtig. Klassischer Agent, entschied Blum. Mit Koks hatte der nichts am Hut, der fuhr auf die Vergangenheit ab.

»Oder sagen Sie mir einfach Ihre Telefonnummer, dann sage ich Ihnen, was da los war. Auf geht's!«

Hm. So plump konnte aber nur ein Anfänger sein. »Also gut – 44 34 59.«

Der Mann lehnte sich zurück, legte die Stirn in Falten.

»Das ist Ihre Telefonnummer? Ziemlich haarig.«

»Ich denke, Sie wissen für *jede* Zahl ein geschichtliches Ereignis.«

»Weiß ich auch. Also, fangen wir an: Vierundvierzig, das ist natürlich vierundvierzig vor Christus, Cäsars Ermordung. Vierunddreißig ... da wird es schon schwieriger. Ha, ich hab's: Wallensteins Ermordung, Sechzehnhundertvierunddreißig. Und neunundfünfzig, da nehmen wir dann Siebzehnhundertneunundfünfzig, die Schlacht von Kunersdorf.«

»Aha. Und was war da?«

»Was soll gewesen sein?«

»Bei der Schlacht – worum ging es da?«

»Ach, das ist doch uninteressant. Aber das sehen Sie doch jetzt, dass ich mit *dem* Gedächtnis nicht unentwegt Staubsauger reparieren kann, oder?«

»Das sehe ich. Und jetzt?«

»Ich müsste die Krokodile noch repetieren. Seite 128 ...«

Der Wälzer war Band 6 von »Grzimeks Tierleben«. Blum schlug ihn auf. Ein Krokodil blinzelte ihm zu. Natürlich nicht wirklich, aber es sah so aus. Es lag an einem Fluss in der Sonne, hatte den Rachen aufgesperrt und schien sich ausgesprochen wohl zu fühlen.

»Na, dann schießen Sie mal los«, sagte Blum und steckte sich eine HB an.

»Die Krokodile gehören zur Unterklasse der Großsaurier. Wir unterscheiden drei noch existierende Familien: die Familie der Alligatoren, die Familie der Echten Krokodile und die Familie der Gaviale. Bei den Alligatoren unterscheiden wir die Gattung der Alligatoren, die Gattung der Brillenkaimane …«

Der Mann hatte sein Pensum gelernt. Blum fragte sich, was die Posse sollte. Aber natürlich – ohne ihre Possen war das Leben für die Menschen einfach unerträglich. Die Krokodile waren 18 Millionen Jahre länger auf der Erde als die Menschen, und die Chancen standen ziemlich gut, dass sie noch da sein würden, wenn die Menschen ihre Possen ein für alle Mal überzogen hatten.

In Würzburg hatten sie das Pensum durch. Der Quizexperte belohnte sich mit einem dritten Apollinaris, und Blum bestellte sein siebtes Pils. Er hatte einen entsetzlichen Druck auf der Blase, aber er rührte sich nicht von der Stelle. Er traute dem Mann alles zu.

»Und wie lange machen Sie das jetzt schon?«

»Fast vier Jahre. Es dauert natürlich eine Weile, bis man fernsehfest ist. Das Lampenfieber, wissen Sie. Ich kann Ihnen sagen, wenn zwanzig Millionen Leute darauf warten, dass Ihnen nicht einfällt, wann die Schlacht von Aboukir war oder in welchem Film Marlon Brando einen Japaner spielt, oder wie viele Gattungen der Pythonschlangen es gibt, Heilandsack – da können Sie noch so gut sein, Sie haben ein Gefühl, als hocken Sie plötzlich mitten im Weltall und unten meldet sich niemand mehr, wissen Sie?«

»Das Gefühl ist mir nicht unvertraut«, sagte Blum.

»Was machen Sie beruflich, wenn ich fragen darf?«

»Ich bin in der Baubranche.«

»Haja, das ist natürlich auch etwas. Bei den Konjunkturschwankungen …«

»Das können Sie dreimal sagen«, sagte Blum und erzählte aus der Baubranche. Er hatte mal in den Semesterferien auf dem Bau gearbeitet, das machte sich immer noch bezahlt. Bei Aschaffenburg erhob sich der Fernsehmensch, nahm seinen Wälzer und verabschiedete sich.

»Ich will mich bis Wiesbaden noch ein bisschen hinlegen. Sehen Sie sich die Sendung am 5.4. an! Aber ich bitte Sie, behalten Sie doch Platz … und vielen Dank!«

Blum ließ sich die Rechnung bringen. Er hatte das starke Bedürfnis, sich auf dem Klo einzuschließen oder die Notbremse zu ziehen, aber er blieb sitzen, trank noch einen Kaffee und sah zu, wie der Zug in die Chemiezone rollte, wo der Himmel so grün wie eine Wiese war.

14

Niemand holte Blum ab, niemand bereitete ihm einen stürmischen Empfang, niemand interessierte sich für ihn außer einem Exoten mit Turban und wallendem weißem Gewand, der ihm einen Stadtplan unter die Nase hielt und sehr enttäuscht war, als Blum ihm erklärte: »Ich bin hier fremd.«

Und Frankfurt war ihm fremd, obwohl er die Stadt früher ganz gut gekannt hatte. Auf Augenhöhe gab es noch Stellen, an die er sich erinnern konnte, aber alles über drei Meter schien neu zu sein. Banken, Boutiquen, Bordelle, und an jeder Ecke zwei Apotheken – wer hier nicht zu Geld kommt, dachte Blum, hat's schon nicht mehr nötig.

In der B-Ebene unter der Hauptwache verstaute er Koffer und Reisetasche in einem Schließfach. Es war jetzt halb sechs. Ein Hotel suchte er sich nicht – wenn alles glatt ging, konnte er vielleicht gleich am Flughafen übernachten und morgen die erste Maschine nach Miami nehmen. Oder nach Maracaibo. Oder Macao. Er ging in die Toilette und versteckte den Schließfachschlüssel in seinem linken Stiefel (gut, dass er meistens eine halbe Nummer größer kaufte), dann rief er den Dealer an. Er musste lange suchen, um ein funktionierendes Telefon zu finden, und der Mief fing schon an, ihm zuzusetzen, bis er den Typ schließlich an der

Strippe hatte. Er klang nervös und misstrauisch und ließ Blum gar nicht erst zu Wort kommen.

»Kennen Sie sich in Frankfurt aus?«

»Natürlich.«

»Dann treffen wir uns in einer halben Stunde am Eisernen Steg.«

Über dem Main schrien die Möwen. Die Ausflugsschiffe dümpelten am Ufer. Der Fluss stand hoch, und das ölige Wasser klatschte gegen die Schiffsplanken. In den Anlagen und auf der Brücke standen alte Frauen und fütterten Tauben und Möwen, und Türkenkinder spielten Abzählen oder Ajatollah. Blum bewunderte die Skyline. Man konnte sagen, was man wollte, in Frankfurt ging man zur Sache, und wenn schon alles zum Kotzen war, hier zeigte man wenigstens offen, welche Kotze zählte.

Exakt um 18.06 Uhr hörte Blum ein Hüsteln hinter sich. Der Mann, der groß im Geschäft war, war ein langer, hagerer Junge von höchstens 22, der sich sicher nur zweimal die Woche rasieren musste. Er hatte sorgfältig frisierte blondliche Haare und einen arroganten Zug um den Mund. Seine Augen waren ständig in Bewegung, und seine Hände nahm er nur aus den Taschen seines weißen Regenmantels, wenn es nicht anders ging. Um den Hals hatte er einen unauffällig-teuren Kaschmirschal. Er musterte Blum einen Augenblick, dann nickte er düster und zeigte mit einer Kopfbewegung zur Brücke.

»Da oben redet es sich besser.«

Auf der Brücke wehte ein unangenehm kalter Wind durch die eisernen Brückenbögen, an denen der Rost fraß. Der Dealer hatte die Hände in den Manteltaschen und sah

Blum in seinem Seidenhemd und seinem Blazer mit dem eleganten Halstuch frieren.

»Ich weiß, es ist kalt«, sagte er, »aber hier werden wir nicht abgehört. Wie viel hohes C haben Sie?«

Du lieber Himmel, dachte Blum. Für dein Alter bist du aber schon recht fortgeschritten.

»5 Pfund«, sagte er. »5 Pfund *Peruvian Flake*, 96 %. Der Stoff ist so stark, der fetzt Ihnen die Nase weg. Aber das wird Ihnen die Dunkle ja schon alles berichtet haben.«

Der Lange lächelte auf Blum herab. Es war ein ziemlich frostiges Lächeln.

»Richtig, keine Namen. Und wie viel wollen Sie dafür?«

»Hundertfünfzig Mille, bar auf die Hand.«

Sie waren inzwischen einmal über die Brücke gegangen. Am anderen Ende hingen Stadtstreicher herum und ließen die Flasche kreisen. Sie machten kehrt. Der Dealer blieb ab und zu stehen und tat so, als zeige er Blum die markanten Punkte im Stadtbild.

»Das ist völlig crazy«, sagte er. »Da drüben, das ist der Dom. Für hundertfünfzig bekomme ich ja fünf Kilo. Wenn Sie so viel Geld machen wollen, müssen Sie sich schon auf die Straße stellen. Und da hinten ist der Osthafen.«

»Auf der Straße könnte ich eine halbe Million machen«, sagte Blum und versuchte, sich eine Zigarette anzuzünden. »Hundertfünfzig Mille ist ein realistischer Preis. Mit Verschnitt machen Sie aus meinem Stoff das Doppelte. Das sind dann schon fünf Kilo. Ich sag Ihnen doch, *Peruvian Flake*. Der Beste.«

»Ich ziehe eigentlich den bolivianischen vor«, meinte der Lange. »Der ist subtiler.«

»Ich dachte, Sie würden das Zeug verscheuern.«

»Jetzt ist es alle«, rief eine alte Frau den Möwen zu, die sich ihre Brotrinden aus der Luft geschnappt hatten. »Alle ist's. Alle, alle!« Sie stopfte die leere Plastiktüte in ihre Einkaufstasche. Blum hatte endlich seine HB an und erwiderte ihr irres Grinsen, so gut er konnte.

»Sie haben alle Krebs«, sagte der Dealer. »Und der neueste Wolkenkratzer ist die Deutsche Bank, das da.« Dann, leiser: »Bei achtzigtausend könnten wir ins Gespräch kommen.«

Sie waren wieder am Ende der Brücke und kehrten um.

»Wer hat Krebs? Die Frauen oder die Möwen?«

»Die Frauen, die Möwen, alle. Haben Sie keinen Krebs?«

»Nein«, sagte Blum.

»Das wissen Sie nur noch nicht.«

»Haben Sie welchen?«

»Nein, aber dafür habe ich schon vier Magengeschwüre gehabt.«

»Haben Sie so viel Ärger mit der Dealerei?«

»Mit meiner Firma hab ich Ärger. Das mit dem Koks mach ich nur zum Ausgleich.« Er sah Blum missmutig an. »Sie haben mich sicher auch erst auf zwanzig geschätzt. Dabei bin ich sechsundzwanzig und schon seit sieben Jahren in der Werbung.«

»Das ist ja allerhand«, sagte Blum, »aber trotzdem möchte ich hundertfünfzig.«

Den Pennern war es zu kalt geworden. Sie hatten sich nach Sachsenhausen verzogen. Der Dealer machte wieder kehrt. Blum kam allmählich ins Schnaufen. Diese Art von Ausgleichssport war er nicht gewohnt.

»Wenn Ihr C wirklich so gut ist – bei dem peruanischen bin ich immer skeptisch –, könnten wir uns eventuell bei neunzig einig werden. Ich muss es natürlich erst testen.«

Blum warf die Zigarette weg. Eine Möwe schnappte sie sich.

»Dann gehen wir doch. Ich hab was dabei.«

Der Lange sah ihn misstrauisch an.

»Jetzt gleich? Warum haben Sie es denn so eilig?«

»Na hören Sie, was heißt eilig? Ich brauch das Geld.«

»Das glaube ich Ihnen gern. Aber ein Deal mit fünf Pfund lässt sich nicht so schnell abwickeln. Ich müsste den Stoff erst mal im Ganzen sehen. Was ich teste, muss ich schon selbst aussuchen. Jetzt geben Sie mir Ihr *Peruvian Flake*, und nachher ist alles Waschpulver. Also so geht das nicht.«

Ich sollte dich eigentlich in den Main kippen, dachte Blum, da gehörst du hin, in diese trübe Lauge. Er blieb stehen. Der andere hielt seine Frisur fest.

»Kein Wunder, dass Sie Magengeschwüre haben. Sie sind einfach zu misstrauisch.«

»Man merkt, dass Sie neu in der Branche sind. Eigentlich mache ich ja mit Chippies keine Geschäfte, aber wenn Ihr Stoff tatsächlich so toll ist … Ich sag Ihnen was: Wo kann ich Sie erreichen?«

Sie waren wieder auf der Frankfurter Seite des Mains, und der Lange wurde allmählich unruhig.

»Nirgends«, sagte Blum. »Ich rufe Sie an.«

Das schien dem Typ einzuleuchten.

»Geben Sie mir mal die Probe. Aber so, dass man es nicht in ganz Frankfurt sieht.«

Blum hatte schon wieder keine Wahl – er hielt die Luft an und gab dem Kerl das Tütchen, das er vorbereitet hatte.

»Rufen Sie mich morgen Vormittag an, dann sehen wir, was sich machen lässt.«

»Von wegen«, sagte Blum ziemlich laut. »Sie machen sich einen flotten Abend mit meinem Stoff, und ich kann zusehen, wo ich bleibe. Sie machen jetzt schön Ihren Test, und dann rufe ich Sie um acht an, und wir machen die Sache klar.«

»Auf gar keinen Fall«, sagte der Lange und zog seinen Kaschmirschal zurecht, »um acht habe ich Konferenz. Versuchen Sie es gegen zwölf, aber versprechen kann ich nichts.«

Ein weißer Mercedes hielt am Bürgersteig. Am Steuer saß eine Rothaarige. Der Dealer verschwand in seinem Schlitten. Ein Türkenjunge legte mit einem Besenstiel auf Blum an, machte den Zeigefinger krumm und sagte: »Du kaputt!« Er lachte. Als er Blums Gesicht sah, rannte er weg.

15

Blum saß in einem Café und sah Gespenster. War Rossi nicht schon ganz dicht an ihm dran gewesen, als er auf dem Weg zur Hauptwache durch eine dunkle Seitenstraße gegangen war? Vor dem Café parkte ein Wagen, in dem eine Frau und zwei Männer saßen – Renée samt Mann und schwulem Freund? Und einige der Gäste im Café waren ihm, wenn er sich recht erinnerte, schon seit Tanger bekannt, wo er einmal kurz mit gestohlenen Pässen gehandelt hatte. Überall, wo er hinkam, saßen sie schon und starrten ihn durch ihre dunklen Brillen an, und er starrte sie durch seine dunkle Brille an, aber sie waren immer mehr als er und konnten länger starren. Scheiße, sagte sich Blum und bestellte noch einen Kognak, du hast keine Chance. Mit diesen 5 Pfund Koks hast du dich endgültig reingeritten. Vierzig Jahre sauber geblieben – das mit der EG-Butter war völlig legal gewesen, und er hatte schließlich nie wirklich behauptet, dass der »Tizian« echt sei –, und mit Pornos handelte heutzutage doch schon jeder bessere Supermarkt –, aber jetzt musste er unbedingt auch noch in den Rauschgifthandel. Zehn Jahre Knast waren noch das Beste, was ihm passieren konnte. Und damit war es dann gelaufen, das eigentliche Leben. Allein der Horror damals in Istanbul, und da war er ja nun wirklich völlig unschuldig gewesen.

Aber wenn er nicht zufällig ein paar größere Scheine gehabt hätte, säße er heute noch in diesem Loch. Er schauderte und griff zitternd nach dem Glas, das die Kellnerin vor ihn hinstellte. Für die, dachte Blum, bin ich noch der Durchschnittstyp mit Leberzirrhose oder der Textil-Blum, der gestern pleitegemacht hat und sich nach dem nächsten Kognak erschießen wird.

Jetzt kam wieder ein Gespenst aus Fleisch und Blut zur Tür herein und tat so, als sei es ein Pakistani namens Hassan Abdul Haq. Eigentlich kam das Gespenst gleich viermal, dreimal sah es so ähnlich aus wie Mr Haq, einmal glich es ihm bis in jede fettige Haarsträhne und jede Faser des grünen kunstseidenen Anzugs. Das Gespenst sah Blum, kam lächelnd auf ihn zu und zeigte ihm die beiden Goldzähne von Mr Haq.

»Mr Blum! Das ist aber eine Überraschung!«

Es *war* Mr Haq. Er flüsterte mit seinen Landsleuten, dirigierte sie an einen freien Tisch und kam auf Blum zu.

»Darf ich mich einen Augenblick zu Ihnen setzen?«

»Ich bitte Sie darum, Mr Haq. Ich muss sagen, für mich ist es auch eine Überraschung, Sie hier zu sehen.«

»Aber ich habe Ihnen gesagt, dass ich nach Deutschland kommen muss, wegen Dschidda, erinnern Sie sich?«

»Von Frankfurt war aber nicht die Rede.«

»Aber Frankfurt ist doch Deutschland, nicht wahr, Mr Blum? Könnte man das sagen?«

»Trotzdem, Sie hätte ich jetzt nicht hier erwartet. Jeden anderen, aber nicht Sie. Darf ich Ihnen etwas bestellen?«

Das war nicht nötig. Mr Haq schien in diesem Café bekannt zu sein – die Kellnerin brachte ihm bereits ein Kännchen Tee. Seltsam, hier in Frankfurt ging von dem kleinen Pakistani eine Entschiedenheit aus, die Blum auf Malta nicht aufgefallen war. Er trug diesmal eine schmale schwarze Krawatte zu dem weißen Hemd, das in Valletta auf dem Bügel gehangen hatte. Wie vertraut einem ein Mensch vorkam, weil man sein Hemd auf einem Bügel gesehen hatte, und die Haare, die mit dem Rest Shampoo im Waschbecken klebten. Blum bestellte einen doppelten Mokka.

»Wollen Sie Ihre Landsleute nicht an unseren Tisch bitten, Mr Haq?«

»Meine Landsleute können bleiben, wo sie sind. Sie sprechen nicht unsere Sprache, wenn Sie verstehen, was ich meine.«

Blum häufte Zucker in den Mokka.

»Nehmen Sie nicht so viel Zucker, Mr Blum«, sagte der Pakistani. »Zucker ist sehr gefährlich.«

»Für einen Orientalen ein seltener Standpunkt, Mr Haq, wenn ich das so sagen darf.«

»Würden wir weniger Zucker essen, hätten wir vielleicht auch schon unsere Probleme so gut gelöst wie Sie. Das war natürlich ein Scherz, Mr Blum.«

»Natürlich.«

»Aber in jedem Scherz steckt auch ein ernster Kern.«

»Mhm. Aber da Sie etwas von gleicher Sprache sagten, Mr Haq – erinnern Sie sich noch an den Abend, als Sie zu mir ins Hotel kamen?«

»Aber natürlich. Es ist ja erst drei Tage her.«

»Tatsächlich? Wie die Zeit vergeht ...«

Blum erzählte von dem Raubüberfall in der Republic Street. Mr Haq gab sich schockiert.

»Sie glauben doch nicht, dass ich –?«

»Nein, das glaube ich nicht. Ich gebe zu, dass ich Sie vorübergehend in Verdacht hatte, aber Ihnen waren ja die Hefte nicht realistisch genug.«

»Beschaffen Sie jetzt neue Hefte?«

»Nein. Ich habe eine andere Sache laufen.« Blum drückte die Zigarette aus und sah dem Pakistani in die Augen. »Wissen Sie noch, wie Sie gesagt haben, Sie könnten jemand brauchen wie mich?«

»Aber ja, Mr Blum. Für Dschidda.«

»Heute Abend sage ich es, Mr Haq. Ich könnte eventuell jemand wie Sie brauchen.«

Mr Haq nippte vorsichtig an seinem Tee und streifte Blum mit einem Blick, der älter war als Pakistan, so alt wie jedes Geschäft zwischen Menschen.

»Das ehrt mich natürlich, Mr Blum«, sagte er dann. »Aber was könnte ich schon tun für Sie?«

Blum sah sich nach seinen Beobachtern um. Das ganze Café war jetzt voller Beobachter, selbst die Landsleute Mr Haqs starrten sie ganz ungeniert an.

»Gehn wir woanders hin, Mr Haq. Ich lade Sie zum Essen ein. Irgendwo, wo wir ungestört sind.«

Mr Haq machte ein bedenkliches Gesicht und sah auf seine Armbanduhr, die golden schimmerte.

»Ich fürchte, das wird nicht möglich sein, Mr Blum. Sie sehen, meine Landsleute … Da gibt es heute Abend noch einiges zu besprechen. Und die Zeit ist schon so fortgeschritten, leider! Aber kommen Sie doch morgen zu mir, in mein Hotel, dann können wir ungestört sprechen.«

Blum notierte sich die Adresse auf einer Papierserviette.

»Ich weiß natürlich nicht, ob Sie mich antreffen werden, Mr Blum, ich habe jetzt gerade so viel zu tun ... aber versuchen Sie es nur, am besten mittags, vielleicht zum Essen? Guten Abend, Mr Blum, es hat mich so gefreut, Sie wiederzusehen!«

Dann verschwanden sie in der Nacht, Mr Haq und seine drei Begleiter, und Blum ging auch. Der Wagen mit der Frau und den beiden Männern war weg. Von einer Telefonzelle rief er den Dealer an. Es meldete sich der automatische Anrufbeantworter: »Dieser Apparat ist im Augenblick nicht besetzt«, sagte eine geschlechtslose Stimme. »Bitte hinterlassen Sie eine Nachricht, Sie werden zurückgerufen.«

»Hundertzwanzig Mille«, sagte Blum und hängte ein. Er holte seine Reisetasche aus dem Schließfach und suchte sich ein Hotel am Rand des Bahnhofsviertels. Im Imbiss gegenüber aß er ein Schaschlik mit Kartoffelsalat, dann legte er sich mit einer kleinen Flasche Cutty Sark und seinem Bahamas-Handbuch auf das Bett in dem engen Zimmer mit der erbsensuppenfarbenen Tapete und dem tropfenden Wasserhahn und der blauen Nachttischlampe und dem gelben Kokosfaserteppich und dem Merian-Stich über dem Schreibtisch und dem Stöhnen und Bettgestellquietschen von nebenan. Er nahm ein Bad und kam völlig gerädert aus der Wanne. Er rief noch mal an. Der Dealer war nicht da. Er hinterließ die Nummer des Hotels. Dann klebte er den Schlüssel des Schließfachs mit Tesafilm unter den Kleiderschrank. Er schenkte sich noch einen Whisky in das Zahnputzglas ein. Alles roch nach Odol. Sirenen heulten. Er machte das Radio an. Der AFN spielte Bert Kaempfert. *Spanish Eyes.*

16

Blum wartete den ganzen Dienstag auf den Anruf des Dealers. Der Anruf blieb aus. Am Nachmittag besorgte er sich einige Taschenbücher und eine große Flasche Cutty Sark. Nach dem Abendessen versuchte er, auf seinem Zimmer zu lesen, doch nach einer Weile schlief er über seinem Buch ein. Später weckte ihn ein Zusammenstoß unten an der Kreuzung, zwei Autos, ein dumpfer Knall, Blech, Glas, Funkstreifen, die Ambulanz wurde weggeschickt, die Leute verliefen sich rasch. Er trank einen Whisky. Kein Anruf. Ohne Anruf war auch ein Besuch bei Mr Haq überflüssig. Er bekam Lust auf eine Frau und ertappte sich dabei, wie er sein Geld zählte. Konnte er sich den Hunderter für eine Hure leisten? Er hatte noch knapp 1700 DM. Und natürlich den Musterkoffer im Schließfach. Der musste nun eine weitere Nacht im Fach bleiben. War das Fach überhaupt sicher? Er ging zur Hauptwache. Ein paar Polizisten in Uniform waren unterwegs, aber die gaben nur auf das Gesindel acht. Er warf Geld nach. Blum empfand jetzt keine Angst mehr, nur noch eine Lähmung, die ihm jede Bewegung zur Qual machte, als leide er an Auszehrung.

Er ging zurück ins Hotel, klebte den Schlüssel an den Innenrand des Wasserbehälters im Klosett, starrte auf das Geld. Nächste Woche war er vierzig, und hier hockte er in diesem Zimmer in einer Absteige und brachte es nicht fertig, fünf Pfund Kokain zu Geld zu machen. Und wenn, was dann? Er sah sich mit 43, mit 47, mit 52, in anderen Zimmern, die sich aber alle glichen, ein Hemd trocknete am Bügel, eine Fliege schwirrte gegen die Lampe, ein Radio spielte *Spanish Eyes,* Sirenen heulten, der Whisky in der Flasche nahm ab, die Herzschläge nahmen zu, ein Telefon läutete nicht. Er ging wieder nach unten, über die Straße, auf ein Schaschlik, ein Bier. Ein Betrunkener hatte den Kopf auf den Tresen gelegt und schluchzte. Zwei ältliche Huren mit dicken Beinen unter den knalligen Miniröcken tanzten zusammen. Ein Amerikaner fütterte den Spielautomaten, und wenn er gewann, kaufte er einen Underberg und stellte ihn vor den Betrunkenen, der den Kopf hob und unter Tränen versicherte, er habe seine Alte nicht umgelegt, sich aber mit Underberg den Magen ruiniert. Dann trank er den Underberg und legte wieder den Kopf auf den Tresen. Die Huren bauten sich vor Blum auf und wackelten mit den Hüften, und er spendierte ihnen zwei Wodka, verzog sich in die Nachtapotheke, kaufte eine Ladung Bromtabletten und ging schlafen.

Der Anruf kam am nächsten Morgen, als Blum mit einem dumpfen Kopf im Frühstücksraum hockte, den dünnen Kaffee schlürfte und in der Zeitung von den Asylanten las, die sich auf Kosten der Steuerzahler ihre Zähne richten ließen.

»Tut mir leid, ich musste gestern nach Mailand und bin erst nachts um eins zurückgekommen. Ich schlage vor, wir essen zusammen zu Mittag.«

Sie trafen sich in einem Nepplokal in der Nähe des Hotels. Das Mittagessen des Dealers bestand aus vier Alka-Seltzer-Tabletten, einem Sesambrötchen mit Tartar und einer Bloody Mary »extra scharf«. Blum aß das komplette Menü für 29,90. Die Kalbsnüsschen passten gerade auf drei Gabeln. Der Dealer trug einen gelben Zweireiher aus Leinen, eine rosa Krawatte und weiße Schuhe mit schwarzen Kappen. Hatte wohl in Mailand groß eingekauft. Sein Gesicht war noch eine Spur arroganter.

»Können wir hier nicht abgehört werden?«, fragte Blum und nahm einen Schluck von seinem Budweiser.

Der Dealer strich sich das Haar zurück und sah Blum amüsiert an. Er schien gute Laune zu haben.

»Der Laden gehört uns«, sagte er.

»Uns?«

»Ein paar Freunden und mir.«

»Na, dann werden Sie ja keine Schwierigkeiten haben mit unserer kleinen Transaktion.«

»Das kommt ganz auf Sie an. Ihr hohes C ist zwar recht gediegen – immer vorausgesetzt, die ganzen fünf Pfund sind so wie das, was ich getestet habe –, aber auch hundertzwanzig sind echt kein brauchbares Verhandlungsangebot, das müssen Sie schon einsehen.«

»Finde ich aber doch«, sagte Blum und strich Butter auf eine Scheibe Roggenbrot. Die Butter war natürlich tiefgefroren, und das Brot ging in Stücke.

»Das sehen Sie leider falsch«, meinte der Dealer mit einem angewiderten Blick auf die zerfledderte Brotscheibe. »Wir haben hier zurzeit eine Schwemme, und der Markt ist noch nicht so groß, dass er das alles schlucken kann.«

»Das glaube ich erstens nicht, und zweitens interessiert

es mich nicht. Mein Preis ist hundertzwanzig Mille, und davon gehe ich nicht ab.«

Der Dealer ließ sich noch eine Bloody Mary bringen. Blum schob seinen Teller zur Seite, hielt vergeblich nach einem Zahnstocher Ausschau und nahm schließlich ein Streichholz. Der Dealer sah ihm eine Weile zu, dann steckte er sich einen Zigarillo an. Das Gespräch war an einem toten Punkt. Der Dealer wollte nicht höher als 85 000 gehen, sonst sah er keinen nennenswerten Profit. Blum gab nicht nach. Er spürte, dass er nicht nachgeben durfte. Wenn man mal mit 480 Mille gespielt hatte, ging man nicht mehr unter hundert. Man hatte schließlich auch seine Reputation, und wenn man keine Reputation hatte, dann hatte man immer noch seine Selbstachtung.

»Tja also, Herr Blum ...«

»Woher wissen Sie denn plötzlich meinen Namen?«

»In München ist der Name Blum schon ziemlich bekannt. Aber Sie haben recht, lassen wir die Namen weg ... Wenn Sie's lieber mit dem Verkauf über die Straße riskieren wollen ... Am besten, Sie machen einen kleinen Kiosk auf ... Sie werden ja sehen, wie alt Sie dabei werden ...«

Blum sah es nicht gerne ein, aber weiteres Mauern hatte keinen Sinn. Der Lange war sein einziger Kontakt. Es wurde Zeit, den Handel abzuschließen.

»Na schön, ich komme Ihnen entgegen. Einigen wir uns auf eine runde Summe. Hunderttausend Mark.«

»Abgemacht«, sagte der Dealer. »Wir treffen uns morgen Abend um halb sieben hier und fahren dann rüber nach Oberrad, da habe ich noch ein Apartment, das ist sicher.«

Und da legst du mich dann rein, dachte Blum. Du glaubst,

dazu gehört ja nicht viel. Während der Lange noch mit der Bedienung rummachte, ging er schon raus. Das Wetter hatte umgeschlagen, eisiger Wind, Regenschauer.

»Das gefällt mir nicht ganz«, sagte Blum, als der andere auf die Straße trat. »Ich überlege mir noch was. Da wäre ich auf Ihrem Terrain, das ist mir zu unsicher.«

Der Lange runzelte die Stirn. Damit sah er schon aus wie 23.

»Ein bisschen Vertrauen gehört aber dazu.«

»Ja, aber nicht nur von meiner Seite.«

»Hören Sie mal, ich habe schließlich eine Firma –«

»Das hat noch niemand gehindert, eine Linke zu machen.«

»Sie sind vielleicht komisch. Also bitte, überlegen Sie sich was anderes. Aber um halb sieben treffen wir uns hier. Haben Sie einen Wagen?«

»Ich beschaffe mir einen.« Blum hatte noch eine Frage. »Sagen Sie, warum machen Sie das eigentlich, Sie mit Ihrer Werbefirma, Ihrem Restaurant – warum riskieren Sie so viel Knast für Ihr hohes C? Sind Sie so geldgierig?«

Der Lange kletterte in seinen Mercedes, dann sah er Blum noch einmal an. Er lächelte. Jetzt sah er aus wie 17.

»Es macht Spaß«, rief er und schlug die Tür zu.

17

Das ist doch ein schönes Zimmer, Mr Blum – wenn Sie an Valletta denken.«

Der Pakistani schob Blum den Stuhl mit dem durchgesessenen Polster zu und nahm selbst auf dem Bett Platz.

»Sehr schön, Mr Haq. Darf ich fragen, was Sie für die Herrlichkeit zahlen?«

Die Herrlichkeit war ein dunkles Gemach im 4. Stock eines Hauses aus der Gründerzeit mit Blick auf eine Großtankstelle. Parterre, 3. und 4. Stock gehörten zur Pension Waldfrieden. Von Wald war allerdings nichts zu sehen. Wahrscheinlich stammte der Name aus der gleichen Zeit wie das Mobiliar. Mr Haq schien sich zwischen dem Vertiko und dem Schrank aus deutscher Eiche und dem Waschtisch mit der geblümten Emailleschüssel jedenfalls wohl zu fühlen. Das einzige neuzeitliche Stück war ein Elektrokocher, auf dem er sich gerade ein Essen kochte.

»Sie waren gestern eingeladen, Mr Blum, Sie sind natürlich auch heute eingeladen. Ich hoffe, Sie mögen Curry. Leider kann ich Ihnen keine eisgekühlten Getränke anbieten, so wie Sie es gewohnt sind, aber vielleicht sind sie in der frischen Luft doch ein wenig kühl geworden.«

Er ging zum Fenster, machte es auf und holte eine Flasche Bier und eine angebrochene Flasche Cola herein.

»Sehen Sie – dafür ist das kalte Wetter doch gut. Also, ich zahle hier nicht viel mehr als im Cumberland, und das mit Bad. Bier oder Cola, Mr Blum?«

»Wenn Sie einen Tee hätten …«

»Oh, Sie mögen Tee? Bei mir gibt es immer Tee, Mr Blum.«

Er schenkte ihm ein Glas Tee ein, der sogar noch heiß war.

»Vielen Dank, Mr Haq. Gab es im Cumberland denn kein Bad?«

»Theoretisch, Mr Blum, rein theoretisch. Das Bad wurde gerade renoviert.«

»Ich verstehe.«

»Mögen Sie Curry mittelscharf oder scharf, Mr Blum?«

»Ich habe schon gegessen.«

»Also scharf.«

Der Pakistani schüttete noch Zutaten in den Topf. Es duftete wie in der Pegasus Bar an den Donnerstagen, nur wesentlich stärker. Mr Haq hatte wieder seinen Anzug an, darunter aber ein Sporthemd und an den Füßen Pantoffeln. Er hatte es gemütlich.

»Es wird zwar nicht so schmecken wie bei meiner Frau, Mr Blum, aber ich hoffe, es wird essbar sein.«

»Sie sind verheiratet?«

»Ich bin kein Jüngling mehr, Mr Blum.« Diskret verschonte er Blum mit der Gegenfrage. »Ah, Sie müssen mich wirklich einmal in Lahore besuchen. Lahore, das wissen Sie natürlich, ist die bedeutendste Stadt von Zentral-Asien. Sie können bei mir zu Hause essen, und Ihre Drinks können Sie im Punjab-Club einnehmen. Das ist der *fashionabelste*

Club in ganz Pakistan, sagt man. Spielen Sie Billard? Natürlich spielen Sie. Im Punjab-Club gibt es die besten Billards.«

Der Mann aus dem Mittleren Osten hatte ein unerschöpfliches Talent für dekorative Konversation. Es dauerte geraume Zeit, bis er Blum gestattete, zum Thema zu kommen. Blum machte es kurz und beschränkte sich auf Andeutungen.

»Aber was könnte ich bei diesem Vorgang schon für Sie tun, Mr Blum? Ich sagte es Ihnen ja schon in dem Café, meine Möglichkeiten sind hier sehr beschränkt ...«

Blum erinnerte ihn an den Verlust seiner Pornohefte. »Sie verstehen, dass ich seither etwas nervös bin ...«

Der Pakistani rang sich ein höfliches Lächeln ab.

»Und Sie glauben, meine Wenigkeit könnte einen Räuber davon abhalten ...«

»Nein, das hier ist etwas ganz anderes, Mr Haq. Wir haben es mit absolut ehrenwerten Leuten zu tun. Aber es macht sich einfach besser, wenn ich bei dieser Transaktion in Begleitung erscheine.«

»Ich verstehe. Es geht sicher um einen größeren Betrag?«

»Der Betrag ist dabei gar nicht so wichtig. Es handelt sich eher um eine – Ehrensache.«

»Aha. Das ist mir nicht unbekannt. Aber sagen Sie mir eins, Mr Blum – haben Sie denn keine Freunde in dieser Stadt?«

»Ich bin hier nicht zu Hause.«

»Merkwürdig. Ich hätte gedacht, dass ein Mann wie Sie überall Freunde hat – dies ist doch Ihr Land.«

»Aber Sie vergessen, dass ich lange weg war.«

»Sie waren doch nur ein Jahr weg, Mr Blum, ein Jahr – und schon haben Sie keine Freunde mehr! Und auch keine Verwandten? Jeder Mensch hat doch Verwandte …«

Blum fand, dass ihm das Gespräch entglitt.

»Ich würde Sie natürlich für Ihre Mühe honorieren.«

»Aber ich bitte Sie, Mr Blum! Wir sind doch gewissermaßen Freunde und sprechen die gleiche Sprache. Jetzt wollen wir essen.«

Er holte Teller aus dem Vertiko. Sie waren aus schwerem Steingut und an den Rändern angeschlagen. Mr Haq tischte auf.

»Sagen Sie, wenn es Ihnen zu scharf ist.«

»Schmeckt hervorragend. Mein Kompliment.«

»Das ist nichts, Mr Blum. Ich hätte Sie natürlich in ein Restaurant geführt, aber ich fürchte, wir hätten keinen guten Curry bekommen. In Lahore …«

Nach dem Essen kam Mr Haq auf das Thema zurück.

»Sie verstehen, ich bin Ihnen gern gefällig, Mr Blum, zumal wenn es um eine Ehrensache geht, aber andererseits möchte ich nicht gern gegen die Gesetze meines Gastlandes verstoßen …«

»Mr Haq, falls Sie überhaupt in die Verlegenheit kommen, gegen irgendein Gesetz zu verstoßen – Sie würden dabei noch weniger riskieren als in Ihrem geliebten Saudi-Arabien.«

Saudi-Arabien war das Stichwort, auf das Mr Haq gewartet hatte. Wieder musste sich Blum anhören, wie leicht dort Geld zu machen sei, es wachse ja praktisch auf den Bäumen, bzw. da es dort keine Bäume gab, sprudelte es eben aus dem Sand …

»Ich habe gedacht«, sagte Blum, »Sie hätten hier jetzt eine lohnende Tätigkeit …«

»Das sind nur ›Peanuts‹, wie die Amerikaner sagen, Mr Blum. Man ist glücklich, wenn man helfen kann. ›Was ihr an Gut spendet, das ist für eure Seelen‹, sagt der Prophet. Aber kann man spenden, wenn man selbst nicht genug hat? Nein, meine Landsleute müssen allmählich umdenken. Sie müssen einsehen, dass sie in Saudi-Arabien besser vorankommen als hier. Bei Ihnen, Mr Blum, ist inzwischen einfach die Konkurrenz zu groß. Finden Sie das nicht auch?«

»Möglich«, sagte Blum. Schließlich kamen sie auf das Honorar zu sprechen. Für 2000 DM war Mr Haq bereit, gegen einige wenige und harmlose Gesetze seines derzeitigen Gastlandes zu verstoßen, um seinem Freund Blum, der besseren Optik wegen, bei einer Transaktion behilflich zu sein, bei der es vorwiegend, wenn auch nicht überwiegend, um eine Ehrensache ging. Als Anzahlung waren 500 DM fällig. In diesem Punkt blieb Mr Haq hartnäckig.

Auf der Treppe kam Blum ein ganzer Trupp von Orientalen entgegen. Manche trugen Turban, und alle grüßten ihn ehrerbietig. Dies war also der wichtige Geschäftsfreund des eminenten Mr Hassan Abdul Haq aus Lahore. Ein großer Händler in westlichen Kunstwerken. Ich muss verrückt sein, dachte Blum. Ich hätte zu Hackensack gehen sollen. Wahnsinn, die Orientalen. Aber war Hackensack eine brauchbare Alternative? Chemie und Information, Mr Blum. Oh sure, Mr Hackensack. Der Curry war gut gewesen.

18

Im Jazzkeller schien die Zeit stehengeblieben zu sein. Blum hatte zuletzt vor zwölf Jahren reingeschaut, aber bis auf die Bestuhlung und die Preise hatte sich nichts geändert. Die gleichen Gesichter, die gleichen Gespräche, die gleiche Musik. Der Posaunist war inzwischen weltberühmt, aber er war immer noch ein Mann in mittleren Jahren, der eine Musik für Männer in mittleren Jahren machte, melancholisch und satt.

Diese Leute schienen alles zu haben, was sie brauchten, und wenn sie es nicht hatten, ließen sie es sich nicht anmerken. Charlie Parker jedenfalls war weit weg von hier krepiert. Jazz und Koks, das gab es wohl immer noch, aber nicht mehr für die hier. Sie hatten die Risse mit Bausparverträgen überklebt, mit Wählerinitiativen, mit Stipendien und Eheringen – die Risse, durch die sie vielleicht einmal gesehen hatten, was da draußen wirklich war. Na gut, ihm konnte es egal sein. Er würde morgen Abend nicht mehr da sein, er hatte noch diese Nacht zu überstehen und den nächsten Tag, und dann konnte er sich vielleicht in Bombay Gedanken über einen Bausparvertrag machen, oder beim Billard im Punjab-Club. Mr Haq hatte eine Tochter erwähnt. Oder waren es zwei?

Er beobachtete eine Blondine, die sich von Tisch zu

Tisch drängte und jemanden zu suchen schien. Hm, vielleicht wollte sie auch etwas anderes. Die Leute reagierten sehr ungehalten. Ließen sich nicht gern stören in ihrem dumpfen Gedöns. Gute Figur, fand Blum, fast üppig, und ein Mund, der an die Bardot erinnerte; aber verlottert. Sie trug einen synthetischen Pelz, vorn offen, darunter einen schwarzen Kittel, alte Jeans, Stiefel, von denen der silberne Lack abblätterte, und eine Umhängetasche. Einmal sah sie in seine Richtung. Er deutete ein Lächeln an. Sie wandte sich ab und sprach mit einem am Tresen. Dann verschwand sie. Auch gut. Er ließ sich noch einen Wodka-Tonic bringen. Wenn er erst den Koks verkloppt hatte, konnte er sich was Schickeres leisten. Allmählich verliefen sich die Leute, und plötzlich tauchte die Blonde wieder auf. Hatte wohl nichts gefunden. Als sie diesmal zu ihm rübersah, formten sich die vollen Lippen zu einem Lächeln, das er erwiderte. Auch die Haare, dachte er, fast wie BB. Sie kam tatsächlich zu ihm. Mein Gott, das ist ja lächerlich, ein Jugendtraum.

»Darf ich mich einen Moment zu dir setzen? Ich wollte dich nämlich was fragen.«

Blum rückte ihr den Stuhl zurecht. Aus der Nähe sah man die Spuren von Mottenfraß in dem Pelz, und sie sah auch nicht mehr ganz so gut aus, aber das, was man von ihr sah, und vielleicht mehr noch das, was man nicht sah, signalisierte Hitze und Temperament. Blum räusperte sich, aber sie redete schon weiter.

»Darf ich mir eine von deinen Zigaretten nehmen? HB, na ja, besser als nichts.« Sie sprach neutrales Großstadtdeutsch mit süddeutscher Färbung. Ihre Stimme klang leicht mitgenommen, als hätte sie einen Husten nicht richtig auskuriert.

»Ja, was ich dich fragen wollte – ob ich vielleicht bei dir pennen kann?«

»Pennen?«

»Ja, pennen, verstehst du – übernachten. Ich mein, ich kann dir auch ein Stück Shit geben, wenn du magst. Du hast doch sicher eine Wohnung, irgendwo, und ich bin vor drei Tagen aus meinem Zimmer rausgeschmissen worden aus der WG, weil ich ja sowieso wegwill, und da seh ich doch nicht ein, dass ich da noch groß die Miete bezahle. Und außerdem sind die alle blöd. Verstehst du?«

»Du willst bei mir übernachten?«

»Das sag ich ja. Wenn es geht. Ich meine, ich glaub nicht, dass du so ein Frauenkiller bist, Jack the Ripper oder so. Oder hast du eine Frau, die was dagegen hat?«

Blum starrte sie an. War sie ein Lockvogel? Aber so weit ging doch die Kripo noch nicht, und die Syndikate konnten sich ja wohl was Flotteres leisten. Er lächelte wieder.

»Wie heißt du eigentlich?«

»Cora. Und du?«

»Blum. Wie Blume ohne e. Also, Cora, Jack the Ripper bin ich tatsächlich nicht, und ich hab auch keine Frau, die was dagegen hat. Aber eine Wohnung leider auch nicht, nur ein Hotelzimmer. Ich bin auf Durchreise.«

Sie strich sich eine Haarsträhne aus der Stirn. Das Haar war eher aschblond, aber aschblond war ja auch noch blond.

»Auf der Durchreise, so. Mein Pech, typisch. Aber vielleicht ist dein Hotelzimmer ja groß genug. Ich meine, ich hab ja nicht viel Gepäck. Wo ist es denn, im Interconti?«

»Nein, nicht ganz. Was trinkst du?«

»Ich hätte lieber was zu essen, wenn du nichts dagegen

hast. Ich hab den ganzen Tag noch nichts gehabt außer ein paar Pommes frites.«

»Abgebrannt?«

Sie nickte und sah ihn durchdringend an. Ihre Augen waren ziemlich groß und kühl und grau.

»Na, dann gehn wir aber doch was Richtiges essen.«

»Ich muss mir aber doch was zum Pennen suchen …«

»Das findet sich schon.«

»Meinst du?«

Sie stand auf, und dieser Busen wölbte sich dicht vor seinen Augen, und sie sah wirklich ein bisschen wie die frühe BB aus, irgendwie üppiger.

Der einzige Laden, der noch offen hatte, war der Onkel Max. Sie setzten sich zwischen die Besoffenen und aßen Wiener Schnitzel, d.h., Cora aß, und Blum trank langsam ein Bier und sah ihr zu. Er mochte Mädchen, denen das Essen überall schmeckte. »Wie alt bist du, Cora?«

»Musst du das wissen? Noch nicht ganz dreißig. Hast du eigentlich keinen Vornamen?«

»Blum klingt besser.«

»Sag doch mal.«

»Du, ich heiß Blum.«

»Wie du meinst. Und wie alt bist du?«

»Noch nicht ganz vierzig.«

»Dann passen wir ja gut zusammen.«

»Wie meinst du das?«

Sie war mit dem Essen fertig und steckte sich eine Zigarette an. Er hatte ihr drei Mark gegeben für Roth-Händle. Sie rauchte genauso heftig, wie sie aß.

»Für eine Nacht«, sagte sie. »Auch für eine Nacht muss

man doch zusammenpassen. Nimm mal diese Sonnenbrille ab, das wirkt doch affig, du bist ja nicht bei der Mafia. Deine Augen sind doch ganz passabel. Fast grünlich, wie. Augen sind enorm wichtig, schöne Augen. Meine sind ein bisschen zu groß, nicht? Was guckst du denn? *Bist* du etwa bei der Mafia?«

Er setzte die Brille wieder auf. Es hatte ja keinen Zweck. Er konnte das Mädchen nicht in die Sache mit reinziehen. Vielleicht schlugen die Brüder, denen der Koks gehörte, heute Nacht zu, oder die Bullen hatten Wind davon bekommen und warteten schon im Hotel auf ihn.

»Pass mal auf, Cora, ich geb dir jetzt fünfzig Mark, und du nimmst dir ein Hotelzimmer …«

»Wieso denn? Ich denke, ich kann bei dir schlafen …«

»Das hab ich nicht gesagt.«

»Ich glaub schon, dass du das gesagt hast. Ist ja auch egal. Aber ich nehm doch kein Geld von dir, du spinnst ja. Ich find schon was anderes. Sonst schlaf ich eben im Park.«

»Nun setz dich schon, Cora.«

»Ich geh, wann es mir passt.«

Sie setzte sich wieder, machte einen Zug von ihrer Zigarette und blies einen dicken Schwall Rauch von sich. Der ist alles egal, dachte Blum, Zimmer verloren, kein Geld, treibt sich auf der Straße rum, quatscht Männer an, und in ihrer Tasche hat sie wahrscheinlich genug Stoff, um sie in die Klapsmühle zu bringen. Ein paar Rossis oder Renées machen der auch nichts mehr aus. Freilich, irgendwas an dem Bild störte ihn, vielleicht waren hier und da die Farben etwas dick aufgetragen. Aber wieder eine Nacht in dem öden Zimmer, allein …

»Weißt du«, sagte er vorsichtig, »es könnte sein, dass es bei mir in der Nacht ein bisschen unruhig zugeht.«

Sie grinste vielsagend.

»Nicht das, was du denkst«, sagte er, »sondern so was wie höhere Gewalt ...«

»Gegen höhere Gewalt sind wir machtlos, nicht, Blum?«

»Ober, zahlen.«

Sie nahmen ein Taxi. Blum hatte den Eindruck, dass jemand hinter ihnen herfuhr, aber dagegen war nichts zu machen. Wer ihn finden wollte, konnte ihn finden. Wo hätte er sich verstecken sollen? Mit 5 Pfund Koks konnte man sich nicht verstecken, nicht, wenn man das Zeug zu Geld machen wollte. Und jetzt hatte er sich auch noch eine Blondine aufgehalst, eine blonde Kifferschlampe, womöglich von den Bullen gesucht, aber er brauchte das ja. Mit 20 hatte er von solchen Blondinen geträumt und sich dazu einen runtergeholt. Mit 40 hatte er sie endlich, wenn auch verlottert und verhurt. Aber zu spät kamen sie nie.

19

Das ist ja richtig schick«, sagte Cora, als sie in seinem Hotelzimmer standen. Blum hatte dem Nachtportier einen Zwanziger zugesteckt.

»Was ist denn schick daran?«

»Na hör mal. Sogar ein Bad. Fast wie im Interconti. Meinst du, ich kann jetzt noch baden?«

Ehe er antworten konnte, küsste sie ihn flüchtig auf den Mund, dann verschwand sie mit ihrer Tasche im Bad. Er hörte das Wasser rauschen. Nebenan quietschte wieder das Bett, und von oben kam ein Lärm, als schiebe einer den Schrank hin und her. Blum schenkte sich einen kleinen Cutty Sark ein, setzte sich ans Fenster und starrte auf die Straße. Zwei Betrunkene, ein Streifenwagen, Regenschauer. Das Licht der Bogenlampen, reflektiert von den Bankfassaden. Warum sollte er nicht auch mal Glück haben können? Noch 16 Stunden. Er stellte das Radio an. Eine rauchige Altstimme sang:

»When the day has turned
to evenin' … baby
and the stars are out
to show their magic
that's the time you feel

so lonesome
it's so strange and blue
'round midnight …«

Als Cora aus dem Bad kam, trug sie nur ihren Kittel und einen lila Slip. Ihre nassen Haare fielen auf die Schulter, und Blum sah, dass sie ihre Augen geschminkt hatte. In der Hand hielt sie einen qualmenden Joint.

»Willst du auch mal ziehen?«

Blum schüttelte den Kopf. Sie hatte sich nicht abgetrocknet. Das Wasser lief ihr an den Beinen herab und versickerte im Kokosfaserteppich, der sich dunkel färbte. Sie hatte kräftige, wohlgeformte Beine. Sie war überhaupt kräftig und wohlgeformt. In fünf Jahren würde sie Probleme mit ihrer Figur haben, aber jetzt war alles so, wie Blum es schätzte. Sie setzte sich aufs Bett.

»Sieht ganz so aus, als ob du mich verführen willst«, sagte Blum. »Ein Bad, ein Joint, nackte Beine …«

»Es gibt schließlich nur ein Bett hier«, sagte sie. »Da ist es doch besser, wenn wir uns gefallen.«

»Gefalle ich dir?«

Sie blies eine Haschischwolke auf ihn und kniff die Augen zusammen.

»Man sieht ja nicht allzu viel von dir. Aber glaub schon, dass du mir gefallen könntest, wenn du ein bisschen mehr aus dir rausgehen würdest. Willst du wirklich nicht ziehen?«

Blum machte ein finsteres Gesicht. Er mochte diesen Haschkram nicht besonders, und außerdem wurde es allmählich Zeit herauszufinden, warum die Frau auf seinem Bett saß.

»Wer hat dich auf mich angesetzt, Baby?«

Sie legte den Rest des Joints in den Aschenbecher und starrte ihn an. Dabei wurde ihr Gesicht derb, und sie wirkte wie ein Bauerntrampel, das zum Tanzen in die Stadt gegangen ist und jedem eine klebt, der ihm frech kommt.

»Das hab ich nicht verstanden, Blum«, sagte sie rauh.

»Du hast es sehr gut verstanden. Wer ist es denn? Rossi? Das Syndikat? Hermes? Renée? Dieser windige Werbefritze hier? Na sag schon. Du kommst doch aus München, nicht? Ich hör's doch deiner Stimme an ...«

Er war schon aufgesprungen und im Bad, bevor sie antworten konnte. Der Schlüssel hing noch im Wasserbehälter. Ihre Sachen lagen herum, ihre Tasche, eins dieser marokkanischen Lederdinger, unter dem Waschbecken, auf dem sie ihr Schminkzeug ausgebreitet hatte. Er hob die Tasche auf und sah hinein.

»Was denkst du denn, was da drin ist?« Sie stand in der Tür, rauchte schon wieder, jetzt Roth-Händle. »Eine Pistole? Oder ein Kilo Heroin? Ich glaub, du hast einfach zu viel Krimis gesehn. Oder bist du wirklich bei der Unterwelt? Hast du ihnen Stoff geklaut, und sie sind jetzt hinter dir her?«

Er ließ die Tasche fallen. Sie griff nach ihm, zog ihn an sich und sah ihm ganz nah ins Gesicht. Sie schien die Angst zu sehen und ließ die Zigarette fallen und umarmte ihn, presste ihn an sich, ihre feuchten Haare auf seinem Hemd, ihr feuchter Mund auf seinem Gesicht. Nach einer Weile schob er sie sachte von sich.

»Heb die Kippe auf, Cora. Hotelbrände können unangenehm sein.«

Sie lächelte und hob die schwelende Kippe auf. Ihr Hintern wölbte sich lila. Er ging ins Zimmer, setzte sich wieder ans Fenster, trank den Whisky. Sie legte sich aufs Bett und hörte ihm zu. Er erzählte ihr die Geschichte – in Umrissen.

»Und du glaubst, einer von denen hat mich auf dich gehetzt?«

»Angesetzt. Es wäre ja möglich. Es bietet sich doch als elegante Lösung an – wir bumsen, du tust so, als ob du schläfst, und wenn ich aufwache – falls ich überhaupt noch mal aufwache –, bist du mit dem Stoff über alle Berge. Bei deinen Auftraggebern.«

»Wenn du so weiterredest, kriege ich auch noch Angst.«

»Warum bist du im Jazzkeller zu mir gekommen?«

»Ich dachte, das hätte ich dir gesagt.«

»Erzähl mir mal deine Geschichte.«

»Ich hab keine Geschichte.«

»Komm, jeder Mensch hat seine Geschichte. Nun rück schon raus mit deinem Waisenhaus, deiner Ehe, deinen Selbstmordversuchen ...«

»Ich mag diese Geschichten aber nicht. Du brauchst nichts von mir zu wissen. Ich wollte auch nichts von dir wissen, bis du mit deinem Wahnsinn angefangen hast.«

»Kommst du aus dem Knast? Aus der Klapsmühle? Du musst doch irgendwoher kommen. Du musst doch irgendetwas gemacht haben.«

»Ich hab gelebt, genau wie du. Glaubst du, nur Männer können leben, wie sie wollen?«

»Na schön. Irgendwann erfahr ich's ja doch. Und was willst du jetzt machen?«

»Bevor du ausgeflippt bist –«

»Ich und ausgeflippt?!«

»– wollte ich gerade schlafen. Eventuell sogar mit dir.« Sie sah ihn an, dann sah sie an ihm vorbei. »Hast du von dem Schnee etwas da? Die Nacht ist eh bald vorbei.«

Also doch eine Kokserin. Er zögerte. Sie gefiel ihm. Sie hatte Stil. Und die Nacht war wirklich bald vorbei. Und einmal musste er ja den Stoff probieren. Und mit wem, wenn nicht mit ihr? Und wann, wenn nicht jetzt? Er zog seine Stiefeletten aus und holte die Dose aus der Tasche. Sie brachte ihm ihren Schminkspiegel. Er schüttete eine Prise Pulver auf das Glas. Cora kniete neben ihm, ihre Arme um seine Beine geschlungen. Ihr Gesicht glänzte.

»Hey, das sieht aber gut aus, Blum.«

»*Peruvian Flake*. Erste Qualität. Hast du schon oft geschnupft?«

»Ich kann's mir nicht oft leisten. Aber ich hab Bekannte, die auch damit dealen. Wenn du Käufer suchst – die sind sicher interessiert.«

Blum rollte einen Hundertmarkschein zusammen. Allzu viele hatte er nicht mehr davon.

»Ich habe einen Käufer«, sagte er. Über diesen Punkt hatten sie noch nicht gesprochen. Er putzte sich sorgfältig die Nase.

»Nun mach schon.«

»Du kannst es anscheinend nicht erwarten, hm? Bist du süchtig?«

»Von Kokain wird man nicht süchtig, Blum. Kokain bringt andere Probleme. Das müsstest du doch eigentlich wissen.«

Sie sah zu, wie er zwei Lines schnupfte. Er wartete, bis er

das Prickeln im Kopf und die Flocken im Körper spürte, dann steckte er sich eine Zigarette an. Cora setzte den Spiegel auf sein Knie und zog sich die beiden anderen rein. Dann schloss sie die Augen und legte sich zwischen seine Beine, ihren Kopf in seinem Schoß, ihre Hände an seinen Fußgelenken. Blum sah herunter auf ihre Brüste, die sich hoben und senkten. Sie hatte ziemlich viel davon. Sie nahm seine Hand mit der Zigarette, küsste die Handfläche, nahm einen tiefen Zug und blies ihm den Rauch langsam auf die Finger. Dann streifte sie seine Socken herunter und massierte seine Füße. Ihre Finger waren kühl. Sein Glied schwoll an und drückte gegen ihren Nacken. Er begann, mit der linken Hand ihre Schulter zu streicheln und war bis zu ihrer Brust vorgedrungen, als sie die Augen schloss, ihren Kopf ganz nach hinten bog, auf seinen geschwollenen, pulsierenden Schwanz, und sagte: »Komm, wir ziehn uns noch was rein.«

Sie nahmen noch etwas. Diesmal konnte Blum nicht sitzen bleiben, er hob ab, marschierte durch das Zimmer, trank mal einen Schluck Wasser, dann Whisky, steckte sich zwei Zigaretten gleichzeitig an, tapste ins Bad, betrachtete sich ausgiebig im Spiegel, streckte die Zunge heraus – alles tipptopp, rosa, kein Belag. Dann starrte er wieder aus dem Fenster. Draußen bekam die Dunkelheit trübe graue Ränder. Die erste Bahn bog knirschend um die Ecke. Cora lag die ganze Zeit im Sessel, ein nacktes Bein über der Lehne, die Hände im Nacken verschränkt, die Augen mal geschlossen, dann wieder auf Blum, der sich das Hemd vom Leib riss und die zehnte Zigarette anmachte.

»Wie geht es dir, Blum?«

»Hervorragend«, schnarrte er.

»Ich werde immer so ruhig davon. Ich finde es schön, dass du nicht auf diesen Quassel-Trip kommst. Andere labern einen dann stundenlang an.«

»Ich nicht!« versicherte Blum, der nichts lieber getan hätte.

»So ruhig wirkst du aber gar nicht.«

»Das sieht nur so aus. Ich sehe alles glasklar – die ganze Sache. Die Zusammenhänge, verstehst du?«

»Welche Zusammenhänge?«

»Ach Gott, alles hängt doch zusammen. *Alles.*«

»Auch du und ich?«

»Sicher, auch du und ich. Die ganze Entwicklung – wenn ich an Malta denke –«

Sie streckte ihm die Arme hin.

»Komm, zeig mir den Zusammenhang.«

Nach dem Sessel, dem Kokosfaserteppich und dem Bettvorleger hingen sie auf dem Bett zusammen, schweißüberströmt, Cora mit nassem Schamhaar und grünlich verschmierten Lidern, Blum keuchend, am Abschnappen.

»Komm, komm, komm«, rief Cora, aber er konnte nicht kommen. Sie küsste seinen Schwanz, der hart und zitternd von ihm abstand, sie streichelte seine Schenkel.

»Ich kann nicht kommen«, murmelte er.

»Doch, du kannst. Du kannst.«

Oben ging ein Radio an, volle Lautstärke, Musik zur Morgengymnastik, eine Frauenstimme sagte: »Und jetzt gehen wir in die Hocke und lockern unser Hüftgelenk, und links zwei drei, und rechts zwei drei«, dann donnerte jemand gegen die Wand und das Radio wurde leiser gestellt. Blum lachte. Sein Hals brannte. Er knipste das Licht aus, und sie lagen nebeneinander und schwitzten in die Betttücher.

»Meinst du, es ist möglich, Blum?«

»Natürlich. Klar. Alles ist möglich. Ich weiß nicht. Warum nicht?«

»Ich meine, ob wir möglich sind?«

Er schwieg. Was meinte sie damit? Er hörte Möwen schreien. Möwen waren möglich. Man lag am Strand, ausgepumpt, zwischen den Dosen und Brotrinden, und plötzlich waren sie über einem. Das war möglich.

Cora seufzte, rieb seinen Schwanz über ihre Brüste, presste eine Brustwarze auf den Spalt, band Haarsträhnen um die Eichel, leckte sie frei, lachte, griff zum Kokain, schüttete eine Spur bläulichen Schnee auf den Penis und steckte ihn bei sich rein. Etwas platzte in seinem Kopf, der Himmel riss, die Möwen stürzten ins Meer, Cora schrie, schrie, schrie, und Blum kam.

20

Als Blum ein paar Stunden später aufwachte, lag Cora immer noch am anderen Ende des Bettes. Sie hatte einen Zeichenblock auf den Knien und kaute auf einem Bleistift.

»Gut geschlafen, Blum?«

»Es geht«, sagte er. »Und du? Hast du nicht geschlafen?«

Sie sah müde aus. Das kalte Sonnenlicht, das durchs Fenster drang, machte sie zehn Jahre älter.

»Ich hab was geträumt, und davon bin ich wieder aufgewacht, und dann hab ich gezeichnet. Ich zeichne gern, weißt du. Für mich ist das wie Meditieren oder Yoga. Oder Beten.«

»Was hast du geträumt?«

»Ich vergess meine Träume immer.«

»Glaub ich nicht. Du siehst nicht so aus.«

»Wie seh ich denn aus?«

»Na, gut siehst du aus.«

Es klang lahm. Er fühlte sich auch so. Er tätschelte ihr Bein und kroch aus dem Bett. Das Zimmer sah wüst aus, und der Roth-Händle-Qualm hing wie Smog unter der Decke. Er sah auf die Uhr. Halb elf. Zeit für eine Visite bei Mr Haq. Er tapste ins Bad, trank einen Liter Leitungswasser und duschte. Nach dem Rasieren fühlte er sich schon wieder fast wie ein Mann von immer noch neununddreißig Jahren. Er zog sich an.

»Ich hab was zu erledigen, Cora. Willst du so lange hierbleiben?«

Sie schien ganz in ihre Kritzelei vertieft und sagte erst nach einer Weile, ohne den Kopf zu heben: »Wie viel verlangst du eigentlich für den Stoff?«

Er knöpfte sich gerade das marineblaue Hemd zu. Einen Augenblick war er sich unschlüssig, dann sagte er: »Ich bekomme hunderttausend Mark dafür.« Es gab keinen Grund, ihr das nicht zu sagen. Vielleicht würde er sie sogar mitnehmen – eine Weile.

Jetzt hob sie den Kopf und lächelte ungläubig. Eigentlich schob sie dabei nur ihre Lippen vor.

»Für fünf Pfund? Von diesem Stoff?«

»Ja, ist doch nicht schlecht. Hunderttausend Eier.« Es klang richtig gut, unter den Umständen, in dem wüsten Zimmer. »Und zwar bar auf die Hand.«

»Das ist viel zu wenig, Blum. Aus dem Stoff kannst du doch viel mehr rausholen.«

»Ja, sicher. Das habe ich auch gedacht. Aber du darfst nicht vergessen, ich hab's eilig. Ich will weg hier. Ich hab keinen Bock drauf, wochenlang mit dem Koffer durch die Gegend zu rennen und das Zeug tütchenweise zu verhökern. Nein, ich will so bald wie möglich die Mücke machen, und wenn ich heute Abend hundert Mille kriege, ist mir das auch recht. Ich könnte übermorgen schon auf den Bahamas sein.«

»Auf den Bahamas? Wieso denn das?«

»Warum nicht? Hier, schau dir mal das Buch an, da gibt

es jede Menge Möglichkeiten. Man könnte investieren, in Freeport, da gibt es noch den klassischen Boom, verstehst du, da kann man noch einsteigen …«

Sie sah ihn entgeistert an und legte den Zeichenblock weg.

»Du spinnst«, sagte sie.

Das Telefon läutete. Blum hob ab. Es war der Lange. Wenn Stimmen verkniffen sein konnten, dann war es seine.

»Wir haben es uns anders überlegt«, sagte er. »Wir übernehmen den Auftrag nicht …«

»Aber hören Sie mal …«

»Lesen Sie die Zeitung von heute, dann wissen Sie, warum wir nicht mehr interessiert sind.«

Klick. Blums Herz machte einen Sprung. Nach unten.

»Was ist denn?«, fragte Cora. »Mensch, was hast du denn auf einmal?«

Er starrte sie an, den Hörer noch in der Hand.

»Das Schwein hat den Deal abgesagt«, sagte er nach einer Weile.

»Also eben hast du mir richtig Angst gemacht, Blum. So wie du mich angesehn hast.«

Er legte den Hörer auf. Hackensack, dachte er. Vielleicht mache ich doch einen Besuch bei ihm.

»Na hör mal«, sagte er und steckte sich eine Zigarette an, »wenn dir gerade hundert Mille durch die Lappen gegangen wären …«

»Wieso denn? Du hast den Stoff doch noch. Hunderttausend waren eh viel zu wenig. Weißt du, ich höre mich mal um. Vielleicht kommt was dabei raus.«

Blum zählte das letzte Geld. Noch knapp 1100 DM, und

die Hotelrechnung betrug sicher schon über 250. Und Mr Haq hatte 500 für nichts bekommen. Der hatte bis jetzt den besten Schnitt gemacht. Er drückte die Zigarette aus. Seine Hand zitterte ein bisschen.

»Ich muss weg, Cora. Du kannst dich ja mal umhören, aber sei bloß vorsichtig.«

»Bleiben wir also zusammen?«

Er zuckte die Schultern. Sie stand auf und ging zu ihm.

»Du musst schon den Mund aufmachen, Blum.«

Aber als er ihn aufmachte, drückte sie ihm ihre Lippen darauf. Dieser Schmollmund. Diese Augen. Dieses lange aschblonde Haar. Dieser warme pralle Körper.

Sie verabredeten sich für den Abend.

Ganz Frankfurt schien unter Koks zu stehen. Alles war verkniffen und hatte fahrige, eckige Bewegungen. *Go, man, go.* Mach ihn fertig. Selbst die Penner waren nur Banker im Pech, und die Manager rasten mittags auf Rollschuhen zum Lunch. Blum beschloss, Hackensack gar nicht erst anzurufen. Telefonieren verzögerte alles nur. Einfach hin, und den Mann gegriffen. 5 Pfund Koks, das war doch Chemie.

Unterwegs stellte er sich in einen Tchibo und blätterte in den Zeitungen. Der Dollar hatte sich erholt, gut. Was konnte der Lange denn gemeint haben? Da war es, unter den vermischten Nachrichten: KOKAIN IM KAFFEE. Aufgrund eines vertraulichen Hinweises hatten Beamte der Sonderkommission des Bayerischen Landeskriminalamtes in einem Hotel am Münchner Hauptbahnhof einen 28-jährigen Italiener überprüft und in seinem Gepäck – in Kaffeedosen versteckt – 1,6 Kilogramm Kokain entdeckt. Es sei die größte bisher in Bayern beschlagnahmte Menge des in letzter Zeit als Modedroge wieder zu zweifelhafter Berühmtheit gelangten südamerikanischen Rauschgifts. Der Italiener behaupte, von dem Kokain in seinem Gepäck keine Kenntnis gehabt zu haben. Die Polizei vermute, er gehöre einem internationalen Rauschgiftring an, der jetzt in der deutschen Szene Fuß fassen wolle.

Blum legte die Zeitung weg. Hotel am Hauptbahnhof. 1,6 Kilo. So ein Schwein. Nicht zu fassen, aber diesmal hatte er das Glück gehabt. Kokain in Dosen. Das Glück in kleinen Dosen, aber Kokain in großen. 2,4 Kilo in Jumbodosen mit Rasierschaum, 1,6 Kilo in Kaffeedosen mit gemahlenem Maxwell. Smart, aber nicht smart genug. Die 1,6 Kilo hatten die Bullen, die 2,4 Kilo hatte Blum. Internationaler Rauschgiftring. Wie fühlt man sich, Herr Blum, wenn man es mit einem internationalen Rauschgiftring zu tun hat? Meine Herren, man fühlt sich den Umständen entsprechend. Wichtig ist, wie immer im Leben, das Glück nur in kleinen Dosen zu sich zu nehmen, so verschmerzt man es leichter, wenn es einem entzogen wird. Denn das Glück, meine Herren, ist die teuerste Droge.

21

Als Blum vor dem Haus stand, das Hackensacks Karte als Adresse angab, bedauerte er es, vorher nicht angerufen zu haben. Es war ein altes Bürgerhaus im Westend mit Kastanie im Vorgarten, fünf Stockwerke, Stuck an der Fassade, und Blum fragte sich, wo die ca. zwei Dutzend Firmen untergebracht waren, die hier laut Klingelbrett ihr Domizil hatten. Und nirgends ein Harry W. Hackensack, Consultant. Er sah wieder auf die Visitenkarte. Die Adresse stimmte. Zwei Dutzend Firmen im Haus, und eine klang dubioser als die andere. Unter welcher konnte sich Hackensack verbergen, und wozu in aller Welt sollte er sich verbergen? *Immer wieder auf die Füße gekommen.* Von wegen Firmenberater. Das las sich doch alles wie Tarnorganisationen internationaler Rauschgift- und Spekulantenringe. Parterre: Dr. H. Mäusing, Steuerberatung, nur pers. Voranmeldung. Dymco Int. Nord-Sud Aviation. Polska Film Co. 1. Stock: Allg. Aktienfonds. Steuerkanzlei Letzyg. Smycholsky Telecommunication. Reality Holding. Dr. Immelmann, Dr. Gelb, Dr. v. Jakubowsky, Anwälte f. int. Recht. 2. Stock: Symposion. Institut für Mittelstandsfragen. Taunus & Terra Film. Detektei Wurzelmayer. 3. Stock: Da gab es gleich sechs »Firmen«, davon drei nur mit Abkürzung. TWNF. EAS. ICA. *Wenn ich Sie mal beraten kann, kriegen Sie*

Rabatt. Eine davon musste Hackensack sein. Blum klingelte. An der Tür hing in schwerem Messing zur gefälligen Beachtung das Schild BETTELN UND HAUSIEREN ZWECKLOS. Als Bettler fühlte sich Blum noch nicht, aber was das Hausieren anging, war er sich nicht ganz sicher. Die Tür schnappte auf.

Im 3. Stock links gab es den »Trans-World Nature Fund«, die »Evangelisation Asien-Südamerika (Mission der Brüder der Letzten Tage)« und die »International Consulting Agency«. Na bitte. Blum drückte auf einen von drei Klingelknöpfen. Ein Summer ertönte. Er öffnete die Tür und betrat einen muffigen Korridor, von einer 40-Watt-Birne nur spärlich erleuchtet. Die Mäntel an der Garderobe gehörten zu älteren Damen, die keinen Wert auf eine schicke Erscheinung legten. Einige der älteren Damen befanden sich in einem großen Büroraum, in den Blum hineinsah. Sie saßen an altmodischen Büroschreibmaschinen und tippten, oder sie standen vor Stößen von Druckschriften, die sie kuvertierten. Es roch nach Kohlepapier und Staub. Eine der Damen hob den Kopf und sah Blum an. Ihr Gesicht war so ausdruckslos wie die ungeleckte Rückseite einer Briefmarke.

»Was wünschen Sie?«

»Ich suche Herrn Hackensack«, sagte Blum. »Herrn Hackensack, von der Firmenberatung …«

»Das ist die dritte Tür rechts«, sagte sie. »Hier ist die Mission der Brüder der Letzten Tage.«

»Oh ja«, sagte Blum und zog sich zurück, »das sehe ich. Vielen, vielen Dank.«

Das Linoleum quietschte. An der dritten Tür rechts gab

es ein mit Reißzwecken befestigtes Schildchen, auf dem mit Schreibmaschine »ICA – Frankfurt« stand. Nicht sehr üppig, dachte Blum, aber er klopfte an. Er hörte ein Parkett knarren, dann wurde die Tür vorsichtig nach innen geöffnet.

»Ja?«

Eine Dame mit grauem Pagenkopf und einem braunen Tweedkostüm. Hakennase, schmale, farblose Lippen, prüfende Augen hinter einer Brille, die an einer Kette um den Hals hing.

»Sind Sie der Fahrer? Dann geben Sie mir die Sachen.« Blum setzte sein Geschäftslächeln auf.

»Mein Name ist Blum«, sagte er. »Ich bin ein Geschäftspartner von Mr Hackensack ... Das hier ist doch das Büro von Mr Hackensack?«

»Dies ist die Filiale der International Consulting Agency«, sagte die Dame nicht unfreundlich. Unter ihrem kühlen Blick wurde Blum langsam unsicher. »Mr Hackensack ist zurzeit nicht hier.«

»Aber ich kann ihn doch hier erreichen? Vielleicht eine Mitteilung hinterlassen?«

Die Dame sah Blum abschließend an, wobei sie auch seine Hose musterte. Die Bügelfalte ließ sich nur ausmachen, wenn man sie scharf ansah. Trotzdem schien Blum die Prüfung bestanden zu haben, denn sie forderte ihn auf, hereinzukommen.

Das Büro der ICA war so bescheiden, wie der Name der Firma pompös war – ein verschrammter Schreibtisch mit Rollschlössern, ein Aktenschrank, ein alter Fernschreiber von SEL, ein Garderobenständer, an dem ein Kapotthütchen und ein Knirps hingen, Stühle mit harten Lehnen, ein Besuchersessel, der vom Flohmarkt stammen musste, und an der Wand als einziger Farbtupfer einer jener Abreißkalender, wie sie Apotheken und Drogerien ihrer Stammkundschaft zu Weihnachten verehren. Das Bild des Monats März zeigte einen giftgelben Krokus. An der hinteren Wand gab es eine Tür, an der »Privat« stand. Durch ein kleines Fenster fiel gerade so viel Licht, dass man mit einiger Sicherheit erkennen konnte, ob man zum Telefonhörer oder zum Garderobenständer griff. Das Fenster war vergittert. Blum fragte sich, was es hier wohl zu holen gab. Bei ICA schien die Zeit schon stehengeblieben zu sein, als der Jazzkeller gerade aufgemacht und Blum definitiv herausgefunden hatte, dass alles im Leben seinen Preis hat. Die Dame in Tweed setzte sich hinter den Schreibtisch, bot Blum aber keinen Stuhl an.

»Darf ich fragen, seit wann Sie Geschäftspartner von Mr Hackensack sind?«

An der Art, wie sie das Wort Geschäftspartner aussprach, merkte Blum, dass er auf schwierigem Terrain operierte.

»Oh, eigentlich erst seit letzter Woche. Wir haben uns auf Malta kennengelernt, und Harry – Mr Hackensack – bat mich, bei ihm in Frankfurt vorbeizusehen. Er wollte mich geschäftlich beraten.«

»Können Sie mir sagen, um welche Art von Geschäft es sich dabei handelt, Herr …«

»Blum. Wie Blume ohne e. Tja, ich fürchte, das ist eine Sache, die ich gern mit Mr Hackensack persönlich besprechen möchte.«

»Weiß das Mr Hackensack?«

»Ja sicher, das habe ich doch gerade gesagt.«

Plötzlich bedauerte er, nicht vorher noch einen Schniefer Koks getan zu haben. Das Telefon klingelte. Die Dame hob ab, sagte aber nichts, hörte nur zu, notierte sich etwas und legte auf.

»Ja, Herr Blum, soweit ich weiß, ist Mr Hackensack erst Montag wieder hier. Ich werde ihm dann sagen, dass Sie hier waren, und wenn er es für wichtig hält, wird er sich mit Ihnen in Verbindung setzen. Vielleicht lassen Sie mir Ihre Karte da, oder schreiben Sie mir hier auf, wo Sie zu erreichen sind …«

Blum steckte sich eine Zigarette an und blies den Rauch über den Schreibtisch. Die Dame zuckte mit keiner Wimper. Sie war ja auch die Zigarren von dem Alten gewohnt. Eigentlich typisch, dachte Blum, dass der Kerl so ein Loch als Büro hat – faselt mir die Socken voll von Macht und Chemie, und dann der Krokus an der Wand und der Knirps am Garderobenständer. Eine preußische Mumie am Schreibtisch, als Schreckgespenst für Leute wie mich. Aber nicht mit meinem Jahrgang, Mister.

»Ich bin nicht zu erreichen«, sagte er eine Spur zu laut. »Sagen Sie Herrn Hackensack nur, ich hätte es außerordentlich bedauert, dass er nicht in der Lage war, mir Frankfurt zu zeigen. Frankfurt bei Nacht, natürlich. Das hatte er mir nämlich versprochen, da unten auf Malta. Aber das ›außerordentlich‹ können Sie auch streichen. ›Bedauert‹ reicht. Falls es sich noch machen lässt, rufe ich an. Wiedersehn.«

Er drehte sich um und verließ das Büro, ohne die Tür hinter sich zu schließen. Im Fahrstuhl fand er mit Messer eingeritzt den Spruch: »Lise fickt nicht«, und er dachte:

Wenn ich ihn noch mal sehe, muss ich ihn doch fragen, wie die Sekretärin von ICA mit Vornamen heißt.

Draußen wusste er plötzlich nicht mehr, warum er so heftig reagiert hatte. Was hatte er denn erwartet? Eine ganze neongleißende Etage in einem Wolkenkratzer, wo sich Hackensack und 123 Angestellte – assistiert von den neusten IBM-Computern – Tag und Nacht darum bemühten, Leuten wie Blum in ihrem Existenzkampf zu helfen? Er hatte sich wie ein Narr aufgeführt. Vielleicht war doch ein Besuch bei Mr Haq angebracht. Vielleicht hatte der mehr Erfahrung auf diesem Gebiet, als er bis jetzt zugegeben hatte.

Blum nahm die Straßenbahn, stieg aber an der nächsten Haltestelle wieder aus. Er hatte seit 15 Jahren keine Straßenbahn mehr benutzt, und es war entnervend, zwischen all diesen Leuten eingezwängt zu sein und ihre Blicke ertragen zu müssen. Er brauchte unbedingt einen Wagen, aber keinen Mietwagen. Nur nichts unterschreiben. Das Taxi kostete ein kleines Vermögen. So war das Leben – vor zwei Stunden noch von Investitionen in Freeport gefaselt, und jetzt musste er schon jeden Zehner umdrehen. Allmählich wurde das nicht nur hart, sondern auch noch unfair.

Als er ins Treppenhaus der Pension kam, ging im Parterre die Tür auf, und eine Frau, die eine Tante der ICA-Sekretärin hätte sein können, starrte ihn missbilligend an und sagte: »Es ist alles vermietet, junger Mann.«

Es klang wie eine Drohung.

»Ich besuche einen Ihrer Pensionsgäste, gnä' Frau.«

»Da ist keiner im Haus, Sie.«

»Aber Mr Haq – Herr Haq aus Lahore, im dritten Stock – er erwartet mich. Geschäftlich.«

»Geschäftlich? Was für Geschäfte, junger Mann?«

Blum zückte eine seiner Visitenkarten (Siegfried Blum – Vertretungen aller Art – Berlin – Barcelona – Tanger). Sie riss ihm die Karte aus der Hand, überflog sie und gab sie ihm mit einem höhnischen Grinsen zurück.

»Da gibt's nichts mehr zu vertreten. Die sind alle weg, die ganze Bagage.«

»Darf man fragen, wohin?«

»Abgeholt, natürlich. Was denken Sie denn. Ich habe meiner Schwester immer gesagt, sie soll das Gesindel nicht aufnehmen.«

In der Wohnung, aus der ein säuerlicher Geruch nach aufgekochtem Kohl und Schwartenmagen drang, rief eine uralte Stimme: »Emmi, ist es wieder die Polizei? Sie dürfen nicht mehr das Haus betreten, ich erlaube es nicht!«

Blum runzelte die Stirn und trat einen Schritt zurück.

»Die Polizei war da?«

»Hören Sie schlecht, junger Mann? Die Polizei, ja, die Polizei. Mir kommen keine Türken mehr in die Pension.«

»Herr Haq ist aus Pakistan.«

Sie sah ihn an, als sei er selber so einer, und zwar ein besonders widerwärtiges Exemplar.

»Gekocht haben sie auch, die Bagage, auf den Zimmern ihr Essen gekocht, obwohl ich es ihnen hundertmal verboten habe. Bis ich den Gestank wieder aus den Möbeln kriege, Sie!«

Wieder rief die Uralte: »Keine Polizei mehr, Emmi, ich erlaube keine Polizei mehr! Unser Vater hätte das nicht geduldet!«

»Und wann war die Polizei hier?«

»Gestern Abend sind die alle abgeholt worden, das ganze Gesindel. Sie, was haben Sie denn mit denen zu vertreten gehabt?«

Vielleicht hatte Mr Haq doch nicht den besten Schnitt gemacht. Sicher, der Mann war clever, und es konnte sein, dass er sich rechtzeitig aus dem Staub gemacht hatte. Doch wenn nicht …

Blum machte, dass er wegkam.

22

Das Café war früher eine simple Eckkneipe gewesen, und die niedrige Decke war schwarz vom Rauch. Man saß auf unbequemen Kaffeehausstühlen an winzigen Marmortischchen, umstellt von Palmwedeln, Gipsfiguren und Gummibäumen, ließ sich von Kellnern brüskieren, die alle über Kommunikationsästhetik promoviert hatten und aussahen wie Florettfechter oder Balletttänzer, und bezahlte für seinen »Salade Niçoise« oder seinen »Café Orange« doppelt so viel wie anderswo, denn als zusätzliche Attraktion gab es auch noch »Kunst«. Die Kunst spielte sich auf einem Podium im krätzigen Licht von Neonröhren ab und wurde von vorwiegend dicklichen Damen dargeboten, die mit Fuhrknechtsstimme lasziv gemeinte Albernheiten vortrugen. Blum dachte wehmütig an Barcelona oder Tanger, an die Curry-Abende im Phoenicia. Aber Wehmut war natürlich auch hier fehl am Platz. Cora stand im Gang, der zu den Toiletten führte, vor den Jugendstil-Plakaten, und redete jeden an, der ihr über den Weg lief. Ihr Mund glänzte rosa. Und Zöpfchen hatte sie sich geflochten. Ausgerechnet Zöpfchen. Hat kaum noch Ähnlichkeit mit BB, dachte Blum, aber vielleicht ist es gut so – nur keine Sentimentalitäten. Gott ist es auch schnuppe, dass ich mit 17 Theologe werden wollte. Jetzt tuschelte sie mit einem Widerling, der einen rötlichen Bart hatte und in der dazu passenden Latzhose steckte. Auf der Latzhose prangte das gelbe Abzeichen der Atomgegner. Die Plaketten vor 20 Jahren hatten entschieden mehr Pep, dachte er.

»Für mich ist die Fiktion eine härtere Droge als alles, was man spritzen kann«, sagte der Mann, der neben Blum saß. Er war groß und hager und sah auf diskrete Weise gut aus. Cora hatte sie miteinander bekannt gemacht, aber Blum konnte sich keine Namen merken. Jedenfalls war der Mann Schriftsteller.

»Haben Sie schon gespritzt?« fragte Blum und nippte an seinem Whisky.

»Ich meinte das rein metaphorisch«, sagte der Mann. »Ihr Whisky, die Sucht nach dem anderen Geschlecht, überhaupt alles, was uns Hoffnung macht, das zu werden, was wir sind – das sind die künstlichen Paradiese. Aber die Fiktionen, das sind die Gegenden, wo wir in der Gewissheit antreten, geschlagen zu werden von dem, was wir nie sein werden.«

»Ein interessanter Gedanke«, sagte Blum und unterdrückte ein Gähnen. Cora war verschwunden.

»Unsere Utopien«, setzte der Schriftsteller wieder an. Es schien ihn zu beflügeln, dass er endlich einen Zuhörer gefunden hatte. »Mit Drogen wollen wir doch uns selbst erfahren. Klingt billig, ist es aber nicht. Aber es belässt uns natürlich da, wo wir schon sind. Dagegen die anderen zu erfahren – nach Sartre also die Hölle – das wäre jede Verstümmelung wert.«

»Und ich dachte immer, Schriftsteller hätten ein ganz beschauliches Leben«, sagte Blum nach einer Pause, die schon etwas lang zu werden drohte. »Können Sie von Ihren Büchern gut leben? Haben Sie Erfolg?«

»Wie Greene sagte: Für den Schriftsteller gibt es keinen Erfolg.«

Ich sollte mir vielleicht auch einen kleinen Zitatenschatz zulegen, dachte Blum. Wenn mich die Bullen dann doch noch schnappen, könnte ich sagen: Wissen Sie, meine Herren, was wollen Sie eigentlich? Die Fiktion ist eine härtere Droge als alles, was Sie mir da jetzt anhängen wollen.

»Ja«, sagte er schließlich, »so ist das Leben – hart, aber fair.«

Eine große Frau mit Glockenhut und Federboa stöckelte von der Bar zum Gang. Hier ein Küsschen, dort ein Hallöchen. Der Star des Abends.

»Kennen Sie Cora schon länger?«, fragte der Schriftsteller.

»Kommt darauf an, was man unter länger versteht.«

Jetzt war sie wiederaufgetaucht und redete auf den Star ein. Hoffentlich nicht noch eine Künstlerparty, dachte Blum.

»Und was halten Sie von Kokain?«, fragte er den Schriftsteller.

»Eine gefährliche Droge«, dozierte der und zog an seiner Pfeife. Er rauchte ein Kraut, das wie Schafmist roch. »Zynisch, eitel und paranoid, diese Dame, das Coco. Vergessen Sie nicht, dass Hitler in den letzten Jahren täglich Pervitin genommen hat; und Pervitin ist gewissermaßen die Sturmabteilung unter all diesen Wachmachern.«

»Tatsächlich? Ich kenne nur Hallo-Wach, haben wir beim Abitur genommen. Und was ist dann das Kokain?«

»Vielleicht das Luxusweibchen, das am Ende hinter allem steckt – *cherchez la femme*?«

»Aha. Und? Haben Sie selbst mal?«

Der Schriftsteller wich aus: »Wörter, das sind meine Drogen – das Opium der Substantive, das Haschisch der Adjektive, die chemischen Verbindungen der Verben.« Dann, etwas geringschätzig: »Allerdings das Authentische, das ist dann wie ein wirkungsloses Entzugsmittel für die Fiktionen, als gäbe man einem Süchtigen Baldrian.«

Cora winkte ihm vor allen Leuten zu. Die Stardiseuse betrachtete ihn durch ein Lorgnon, das um ihren dicken Hals hing. Blum ärgerte sich. Der Schriftsteller lehnte sich zurück und sah ihn durch den Rauch nachdenklich an.

»Ich war mal mit Cora zusammen«, sagte er schließlich, »aber es ging nicht. Schriftsteller brauchen keine Aktmodelle, und es wurde etwas lästig, ihr zu erklären, warum sie in meinen Büchern nicht vorkommt.« Er klopfte seine Pfeife aus. »Schriftsteller sollten allein leben.«

»Tun Sie das?«, fragte Blum und stand auf. Sofort kam ein Kellner auf ihn zugeschossen. Er zahlte und wischte sich den Schweiß ab.

»Auch so eine Fiktion«, sagte der Schriftsteller und klappte seine Tabaksdose auf.

Im Gang legte Cora einen Arm um seine Schulter und flüsterte: »Hast du zwei Gramm? Detlev wartet schon auf dem Klo.«

Blum machte sich los.

»Ich hab dir doch ausdrücklich gesagt, dass mir das hier zu heiß ist. Du winkst mir vor allen Leuten zu, was soll das denn? Und dann zwei Gramm – ich habe fünf Pfund,

und du kommst mit zwei Gramm an, das ist ja lächerlich …«

»Kleinvieh macht auch Mist«, sagte Cora und wandte sich wieder der Stardiseuse zu.

Auf der Toilette standen zwei Typen an der Pissrinne, und natürlich war einer davon der Mensch in der Latzhose. Er deutete aufgeregt auf das offene WC. Der andere ließ sein Wasser ab und tat, als sehe er nichts. Blum ging in das WC und knallte die Tür zu. Ihm war schon ganz schlecht vor Ärger.

Hier war er – der EG-Butter-Blum, der Tizian-Blum – und lauerte in finsteren Aborten auf Kokserkundschaft wie der letzte Heroindrücker vom Bahnhof Zoo. Die Wasserspülung rauschte, Schritte, das Rattern der Handtuchrolle, die quietschende Tür. Dann klopfte es. Blum machte auf und wollte hinaus. Stattdessen drängte sich Detlev hinein.

»Das ist sicherer«, flüsterte er. Er stank nach Knoblauch. Sein Gesicht war hochrot, Schweißtropfen glitzerten in seinem roten Bart.

Blum zog die Zellophanhülle von seiner Zigarettenpackung und drückte sie dem Kunden in die Hand.

»Wie viel willst du? Kleine Mengen verkaufe ich an sich nicht.«

»Zwei Gramm für 300, hab ich mit Cora abgemacht.«

»Du hast ja ’ne Meise, Junge. Ein Gramm kostet 250, und das ist noch fast umsonst.«

»Wenn es gut ist, nehm ich noch mehr ab, ich kenn viele –«

»Das höre ich zehnmal am Tag, Meister.«

Jemand mit genagelten Stiefeln kam in die Toilette und wollte ins WC.

»Immer mit der Ruhe«, knurrte Blum.

»Scheiß schneller, Genosse«, sagte der Jemand und nagelte wieder hinaus.

»Also, zwei Gramm kosten vierhundert«, sagte Blum. »Hast du das Geld?«

»Ja, aber nur dreihundert.«

Der Knoblauchgeruch war umwerfend, aber Blum blieb stehen. Er war nicht umsonst ein Jahr im Süden gewesen.

»Gib her«, sagte er. Der Rotbart drückte ihm drei Hunderter in die Hand. Blum hielt sie einen nach dem anderen ins Licht, während sein Kunde immer nervöser wurde.

»Du wärst nicht der Erste, der mir Blüten andrehen will«, sagte Blum. Er steckte das Geld weg und holte die Pillendose hervor, in die er ein paar Gramm abgefüllt hatte.

»Halt das Tütchen auf.«

»Hast du keine Briefchen?«

»Wir sind nicht bei der Post, Jungchen«, sagte Blum und begann, das Kokain ganz vorsichtig in das Tütchen zu schütten. Die Hand des anderen zitterte so stark, dass etwas danebenging. Sofort bückte er sich und leckte es vom Klodeckel ab. Blum verzog angewidert das Gesicht.

»So, das sind 1,5 Gramm.«

»Nie im Leben! Das ist höchstens ein Gramm!«

»Du nimmst, was du kriegst«, sagte Blum und steckte die Pillendose weg. Ehe er rausging, schärfte er dem anderen in drohendem Tonfall ein, er solle sich die nächsten fünf Minuten ja nicht von der Stelle rühren. Detlev wollte Einwände erheben, aber Blum drückte ihn aufs Klo und machte die Tür hinter sich zu. Noch so einer, und ich drehe durch, dachte er, als er sich die Hände wusch. Dagegen war ja selbst der Pornohandel noch ein gesellschaftliches Ereignis.

Cora stand an der Bar und unterhielt sich mit einem grauhaarigen Mann in einem elegant geschneiderten Dufflecoat. Er hatte eine auffallende Ähnlichkeit mit Trevor Howard im *Dritten Mann.* Blum hatte den Film zuletzt in Tanger mit arabischen Untertiteln gesehen. Er nickte ihm zu und sagte zu Cora: »Komm, nichts wie weg.«

»Das ist James«, sagte Cora. James machte ein neutrales Gesicht und sah Blum schweigend an, als warte er auf eine Erklärung. Aber Blum hatte nichts zu erklären.

»Ich seh dich dann später«, sagte er zu Cora und bahnte sich einen Weg zwischen den Marmortischchen und den Kellnern mit ihren Wespentaillen und den Palmwedeln und den Frauen mit den lauten Stimmen. Der Schriftsteller saß immer noch da und zog an seiner Pfeife. Ein Mädchen, das höchstens halb so alt war wie er, redete auf ihn ein. Der und seine Fiktionen, dachte Blum, aber er wünschte ihm Glück. Auf dem Podium stand nun der Star mit einem Zylinder auf der grünen Perücke und verkündete mit befehlshaberischer Stimme:

»Die Nacht ist nicht allein zum Schlafen da,
Die Nacht ist da, dass was gescheh'.
Ein Schiff ist nicht nur für den Hafen da,
Es muß hinaus, hinaus auf hohe See …«

Draußen suchte Blum vergebens ein Taxi, als Cora neben ihm auftauchte. Sie nahm seinen Arm. Mit ihren Stiefeln war sie so groß wie er.

»Was hast du denn, Blum? Was hab ich dir denn getan?«

»Wenn du mir noch mal so einen Detlev anschleppst …«

»Der ist auch nicht schlechter als alle anderen.«

»Sind das eigentlich alles deine Freunde?«

»Was heißt denn das?«

»Na, zum Beispiel der Schriftsteller.«

»Ach der. Der kann doch nur reden.«

»Wo habt ihr zusammengelebt? In München?«

»Das ist doch egal. Hat er das gesagt? So ein Angeber.«

»Und dieser James …«

»Mensch, auf den brauchst du nun wirklich nicht eifersüchtig sein. Mit dem hab ich beruflich zu tun gehabt. Er ist ein phantastischer Modefotograf, aber jetzt hat er sich völlig zurückgezogen und fotografiert nur noch Frösche.«

»Ah ja. Ich verstehe. Und du warst Modell?«

»Du verstehst überhaupt nichts. Was machst du eigentlich hier?«

»Ich versuche, fünf Pfund Kokain zu verkaufen. Und du bringst mir so Stinker an wie diesen Detlev mit verstunkenen dreihundert Mark in seiner Latzhose. Wie ein erwachsener Mensch Latzhosen anziehen kann …«

»Glaubst du, mit deinem Halstuch siehst du erwachsener aus? Ich dachte, du brauchst dringend Geld. Sind 300 Mark nichts? Dafür hab ich schon eine Woche gearbeitet.«

»Ja. Stell dir mal vor. Ich sag dir, noch drei Tage diesen Kleinkram, dann sitz ich im Knast. Und die Atomgegner holen mich da auch nicht raus.«

»Ach Quatsch. Hier ist so viel los, da fällst du überhaupt nicht auf. Du darfst das alles nicht so wichtig nehmen. Und außerdem hab ich für halb eins noch eine Verabredung mit einem Typ, der gleich fünfzehn Gramm will. Das ist doch was.«

»Fünfzehn Gramm für wie viel Kohle?«

»Ich hab ihm gesagt, für dreitausend.«

»Mensch, fünfzehn Gramm, da verlangt man erst mal viertausend. Die Typen schwimmen doch alle in Geld. Fünftausend könnte man verlangen. Wenn ich an Marokko denke …«

»Verlang doch, so viel du willst. Es ist ja dein Koks. Ich möchte wissen, warum ich dir überhaupt dabei helfe.«

»Weil du auch eine Scheibe vom Kuchen willst.«

»Denkst du das wirklich?«

Sie starrten einander an.

»Natürlich denke ich das. Es ist vielleicht nicht das Einzige, was ich denke.«

Sie machte ihren Schmollmund dick, dann lachte sie und nahm wieder seinen Arm.

»Komm, lass uns dreitausend Mark verdienen, und dann weg von hier. Mir hängt Frankfurt zum Hals raus.«

»Wie lang bist du denn hier?«

»Viel zu lang, Blum.«

»Und wo willst du hin?«

»Vielleicht nach Amsterdam. Geh doch mit. Da wirst du auch den Stoff viel leichter los.«

»Jetzt muss ich erst mal Geld nachwerfen, sonst ist gleich Essig damit.«

Endlich hielt ein Taxi.

23

Blum holte die Scheine aus der Tasche und strich sie glatt – ein gutes Gefühl. Drei Rote, siebzehn Blaue und diverses Kleinzeug, die Kilos, die Pfunde.

»Du müsstest dich mal sehen«, sagte Cora, die im Sessel lag und am Radio drehte. »Ein Gesicht wie in der Kirche.«

»Geld ist Leben, Baby. Und Leben ist heilig, oder?«

»Sag nicht immer Baby zu mir, ich hasse das.«

»Was hat denn der Zuhälter zu dir gesagt?«

»Welcher Zuhälter?«

»Tu bloß nicht so, als wüsstest du nicht, dass der Typ, der die fünfzehn Gramm gekauft hat, Zuhälter ist.«

»Toni? Du spinnst ja. Der arbeitet in einem Verlag.«

»In einem Verlag, so. Und warum hat er dann zu mir gesagt, er braucht das Zeug für seine Hühner?«

Sie lachte. Sie hatte nur ihren Kittel an und die silbrig schmutzigen Cowboystiefel. Die Löckchen hatte sie wieder aufgerollt und das Haar hochgesteckt.

»Das ist doch nur Gerede, Blum. Er meint wahrscheinlich seine Bücher.«

»So. Und dieser James hat es mit Fröschen. Meint er damit seine Cornflakes?«

»Cornflakes?«

»Ja, Cornflakes. Peruvian Flake Cornflakes. Weißt du, an

wen er mich erinnert? An Trevor Howard im *Dritten Mann*.«

»Trevor Howard?«

»Nie gehört, was? *Dritter Mann*, null Ahnung. Wie ihr durchs Leben geht, ist mir schleierhaft.«

»Als Opa bist du nicht besonders attraktiv, Blum.«

Er verstaute das Geld in seiner Brieftasche bei den Visitenkarten, den Schnappschüssen, den Hotelrechnungen. 3000, lächerlich. Er hatte den Tag mit 100 Mille abschließen wollen. Das Glück machte sich doch rar, in seinen Minidosen.

»Was hast du gesagt?«, fragte er zerstreut. Er räumte seine Habe auf, ein Ritual. Die Stiefeletten müssen auch mal wieder geputzt werden, dachte er. Warum es hier keine Stiefelputzer gibt …

»Ich hab gesagt, du sollst nicht reden, als wärst du mein Opa. He, schläfst du?«

Sie hörte einige Takte Beethoven, drehte weiter. Blum runzelte die Stirn. Nicht der richtige Augenblick fürs Ritual. Er machte eine Zigarette an und legte sich aufs Bett. Angezogen.

»Warum rauchst du eigentlich HB?«

»HB?«

»Ja, deine Zigarettenmarke.«

»Liebes Kind, die rauche ich, seit ich vierzehn bin. War die erste Filterzigarette.«

»Glaub ich nicht.«

»Die erste, die mir geschmeckt hat. Ich rauche nie was anderes.«

»Glaubst du, auf den Bahamas gibt es HB?«

Das war eine Antwort nicht wert. Er blies lieber einen Rauchring. Es klappte beim zweiten Mal. Perfekt.

»Was ist denn das? Hör mal.«

Sie hatte auf Kurzwelle geschaltet und die Frauenstimme gefunden, die den Code in die Nacht sprach, die geheimnisvolle Litanei der Zahlen: »79 576 – 00 253 – 72 187 – 11 334 – 30 362 – 70 679 – 07 387 –«

Jede Zahl wurde wiederholt. Heute Nacht hatte die Stimme einen leicht sächsischen Akzent.

»Du, was ist das?«

»Das hörst du doch.«

»Aber was bedeutet es?«

»Das ist für die Agenten.«

»Agenten?«

»Ja, Agenten. Wir leben in einer Welt voller Agenten, Cora. Weißt du das nicht?«

»Ich hatte einen Agent, als ich Modell war.«

»Nicht solche Agenten. Richtige.«

»Was tun die denn?«

»Was wir alle tun, sie sammeln Informationen und geben sie weiter. Nur sind sie Profis.«

»Du meinst Spione?«

»Auch das.«

»Aber du bist doch kein Spion.«

»Das kommt darauf an. Ich spioniere auch. Wie wäre ich denn an den Koks gekommen, wenn ich das nicht ausgecheckt hätte?«

»Das war doch Zufall, Blum.«

»Es gibt keinen Zufall in dieser Branche. Komm ins Bett.«

»Und du meinst, wir sind Agenten? Ich auch?«

»Nein, du natürlich nicht. So was wie du sprengt alle Apparate.«

»Du meinst wirklich, die geben im Radio Nachrichten durch an Agenten?«

»Natürlich.«

»Wer ist denn ›die‹?«

»Das spielt doch keine Rolle. Die, wir, alle. Alle machen es. Information ist Macht. Nimm zum Beispiel meine fünf Pfund Koks. Jeder, der davon weiß, ist im Besitz einer Information, die für bestimmte Leute einen großen Wert hat. Verstehst du?«

»Du traust mir immer noch nicht.«

»Doch, ich trau dir. Bis zu einem gewissen Grad. Aber wenn dich die Kripo greift und sie dir versprechen, dass dir nichts passiert, verrätst du mich.«

»Ich würde dich nicht verraten, Blum.«

»Warum nicht? Weil ich so schöne Augen habe? Mach dir doch nichts vor, Mädchen. Betrug regiert die Welt, und Verrat ist sein älterer Bruder.«

»Aber wie kannst du damit leben? Wie kannst du in einer Welt leben, die nur aus Betrug und Verrat und Agenten und Angst und Bullen und Geld und Raub und Mord und Spionen und Macht besteht?«

Er drückte die Zigarette aus und griff zum Zahnputzglas mit Whisky.

»Ich hab sonst nichts gelernt«, sagte er.

»Aber das stimmt doch gar nicht!« Sie malträtierte mit ihren Stiefelabsätzen den Sessel. »Das ist doch nicht die Welt, in der wir leben.«

»Was denn dann?«

Sie sah ihn kopfschüttelnd an. Dann sagte sie leise: »Du steckst mich allmählich an mit deiner Angst.«

»Du brauchst keine Angst zu haben. Du brauchst nur durch die Tür zu gehen, und dann musst du nur noch die Augen fest zumachen und so tun –«

»Ich hab Angst, dass dir etwas passiert.«

»*Du* hast Angst, dass *mir* etwas passiert?«

»Nicht Knast oder so. Was viel Schlimmeres.«

»Was Schlimmeres als Knast?«

»Ja. Wirf doch einfach den Schlüssel weg, und vergiss den Stoff.«

»Du sagst mir, ich soll den Schlüssel wegwerfen? Den Schlüssel zum Schließfach? Den Schlüssel zu hunderttausend Mark? Den Schlüssel zu Freeport, Bahamas? Zu meinen nächsten zwei, drei Jahren?«

»Du kannst doch auch von etwas anderem leben. Du hast doch selbst gesagt, du kommst immer durch. Aber mit diesem Zeug, das muss doch nicht sein. Das ist doch diese Angst nicht wert, dass du dich kaputtmachst dafür.«

»Wenn ich Schnürsenkel verkaufen müsste, hätte ich vielleicht nicht so viel Angst. Aber eins kann ich dir sagen: Die Angst davor, Schnürsenkel verkaufen zu müssen, ist viel größer als die Angst vor ein paar Rauschgiftsyndikaten oder ein paar Jährchen Knast.«

»Ich denke, Knast ist das Schlimmste überhaupt?«

»Das Schlimmste ist, nichts mehr riskieren zu können. Mit einem Bein steht doch jeder sein ganzes Leben im Knast. Aber das andre Bein, das muss noch die volle Distanz gehn können. Was bekäme ich schon, wenn sie mich schnappen würden? Vielleicht sechs Jahre. Also realiter vier. Das ist das Geld schon wert.«

»Blum, das stimmt doch nicht. Das ist kein Geld wert. Geld ist eigentlich gar nichts wert.«

»Das sagst du so. Du hast die Zeiten nicht erlebt, als die Leute einen Tag lang wegen einem halbverfaulten Kohl angestanden sind.«

»Was hat das denn damit zu tun?«

»Nichts, Cora. Und alles.«

Sie zog ihre Stiefel aus, stand auf, ging zum Bett und legte sich zu ihm.

»Weißt du, in Amsterdam kenne ich zwei Deutsche. Die leben schon lange dort und kennen sich aus. Das sind so richtig clevere Geschäftsleute, die handeln auch mit Dope. Denen könntest du den Koks sofort verkaufen. Lass uns doch einfach hinfahren.«

Sie begann, sein Hemd aufzuknöpfen. Ihr langes Haar strich über seine Brust.

»Wen du so alles kennst … Vielleicht weißt du auch hier noch einen, hm? Ich hätte gern mehr als ein paar Riesen in der Tasche, eh ich mich auf Amsterdam einlasse.«

Sie löste seinen Gürtel und massierte seinen Bauch.

»Ich kenn einen. Ein bisschen außerhalb, auf dem Land. Der würde sicher fünfzig oder hundert Gramm kaufen.«

Blum brachte es noch fertig, einen Rest Misstrauen zu mobilisieren.

»Kenne ich den Betreffenden?«

»Nein«, sagte sie und streifte seine Hose runter. *Mamma mia,* dachte Blum später, was für eine Frau, prall und saftig und geschickt und liebenswert, außer dass sie nichts von sich preisgibt. War das nun die höchste Stufe des Glücks? Aber noch später, in der Nacht, wurde ihm klar, wie viel auch er zurückhielt, und als sie im Dunkeln schweigend nebeneinanderlagen, schien es ihm, als seien sie weiter voneinander entfernt, als sie sich je nahegekommen waren.

24

Cora hatte irgendwo ein Auto aufgetan, einen verschrammten Käfer, den ein früherer Besitzer mit Blumen bemalt hatte, mit Sonnen und Sternen und Monden und Engeln, an denen der Rost fraß.

»Mit so was soll ich fahren?«, fragte Blum ungläubig, als sie ihn damit vom Hotel abholte.

»Du brauchst ja nicht zu fahren«, gab sie kühl zurück, und er fuhr auch nicht – sie lenkte das Auto geschickt durch die Frankfurter Staus, aufs Land hinaus. Die Sonne schien sogar, eine kalte, leicht angerostete Sonne, die zu dieser Betonwüste passte.

»Grauslich, nicht?«

»Wie man's nimmt. Ich glaube nicht, dass die Leute hier gerne mit Mr Haq tauschen würden, obwohl man in Pakistan bestimmt besser essen kann.«

Sie lachte.

»Willst du mir nicht verraten, wo wir hinfahren?«

»Lass dich überraschen.«

»Mit hundert Gramm Kokain in der Tasche lege ich keinen Wert auf Überraschungen.«

»Lass dich angenehm überraschen.«

Die Siedlungen wurden spärlicher, sie fuhren durchs offene Land. Überall lag noch alter Schnee, und Krähenschwärme flogen über die dunklen Tannenwälder. Blum fröstelte, obwohl die Heizung in dieser Schrottkiste sogar funktionierte.

»Du kennst dich ja gut aus. Hast du lange in Frankfurt gewohnt?«

Sie ging nicht darauf ein.

»Was willst du mit dem Geld wirklich machen, Blum? Mit den Investitionen auf den Bahamas, das kann doch nicht dein Ernst sein.«

Er spürte, dass ihr an der Frage etwas lag. Er steckte sich eine Zigarette an und sah hinaus auf das eisige Land.

»Irgendwann mal würde ich gern mit ein paar Freunden auf einer kleinen Insel leben, sie müsste ja nicht zu den Bahamas gehören. Vielleicht eine Bar betreiben, nichts Mondänes, ein kühles Plätzchen am Hafen, durchs Fenster kann man die Boote sehen. Vielleicht ein paar Stühle draußen unter der Markise, für die Touristen. Ein Tagesgericht, sonst nur Sandwiches und Drinks, aber die besten der Gegend. Man könnte fischen gehen, ab und zu auf die Nachbarinsel, wo es ein Spielkasino gibt. Jeder macht in aller Ruhe das, was er will. Einmal in der Woche ginge ich mit dem Vizekonsul und dem englischen Romanschriftsteller und dem Schnapsschmuggler ins Bordell, der Geschichten wegen. Ich weiß, du magst keine Geschichten, aber vielleicht brauchst du keine. Erinnerungen sind ja Scheiße, aber Geschichten halten das Leben zusammen. Manchmal, wenn du den großen Horror hast, ist eine gute Geschichte das Einzige, was noch hilft.«

Nach einer Weile fragte sie: »Könnte ich auf deiner Insel leben?«

»Es wäre nicht *meine* Insel, Cora.«

»Aber deine Bar.«

»Ja, meine Bar wäre es schon.«

»Könnte ich in deiner Bar verkehren?«

»Wenn du keine Geschichten machst. Weibergeschichten sind selten gute Geschichten.«

»Du weißt doch, dass ich keine Geschichten mag.«

»Ich würde dir nicht gleich Lokalverbot geben«, sagte Blum lächelnd und drückte die Zigarette aus.

»Ich mag dich, Blum«, sagte sie leise und sah starr geradeaus auf die schnurgerade leere Straße.

»Ich dich auch«, murmelte er. Schon lange hatte keine Frau mehr zu ihm gesagt, sie möge ihn – die Touristinnen und die Huren zählten nicht –, aber nun saß er stumm in dem klapprigen Auto und spürte im Schweigen die Verlegenheit wachsen und das Misstrauen. War Cora auch eine Touristin, war sie auch eine Hure? Oder war er so vergiftet von seinem Argwohn, dass er auch in solchen Worten nur ein Kalkül entdecken konnte? Schweigend fuhren sie weiter.

Schließlich bog Cora auf einen Feldweg ein und parkte das Auto vor einem verwilderten Garten. Ein Mercedes 450 blinkte metallen. In dem Garten stand ein weißer Bungalow, weiter hinten, am Waldrand, ein altes Bauernhaus. Rauch kräuselte sich aus dem Kamin. Den Mann, der an die Tür kam, während sie durch den Garten gingen, hatte Blum schon gesehen. Diesmal trug er keinen Dufflecoat, sondern einen Shetlandpullover, aber mit der Baskenmütze und dem grauen Schnurrbart und dem energischen Kinn hätte er immer noch Trevor Howard als Major Calloway sein können – oder zumindest das Double.

25

»Was trinken Sie – Sherry, Port, Gin? Oder mögen Sie den hiesigen Apfelwein?«

»Ein Bier, wenn Sie welches haben.«

»Aber sicher. Margot, kümmerst du dich darum?«

Margot kümmerte sich darum. Sie war etwa Mitte 20 und eine ätherische dunkelhaarige Schönheit, neben der Cora reinster Bauernbarock war. Der Bungalow war gediegen eingerichtet, das Rustikale aufgelockert durch viel Glas und Technik. Allein die Teppiche waren ein Vermögen wert, schätzte Blum, und unter den Bildern entdeckte er einen Corot, der nicht unbedingt gefälscht sein musste. Durch die Glaswand sah man den hinteren Teil des Gartens und das Bauernhaus, das einen heruntergekommenen Eindruck machte. Im Kamin prasselten Holzscheite. Als ehemaliger Modefotograf lebte es sich jedenfalls nicht schlecht.

Margot brachte das Bier. Heineken. Der Hausherr trank einen Sherry, die Damen brauchten nichts. Dafür bestritten sie die Unterhaltung. Nach einer Weile sagte Margot, sie wolle Cora etwas zeigen. Sie gingen nach nebenan.

»Alte Freundinnen«, sagte James und prostete Blum zu.

»Cora sagt, Sie fotografieren nur noch Frösche?«

James lächelte so ironisch wie Major Calloway im Film,

wenn er mit Holly Martins, dem Schundautor, über Westernromane spricht. Freilich war Blum kein Joseph Cotton.

»Die Frösche sterben bald aus, wussten Sie das, Blum?«

Er legte noch einen Scheit Holz ins Feuer. Dann setzte er sich in einen Ledersessel, schlug die Beine in den weißen Jeans übereinander und fragte: »Und Sie sind im Kokainhandel?« Was hatte Calloway zu Martins gesagt: »Ich wusste gar nicht, dass es in Arizona Tiger gibt.«

Blum erzählte etwas von einer günstigen Gelegenheit. Man nahm eben alles mit, was kam. Heutzutage kam es auf Flexibilität an. Wenn etwas rentabel war, konnte man sich nicht vornehm zurückhalten, die Zeiten waren vorbei. Und wer lief schon den ganzen Tag mit dem Betäubungsmittelgesetz unter dem Arm herum?

James bestimmt nicht.

»Ich interessiere mich aus ganz bestimmten Gründen für Kokain«, sagte er.

»Kann ich mir denken. Päppeln Sie damit die Frösche auf?«

»Ja, Cora erwähnte Ihren Humor. Nehmen Sie selbst es nicht?«

»Ich könnte auf den Geschmack kommen. Vor allem bei dem Stoff, den ich gerade habe. Wirklich erstklassig. Erstaunlich, was man noch alles entdeckt.«

»Wie meinen Sie das?«

»Mit zwanzig bin ich auf den Geschmack von Sex gekommen, mit dreißig auf den von Whisky und jetzt auf den von Kokain. Wo wird das noch enden?«

»Ich würde sagen, es geht aufwärts. Darf ich mal probieren?«

Blum gab ihm die Pillendose. James entnahm dem Geheimfach seines Schreibtischs ein Kokain-Set aus purem Gold und zog sich den Schnee durch eine Zehnpfundnote in die Nase. Das Papier der Bank von England, meinte er, eigne sich am besten – allerdings nur Scheine aus den alten Serien, das Papier der neuen sei auch schon schlechter. Blum genehmigte sich auch eine Prise. Der Stoff flog wirklich wie von selbst in die Nasenlöcher. Er hatte nicht gespart, und die Wirkung des Kokains nahm ihm für einen Augenblick den Atem. Vorsichtig steckte er sich eine Zigarette an. Sie explodierte nicht. Langsam kehrte er wieder zurück in Fleisch und Blut, war aber noch weit über den Tälern. Auf den Gletschern funkelte das Eis in der Sonne.

»Sehr sauber«, sagte James, der auch wieder auftauchte. »Kaum verschnitten.«

»Kaum? Gar nicht! Direkt vom Erzeuger.«

»Ah ja? Haben Sie es selbst dort gekauft?«

»Das gerade nicht, aber die Leute, von denen ich es habe, sind hundertprozentig zuverlässig. Die kaufen nur das Beste vom Besten. Der Stoff kommt direkt aus den Anden. *Peruvian Flake*, wenn Sie wissen, was das heißt.«

»Und wie viel steht zum Verkauf an?«

Blum schnickte ein Staubkörnchen von seinem Ärmel. Er sah Cora und Margot im Garten auf und ab gehen. Ein Dalmatiner sprang zwischen den Hecken herum.

»Sie können genug haben«, sagte er. »Die Frage ist, ob Sie es sich leisten können. Das Zeug ist verdammt teuer.«

James setzte ein überlegenes Lächeln auf. Calloway mit seinem Majorsgehalt hätte sich das Lächeln nicht leisten können.

»Innerhalb vernünftiger Grenzen bezahle ich jeden Preis. Sehen Sie, ich kaufe auch für eine Reihe von Bekannten, die selbst nicht in Erscheinung treten möchten. Alles Topleute – Wirtschaft, Presse, Kunst, Politik.«

»Politik?«

»Was glauben Sie, was man braucht, um das durchzuhalten. Mit den Weinproben und Bierzelten ist das nicht immer getan.«

»Ich dachte, nur Hitler hätte das nötig gehabt.«

»Der war ja ein Exzentriker. Heute ist Kokain doch auch ein Statussymbol. Und die flotteren Politiker möchten auch dazugehören. Ich bin natürlich völlig unpolitisch, aber es ist manchmal ganz nützlich, auch über politische Verbindungen verfügen zu können.«

»Versteht sich«, sagte Blum. »Das drückt den Preis natürlich nicht gerade.«

»Politiker verdienen nicht viel, mein Lieber.«

»Das glaubt doch selbst im Bierzelt keiner mehr«, sagte Blum. Das Gespräch gefiel ihm. Allmählich ging es wirklich aufwärts.

»Was würden Sie denn für hundert Gramm verlangen?«

»Nur hundert Gramm? Nehmen Sie doch gleich ein Pfund, da kriegen Sie fast schon so etwas wie Mengenrabatt.«

Aber James wiegelte ab. Er zwirbelte seinen Schnurrbart, als wollte er jedes einzelne Haar in Fasson bringen – vielleicht hatte er sich das Rauchen abgewöhnt und wusste nicht, wohin mit seinen Fingern –, und runzelte ausgiebig die Stirn. Später mal, meinte er; sie blieben ja sicher in Verbindung. Dabei streifte sein Blick die Gestalten im Garten.

»Für den Anfang würden hundert Gramm genügen. Ich muss mich natürlich erkundigen, ob wir das überhaupt auf die Schnelle zusammenbekommen …«

Blums Hand mit dem Bierglas blieb in der Luft.

»Was heißt das denn?«

»Ich nehme an, Sie wären über einen Scheck nicht sonderlich glücklich. Wir müssen also Bargeld beschaffen.«

Blum stellte das Glas auf den Tisch, ohne getrunken zu haben.

»Was habt ihr denn alle für Schwierigkeiten mit dem Bargeld? Überall heißt es, Bargeld ist knapp, Bargeld ist schwierig, Bargeld ist ein Problem. Dabei schwimmt doch jeder im Geld.«

»Sie als Geschäftsmann …«

»Ach, hören Sie doch mit dem Schmus auf! Für Sie bin ich auch nur eine miese Dealerratte, die man so lange hinhält, bis man sie einseifen kann –«

»Ich verstehe Ihre Aufregung nicht –«

Aber Blum war nicht mehr zu bremsen. All der Ärger und die aufgestaute Angst wollten endlich aus ihm heraus. Er ließ es sich ja gefallen, wenn irgendein verstunkener Kokser nur mit Müh und Not die Knete beibrachte; aber er brachte sie eben bei, bar auf die Hand, und sei es in Groschen. Dagegen die Flottmeister aus der Kunstgewerbebranche, von denen hatte er nun die Schnauze aber gestrichen voll. Und wenn es jetzt noch einem Politiker einfallen sollte, ihm mit Bargeldproblemen zu kommen, dann sollten sich diese Leute ihr Zeug grammweise auf der Haschwiese besorgen. Oder gleich bei ihrem nächsten Entwicklungshilfe-Betriebsausflug …

»Wenn Sie zwei Tage Zeit haben«, sagte James schließlich beschwichtigend, »können Sie selbstverständlich Ihr Bargeld bekommen.«

»Ich habe aber keine zwei Tage Zeit. Hat Cora Ihnen das nicht gesagt? Sie vergessen, dass ich das volle Risiko bei der Sache habe.«

»Ich kaufe schon seit Jahren Kokain und habe noch nie gehört, dass einer von den großen Dealern hochgegangen ist. Ein Lieferant vielleicht, ja. Vorgestern hat's einen in München erwischt. Sie werden es ja gehört haben. Hoffentlich war es nicht Ihr Mann. Aber Dealer gehen wirklich selten hoch …«

»Das war nicht mein Mann. Glauben Sie, ich wäre so blöd und würde den Stoff in Kaffeedosen verpacken lassen?«

Das glaubte James nicht. Er nahm noch eine leichte Prise.

»Verschaffen Sie mir politische Protektion«, sagte Blum und klopfte dazu mit einer Zigarette den Rhythmus, »und ich akzeptiere jede Art von Bezahlung – auch in Aktien.«

»Das ist doch nicht Ihr Ernst?«

»Mein voller Ernst.«

»Wir leben doch nicht in einer Bananenrepublik, Menschenskind! Politische Protektion, herrjeh! Jetzt ist Ihnen aber Ihr Stoff in den Kopf gestiegen.«

Blum machte die Zigarette an und blies James den Rauch ins Gesicht.

»Was heißt Bananenrepublik? Würden Sie die Vereinigten Staaten von Amerika als Bananenrepublik bezeichnen?«

»Wie gesagt, ich halte mich da raus.«

»Sie sind aber mitten drin, Wertester. Soll ich Ihnen mal was sagen? Ich bin gerade dabei, mir in den USA politische

Protektion zu beschaffen. Das glauben Sie nicht? Hier, rufen Sie diese Nummer an. Eine Dienststelle in Frankfurt. Die ICA. Tarnorganisation, versteht sich. Verlangen Sie einen Mr Hackensack. Harry W. Hackensack. Mein Freund Harry. Natürlich heißt er in Wirklichkeit ganz anders, aber uns genügt Hackensack. Auf, rufen Sie ihn an. Der wird Ihnen was erzählen, von wegen Bananenrepublik.«

James machte ein leicht angewidertes Gesicht. Das musste er wirklich bei T. Howard gelernt haben.

»Ich denke gar nicht daran, Blum. Wir sollten jetzt zu einer Einigung über den Preis kommen. Die Einzelheiten Ihrer Branche interessieren mich wirklich nicht besonders.«

»Ich hab's ja gewusst, für Sie bin ich nur ein Lieferant, ein Untermensch.«

Blum bemerkte noch rechtzeitig den neuen Ausdruck in den Augen seines Kunden und bremste sich. Er war schließlich kein Frosch. Dann lächelte James wieder unverbindlich.

»Wie viel wollen Sie also für hundert Gramm?«

»Fünfzehn Mille.«

»Das ist viel Geld.«

»Es ist auch viel Kokain.«

»Bei Barzahlung müssten Sie aber schon eine Art Skonto geben.«

»Sie wollen doch nicht wegen ein paar läppischen hundert Mark mit mir feilschen?«

»Ich dachte an ein paar Gramm.«

»Na schön, ich lass mich nicht lumpen – ich lasse Ihnen das Döschen auch noch da. Da sind mindestens sechs Gramm drin.«

James nickte und erhob sich steif aus seinem Fauteuil.

»Dann rufe ich jetzt die Interessenten an.«

»Ich hab aber nicht viel Zeit, Meister«, warnte Blum.

»Ich dachte, in Ihrem Beruf sei Zeit das Wichtigste. Das Bier steht in der Küche.«

Blum holte sich noch eins. Er trank es langsam und sah, wie die Sonne hinter den Tannenwäldern versank und Cora und Margot in dem Bauernhaus verschwanden. *Ich mag dich, Blum.* Was hatte sie damit gemeint? Genauso gut hätte sie sagen können, ich mag mein Steak gern durchgebraten. Er wusste, dass das nicht stimmte, aber er konnte sich nicht gegen den Gedanken wehren. Alles verschwamm in solchen diffusen Worten. Bei den Huren und den Touristinnen wusste man, woran man war – ein paar Schuhe für die Fatima aus der Kasbah, ein feuriges Ferienabenteuer für die Friseuse aus Hameln. Ich mag dich, das war dann konkret und hieß weiter nichts als: Jetzt sind wir quitt. Aber wofür wollte Cora mit ihm quitt sein?

Als er das Bier getrunken hatte, kam James wieder und erklärte, alles laufe nach Wunsch.

»Sie bekommen Ihr Geld – noch heute Abend.«

Blum sah auf die Uhr. Es war zwanzig nach fünf.

»Was verstehen Sie unter heute Abend?«

»Geduld, Blum, Geduld. Ein paar Stunden, vielleicht bis elf oder zwölf. Hier gibt es doch alles, was Sie brauchen – Margot kann etwas zu essen machen, wir haben reichlich zu trinken im Haus, Sie können lesen oder spazieren gehen oder fernsehen, und wenn Sie sich zurückziehen wollen, im Bauernhaus sind genug Zimmer. Die Bewohner sind verständnisvolle Leute, die fühlen sich nicht gestört.«

»Die Bewohner?«

»Ich lasse einige Leute dort wohnen, die in der Stadt gewisse Schwierigkeiten gehabt haben.«

»Das ist ja nett von Ihnen, James, aber ich weiß nicht, ob ich so lange warten kann. Wir wollten heute Abend noch nach Amsterdam.«

»Sie kaufen dort ein?«

»Edamer, ja.«

Sie starrten einander an. James zwang sich zu einer lockeren Geste.

»Nehmen Sie einen Drink, Blum. Scotch?«

Er trank J & B. Wer hatte neulich schon J & B getrunken? Hermes. Hermes und James. Da gab es sicher eine Verbindung. J & H. Der Exfotograf, der Exdealer. Frösche und Töchter. Blum nahm einen Scotch, streckte ihn aber mit viel Soda. Er wanderte in dem großen Raum umher, betrachtete die Bilder und fand in einer Ecke unter zwei gekreuzten türkischen Säbeln eine Schiefertafel, auf die mit Kreide geschrieben war: »Mit 10 wird der Mann zum Tier, mit 20 ist er ein Wahnsinniger, mit 30 ein Versager, mit 40 ein Schwindler und mit 50 ein Verbrecher.«

»Von wem ist das?«, fragte er James, der gerade ein Buch ins Regal stellte.

»Von einem japanischen Dichter. Ich habe es bei Henry Miller gefunden. Wie alt sind Sie, Blum?«

»Neununddreißig«, sagte Blum.

»Sieh da. Und ich bin neunundvierzig.«

26

Draußen war es kalt. Hinter den Wäldern versank der letzte Streifen Tageslicht. Nebel auf den Wiesen, Krähen auf den Ästen der Obstbäume. Blum fluchte, als er mit seinen Stiefeletten in den matschigen Boden einsank. Verfluchte Scheiße, verfluchter Dreck, verfluchter Irrsinn. 5 Pfund Koks und kein Land in Sicht.

Vor dem Bauernhaus lag ein verrotteter Gemüsegarten. Zwischen rostigen Büchsen wucherte Unkraut. An einer schiefen Tomatenstaude hing ein Fetzen einer Damenbluse. Aus dem Haus, das mit Moos bedeckt war, hörte er blechernes Scheppern, Stöhnen, eine Art Singsang. Blum ging vorsichtig über die glitschigen Stufen und öffnete die Tür.

Das Scheppern und Singen kam aus einem Raum zur Rechten. Die Zimmertür war angelehnt, und Blum drückte sie langsam auf. Das Quietschen der verrosteten Angel ging im Lärm unter. Sie hockten in einer großen, verräucherten und ungeheizten Bauernstube auf einem Lager aus alten Matratzen, mit Pullovern, Jacken, Wolldecken und Vorhängen vermummt, etwa ein Dutzend Männer und Frauen, alle mit gleich langen Haaren und bleichen Gesichtern, und trommelten auf Backbleche, Suppentöpfe, Benzinkanister und Teerfässer und jaulten dazu ihre Litanei. Es wirkte wie eine Doublette der Party in München: »Awawawa-ah!«

»Ululululu-uh!«

»Awawawawa-ah!«

»Ulululululu-uh!«

Auch hier brannten Kerzen und Räucherstäbchen, und auch hier entblößte sich einer vor der Gemeinde, aber keine Schlange ringelte sich um seinen Oberkörper, sondern die Stricke einer Geißel, mit der er sich im Rhythmus zu den Urwaldlauten schlug. Sein Schatten tanzte über die Wand, von der der Verputz rieselte. Blum zog die Tür wieder zu, drehte sich um und machte die gegenüberliegende Tür auf. Hier war die Küche. Sie war – im Gegensatz zum Äußeren des Hauses – recht behaglich, sauber und geheizt. Es gab sogar eine Kühltruhe, und ein Kätzchen schnurrte vor einem Topf mit Milch. In einer Sitzecke hockten zwei junge Männer in dunklen Kaftanen vor den Resten einer Mahlzeit. Einer las Zahlen von einem Blatt, der andere fütterte mit ihnen einen Taschencomputer.

»Das sind dann 456 787,92«, sagte er.

»Mark oder Dollar?«, fragte Blum.

Sie sahen ihn nur flüchtig an.

»Meetings sind nur sonntags«, sagte der mit dem Computer und rechnete weiter. Blum bedankte sich für die Auskunft und machte die Tür zu. Plötzlich merkte er, dass seine Nerven zum Zerreißen gespannt waren. Kalter Schweiß stand auf seiner Stirn. Seine Hand, die das Feuerzeug an eine Zigarette hielt, zitterte. Auch die nächste Tür war angelehnt, und ehe Blum sie aufstieß, hörte er Coras Stimme, und seine Hand zog sich langsam zurück.

»Ich habe es ihm nicht gesagt«, sagte Cora.

»Ich würde es ihm auch nicht sagen.« Das war Margot.

»Das wäre aber nicht fair. Ich hab ihm schließlich einiges zu verdanken.«

»Stell dir vor, du sagst ihm das. Du weißt doch nicht, wie er reagiert.«

»Ach, er ist schon zu alt, um irgendwie durchzudrehn.«

»Aber wenn du einfach weitermachst ...«

Das genügte Blum. Mehr wollte er nicht wissen. Vielleicht war er wirklich schon zu alt, um durchzudrehn. Aber sicher war er noch nicht zu alt, um zu durchschauen, was hier gespielt wurde. Er hatte recht gehabt, er hätte sich gleich auf seinen Instinkt verlassen sollen. Sie war auf ihn angesetzt. Die wussten natürlich, dass er auf ihren Typ flog. Mit vierzig war man kein Geheimnis mehr. Und jetzt überlegte sie sich, ob sie nicht doch reinen Tisch machen sollte. Der klassische Fall – sie hatte sich in ihn verknallt. Es klang zwar unwahrscheinlich, aber das Unwahrscheinlichste war immer das Richtige. Je unwahrscheinlicher, desto richtiger. Und wenn es um Geld ging, war es immer noch richtig, von jedem anzunehmen, dass er ein Betrüger war. Leise verließ er das Haus und ging zurück in den Bungalow. Betrug und Verrat, Verrat und Betrug, die alten Brüder. James saß in seinem Sessel und legte einen Film in eine Kamera. Der Dalmatiner neben ihm knurrte.

»Ist schon gut, Orlando. Das ist Herr Blum, unser neuer Kokainhändler. Sieht fast so aus, als möge er Sie nicht, Blum.«

»Sein Pech. Wer war denn der alte Händler? Hermes?«

James runzelte die Stirn. Also richtig, dachte Blum. Er fragte sich, ob er bis zum vw kommen würde, wenn James den Hund auf ihn hetzte. Er hatte keine Erfahrung darin, wie man sich scharfe Hunde mit einem Schnappmesser vom Leib hält. Aber der Hund sah nicht scharf aus. Er war sicher auch nur ein Double, wie sein Herr. Nur die 6 Gramm in der Pillendose musste man wohl abschreiben.

»Ach, Sie meinen Hermes in München«, sagte James. »Aber der ist doch schon lange ausgestiegen. Züchtet er nicht Pferde?«

»Töchter«, sagte Blum.

»Richtig, von den Mädchen konnte er nie die Finger lassen. Merkwürdig, dass Sie ihn auch kennen.«

»Wir sind schließlich Kollegen«, sagte Blum. »Aber in dieser Branche zählt so was ja nicht.«

James strich sich über die Baskenmütze und sah Blum aufmerksam an.

»Wie meinen Sie das? Setzen Sie sich doch, Blum. Macht mich ganz nervös, wenn Sie so dastehen.«

»Sie wissen schon, wie ich das meine. Sagen Sie Hermes einen schönen Gruß, aber wenn er den Stoff will, muss er sich selbst bemühen.«

Er rannte durch den Garten, das Messer in der rechten Hand, und mit der linken riss er die Tür des vw auf. Dann stellte er fest, dass Cora den Schlüssel abgezogen hatte. Als sie parkte, hatte er noch gesteckt. Mit dem Mercedes brauchte er es gar nicht erst zu versuchen. Er rannte einfach weiter, durch den Matsch, den Schlamm. Jetzt wurde es dunkel. Hinter sich hörte er James rufen und den Hund bellen, doch niemand folgte ihm. Er hatte sie überrascht. Es war immer von Vorteil, ein bisschen schneller zu sein als die anderen. Keuchend erreichte er die Straße, rannte die Böschung hinunter und verschwand im Wald.

27

Blum hatte den Frühstücksraum, der abends den Gästen auch als Fernsehzimmer zur Verfügung stand, für sich. Er suchte sich den bequemsten Stuhl aus und stellte einen davor, um die Füße draufzulegen, und einen daneben, für das Bier, den Hamburger und den Aschenbecher. Die letzten zwei Stunden gehörten zu den schlimmsten, an die Blum sich erinnern konnte, und er hatte schon einige wirklich schlimme erlebt. Dagegen war die Warterei auf dem Flughafen von Malta der reinste Südseeurlaub gewesen. Erst der Wald, die Dunkelheit, die Tiere, dann die drei Kilometer Landstraße, als keiner angehalten hatte, dann die dreiviertel Stunde in der Kneipe an der Turnhalle im nächsten Ort, um auf ein Taxi zu warten, das aus der Kreisstadt kommen musste. Mit vier Lines Koks in einer Großstadt – selbst in der Straßenbahn, selbst auf dem Einwohnermeldeamt, selbst auf einer Mitgliederversammlung des Polizeisportvereins – jederzeit. Aber mit einem Kopf voll Schnee in der Turnhallengaststätte eines Taunuskaffs am Freitagabend, bevor das Kegeln losging – bitte nicht mehr. Jedenfalls nicht nach einer Stunde im Wald und auf der Landstraße, mit spanischen Stiefeletten, die für den abendlichen Bummel auf den Avenidas gedacht waren, mit einer Hose, die bis zu den Waden von Dreck starrte, mit Tannennadeln und Vogelscheiße auf der Jacke und einer Eiseskälte in den Gliedern, die nur noch vom Hass auf Cora übertroffen wurde. Und die Taxifahrt war auch nicht sehr erheiternd gewesen, mit dem endlosen Geschwätz des Fahrers, der Furcht, dass er ihn einfach an der nächsten Polizeiwache ausladen würde – »sicher ein Sex-Mörder, Herr Wachtmeister, kommt direkt aus dem Wald, und von hier ist er auch net« – und der Gewissheit, dass Cora längst in seinem Zimmer war – und der Schließfachschlüssel weg für immer.

Er biss ein Stück von der Bulette ab, trank einen Schluck Bier hinterher und schaltete den Apparat ein. Was hatte die Welt zu bieten? Der Schlüssel war jedenfalls unberührt an seinem Platz unter dem Nachttisch gewesen, das Haar noch am Tesafilm. Das Spiel ging weiter.

Er hatte einen weiteren Bissen im Mund, als er plötzlich Mr Haq auf der Mattscheibe entdeckte. Kein Zweifel – da stand er, umringt von Landsleuten und Polizisten in Uniform, in einer Flughafenhalle und lächelte direkt in die Kamera. Er hatte seinen grünen Anzug und den schwarzen Schlips an. Die Farben machten sich gut. Blum fand den Lautstärkeregler.

»... handelt sich um die erste Gruppe von illegalen Einwanderern, die das Land Hessen in ihre Heimatländer abgeschoben hat. Wie das Innenministerium dazu feststellt, waren sie aus rein wirtschaftlichen Gründen in die Bundesrepublik gekommen. Die meisten stammen aus Pakistan und sind über Ost-Berlin eingereist. Der Zustrom der Asylanten hält mittlerweile weiter an. Dazu nun eine Stellungnahme des Frankfurter Magistrats. Wir rufen unseren Reporter im Krisenstab des Römer ...«

Mr Haq hob die Hand und winkte, und dann machte er das berühmte Winston-Churchill-Zeichen, die zwei Finger für V. Er will mir sagen, dass wir gewinnen, dachte Blum. Verdammt feiner Kerl. Ein Sachbearbeiter breitete seine Wichtigkeit aus. Blum schaltete auf den anderen Kanal. Mr Haq war also abgeschoben worden. Morgen konnte er wieder bei seiner Frau essen. Vielleicht wäre Dschidda doch besser gewesen. Blum warf den Rest Hamburger in den Abfallkorb. All der gute Curry. Billard im Punjab-Club. Töchter. Wie lange reichten 500 DM in Lahore? Sicher nicht, um sich zur Ruhe zu setzen. Aber vielleicht hatte Mr Haq doch noch den besten Schnitt gemacht. Er war wenigstens wieder zu Hause.

»Ich glaube, das Zweite bringt was«, sagte ein Mann, den Blum noch gar nicht bemerkt hatte. Saß er schon die ganze Zeit hier? Nein, unmöglich. Er machte auch gerade ein Bier auf. Großer, stämmiger Kerl in einem schlecht sitzenden blauen Anzug mit rotem Strickhemd. Gutmütiges Gesicht. Montage, tippte Blum und schaltete aufs Zweite Programm. Der Mann setzte sich schräg hinter ihn. Das Programm passte genau – »Aktenzeichen XY … ungelöst«. Der Moderator begrüßte gerade die Studiogäste in Wien, Zürich und München. Blum, der die Sendung nicht kannte, brauchte einen Augenblick, um zu begreifen, dass die Studiogäste Kriminalbeamte waren, zumal der Kommissar in München eine fesche junge Frau war. Man würde nun also einen Überblick über die Aktivitäten deutschsprachiger Krimineller erhalten. Die DDR war allerdings nicht zugeschaltet; wahrscheinlich gab es dort keine deutschsprachige Kriminalität. Und Mr Haq im Flugzeug, im Anflug auf den Orient. Vielleicht legten sie in Bahrein einen Stopp ein, und es gelang ihm, einen bahreinischen Beamten zu bestechen und unterzutauchen. Von Bahrein nach Dschidda war es ja nicht mehr so weit. Mhm. So war das Leben: hart, gelegentlich fair. Moskitos lebten jedenfalls kürzer.

Der Mann hinter Blum räusperte sich, aber als Blum sich umdrehte, grinste er ihn nur dümmlich an und hob seine Bierflasche. Blum nickte, trank ebenfalls und wandte sich wieder dem Film zu. Das heißt, es war ja kein Film, sondern das Leben, allerdings nachgespielt, also doch Film. Im Raum Köln wurde ein Polizistenmörder gesucht. Großfahndung. »Die Fahndung läuft auf Hochtouren.« 9000 DM Belohnung. Ein Mensch war weniger wert als eine Tüte Kokain. Aber Kokain war ja auch Macht. Hermes hatte sie auf ihn angesetzt, und sie hatte Gewissensbisse bekommen. Allmählich beschlich Blum ein flaues Gefühl. Das Kokain in seinem Hirn verflüchtigte sich, das Hochgefühl, trotz allem noch am Drücker zu sein, ließ nach. Der Fernsehraum sah wirklich öde aus, und von der Straße immer nur das übliche Blech und die Cowboymusik aus dem Amiladen an der Ecke. Was für eine miese Gegend. Einer der Gejagten sah aus wie Blum, hätte er dunklere Haare gehabt, und er stellte sich vor, er würde schon vom Fernsehen gejagt.

»Der Täter«, würde der Moderator mit angemessenem Ernst erklären, »ist zwar bisher noch nicht straffällig geworden, zeichnet sich aber durch erhebliche kriminelle Energie aus und schreckt auch vor Gewaltandrohung nicht zurück. Es handelt sich bei ihm um den in den 70er Jahren häufig hervorgetretenen Typus der akademisch gebildeten, aber im bürgerlichen Leben gescheiterten Existenz, wie wir sie vor allem in den Bereichen der Wirtschaftskriminalität, der Pornographie und des Rauschgifthandels kennen. Der Mann, in einschlägigen Kreisen als ›Butter-Blume‹ zu flüchtiger Bekanntheit gelangt, war nach verschiedenen erfolglosen Bemühungen, wieder im bürgerlichen Leben Fuß zu fassen, im Ausland untergetaucht, wo er offenbar Kontakte mit internationalen Rauschgiftringen geknüpft hat. Seit seiner Rückkehr in die Bundesrepublik ist er dann auch sofort in der Drogenszene aktiv geworden. Er steht wahrscheinlich unter dem Einfluss der in letzter Zeit wieder zu trauriger Berühmtheit gekommenen Modedroge Kokain, und man muss annehmen, dass er sich auch bewaffnet hat. Zu einem Situationsbericht gebe ich Kriminalhauptwachtmeister Hackensack von der Frankfurter Sonderkommission das Wort …«

Blum wischte sich den Schweiß ab. Er glaubte plötzlich, den sauren Atem des Mannes in seinem Rücken zu riechen. Penetranter Bursche. Weiß der Henker, warum der Mensch sich solche Sendung ansieht. Vielleicht selbst ein Kleinganove, der die Prominenz bestaunt. Blum griff zum Bier. Lauwarm. Er spürte, wie sich sein Magen verkrampfte. Es war Zeit zum Rückzug, zum Rückzug in geordneten Bahnen. Nach Cora half nur noch das strategische Denken. Auch die Frösche quakten nur zum Anschein arglos in den Sümpfen. In Wirklichkeit hatte jeder einen Plan.

»Gefällt Ihnen nicht, das?«, fragte der Große mit besorgter Stimme. »Ich dachte nur, bissken Spannung wird nicht schaden.«

»Ich bin für heute schon bedient«, sagte Blum. In diesem

Augenblick ging die Tür auf, und noch ein Fernsehfan kam ins Zimmer.

Der zweite Mann war ein südlicher Typ – klein, drahtig, mit schwarzem Haar, das an den Seiten in gekräuselte Koteletten überging. Er trug einen hellblauen Seidenanzug mit Weste und eine rotgepunktete weiße Krawatte mit einer goldenen Nadel. An seinen Fingern steckte sicher eine ganze Unze Gold. Er zog an einer Zigarette, die in einer schwarzen Spitze steckte. Durch die dicken Gläser seiner Brille sahen seine Augen aus wie die eines Tiefseefischs in einem Aquarium. Es waren Krötenaugen, Muränenaugen, Augen eines Killerfroschs. Er lächelte überschwänglich.

»Ich 'offentlich nicht stören? Sitzen Sie, bitte, mein 'err. Deutsche Televisione, *benissimo*!«

Er nickte dem anderen kurz zu und drückte Blum einfach auf seinen Platz. Er selbst setzte sich neben die Tür. Blum zwang sich, ruhig zu bleiben. Sie hatten ihn. Wer, blieb sich gleich. Rossi, die »andere Seite«, egal. Wenn sie ihn killen wollten, hätten sie es längst getan. Also hielten die ihn nur hier fest, bis die anderen in aller Ruhe das Zimmer durchsucht und den Schlüssel gefunden hatten. Jetzt fiel ihm auch der komische Blick des Portiers ein. Er hatte nicht seinem Aufzug gegolten. Nein, es waren die Instruktionen, die er vom Chef der Bande erhalten hatte. Pech für Hermes, der bestimmt auch schon unterwegs war. Blums Gedanken verwirrten sich, stießen zusammen, prallten an den Gittern ab, die überall herabgelassen wurden, weil der Basar jetzt schloss. Hätte er wenigstens den Deal mit James gemacht. 15 Mille, das wäre kein schlechter Ausgang der Affäre gewesen. Mit einer halben Million zu rechnen, ohnehin verrückt. 100 Mille, das hätte klappen können, das lag im Bereich des Möglichen, so weit war er ja schon früher fast gewesen. Aber angesichts der Pechsträhne der letzten Jahre wären selbst 15 Mille noch passabel gewesen. Das hätte gerade gereicht, um irgendwo auf Tauchstation zu gehen, die Sache auszuschwitzen und woanders einzusteigen. Gläser spülen im Punjab-Club brauchte man mit 15 Mille nicht, und der Boom in Freeport, das war doch eh ein Märchen für Sitzengebliebene. 15 Mille, das wäre es gewesen. Eine nette kleine runde Summe. Aber James hatte ja Hermes ... Cora und Hermes ... Hermes und Henri – nein, das hätte auch nie geklappt. *Der Kokainhandel ist eine ziemlich geschlossene Gesellschaft.* Nichts für Amateure, und wer es trotzdem wagt, dem werden seine Grenzen gezeigt.

In Zürich war ein Sexualmord begangen worden, und Frankfurt meldete den Diebstahl von Silberbarren im Wert von 1,1 Millionen Mark. Die Belohnung für zweckdienliche Hinweise, die zur Festnahme der Täter und zur Wiederbeschaffung des Silbers führten, betrug 110 000 DM, »die in solchen Fällen üblichen zehn Prozent«. Ein guter Tipp war bald mehr wert als 5 Pfund Koks.

Der Itaker schnalzte mit der Zunge und bot Blum eine Zigarette an. Bekam nicht auch der zum Tode Verurteilte eine letzte Zigarette? Würden sie ihm anschließend eine Kröte in den Mund stopfen, oder was machte das Syndikat mit Leuten, die sich in seine Angelegenheiten mischten? Er würde alles auf Rossi schieben, natürlich zu Recht – Rossi hatte ihm den Gepäckschein gegeben, und dann die Streiks in Italien – keine Verbindung – Rasierschaum, *capisce*? – *Madonna salvani.* Aber wahrscheinlich stellte Rossi ja gerade sein Zimmer auf den Kopf. Blum gab dem Italiener Feuer. Seine Hand war ganz ruhig, obwohl er merkte, dass beide ihn beobachteten.

»Gute Zigarette. Welche Marke?«

»*Sigaretta arabica*. Cairo.«

»Ah, Ägypten. Orienttabak. Schmeckt man gleich.«

»*Si*.«

Blum blieb nichts übrig, er musste weiter XY ansehen. Wenn er ruhig blieb, würde ihm sicher nichts geschehen. Plötzlich spürte er die Plastiktüte mit den 100 Gramm, die er schon den ganzen Tag mit sich herumtrug. Cora hatte von 100 Gramm gesprochen. James auch. Bemerkenswert, wie lächerlich ihre kleinen Absprachen waren. Aber die 100 Gramm waren immer noch in seiner Innentasche, rechts, wo sonst die Brieftasche steckte. Blum war clever, er steckte die Brieftasche nicht in die linke Tasche, wie alle anderen Rechtshänder. 100 Gramm, das waren 20 Mille, wenn er es geschickt anstellte. Das Bild flimmerte vor seinen Augen, aber er zwang sich, zuzuhören. Man fragte sich, warum der Polizistenmörder, der trotz Großfahndung immer noch frei herumlief, den Polizisten erschossen hatte. Bislang war er nur als Einbrecher aufgetreten.

»Er ist«, sagte der Kommissar, »wohl etwas aus dem Gleis geraten.«

»Das ist höchst aufschlussreich«, antwortete der Moderator. Draußen heulten die Sirenen. Nachts entgleisten viele Züge. Blum merkte erst an der Reaktion seiner beiden Bewacher – inzwischen hatten sie ihn ganz unverblümt in die Mitte genommen, die Bierflaschen dazwischen, ein Vatertagsbild –, dass irgendetwas nicht stimmte. Von unten, aus der Hotelhalle, drang Lärm, aufgeregte Stimmen, Türenknallen. Der Italiener warf dem Deutschen einen Blick zu. Er stand auf und öffnete die Tür einen Spalt. Jetzt hörte man ganz deutlich das Gezeter einer Frau – das musste die Geschäftsführerin sein – und über einem Stimmenwirrwarr plötzlich das Bollern einer Faust an einer Tür und die unmissverständlichen Worte: »Aufmachen! Polizei!«

Im nächsten Augenblick waren die beiden Bewacher aus der Tür und an der Treppe, aber schon wurden sie von zwei Männern in Lederjacken festgehalten. Ausweiskontrolle. Razzia. Terror. Blum musste sich beherrschen, um nicht in irres Gelächter auszubrechen.

»Ihren Ausweis, bitte.«

Der Polizist trug einen blauen Regenmantel und hatte ein müdes Gesicht, das an den Mundwinkeln die Bösartigkeit zeigte, zu der sein Besitzer fähig war. Inspektor Cassar hatte ganz anders ausgesehen und völlig gleich. Aber im Normalfall konnte Blum mit der Schmiere umgehen. Man musste nur die richtige Mischung finden, natürlich schneller, als man braucht, um eine Salatsauce herzustellen – ein bisschen Essig, aber nicht zu viel; ein wenig Öl, aber beileibe nicht zu wenig. Er zückte Ausweise und Geschäftskarten, wie ein Zauberer die Kaninchen aus dem Zylinder holt, aber jeder, der genauer hinsah, hätte die Anspannung entdecken können. Der Zauberer spielte um sein Leben. Der Polizist sah nicht genau hin. Wahrscheinlich hatte er noch fünf Hotels zu überprüfen.

»Sie sind gemeldet in Berlin, Herr Blum. Was machen Sie in Frankfurt?«

»Geschäfte, Herr Kommissar. Hier, meine Karte. Ich bin

im Antiquitätengeschäft. Hab mich hier mal wieder umgesehen. Frankfurt hat ja noch einiges zu bieten auf dem Sektor … Aber sagen Sie mal, was hat das hier zu bedeuten?«

»Wir müssen Ihre Daten überprüfen. Tomaczek!«

Sein Assistent nahm Blums Ausweis und brachte ihn weg.

»Sie wollen doch nicht sagen, dass hier Terroristen –«

»Ich will gar nichts sagen. Sie wohnen hier im Hotel?«

»Ja, natürlich. Hab gerade ferngesehen.«

Er zeigte auf den Apparat. Der Moderator beschloss die Sendung soeben mit den Worten. »Der Abend ist vielleicht wieder einmal für eine Überraschung gut.«

Der Polizist runzelte die Stirn. Das typische Polizistenrunzeln. Vielleicht mochte er die Sendung auch nicht.

»Zeigen Sie mir Ihr Zimmer.«

Sie gingen die zwei Stockwerke hoch. Überall wurden Türen geöffnet und zugeschlagen, Jammern, Protestieren, Flüche und Geschrei aus den Zimmern. An den Aufzügen standen Uniformierte mit Maschinenpistolen und starrten Löcher in die Luft. Wenn jetzt Rossi im Zimmer ist, dachte Blum, haben wir alle Pech gehabt. Eine große Dosis davon. Sein Schritt wurde immer schwerer. Phoenicia, Nr. 523. Ich mache die Tür auf, und wir blicken ins Chaos. Wenn alles zusammenhing, wiederholte sich auch alles – zerfetzte Matratzen, zerschlagene Lampen, und was wird unterm Bett vorragen? Blums Herz schlug so laut, dass er es von den Wänden hallen hörte. Vor der Tür stand ein Polizist mit Lederjacke. Blum zögerte. Die Beamten sahen ihn gelangweilt an, doch unter der Langeweile lauerten die Reflexe von Profis.

»Ich fürchte, es wird ein bisschen unaufgeräumt sein«, brachte Blum hervor. »Ich hatte Besuch.« Er räusperte sich und versuchte ein Grinsen. »Sie wissen ja. Geschäftsreisen.«

Die Bullen sahen ihn ausdruckslos an. Er war eine Ratte, wie alle, eine Ratte mit Rechten, vorläufig. Blum steckte den Schlüssel ins Schloss, merkte, dass die Tür nicht abgeschlossen war, merkte, dass die Polizisten es merkten. Sie strafften ihre Schultern. So was fiel nur Profis auf. Blum war auch ein Profi, ein Profi in der Kunst, das zu tun, was zu tun war. Er machte die Tür auf.

Das Fenster stand weit offen, der Wind bauschte den Vorhang und knallte die Tür zu. Für Blum klang es wie ein Schuss, aber Polizisten waren andere Kaliber gewöhnt. Wer immer das Zimmer durchsuchen wollte, hatte gerade erst damit angefangen. Das Bett war nicht unordentlicher als nach einer schnellen Nummer mit dem Zimmermädchen, der Inhalt der Reisetasche war auf dem Boden verstreut, aber auch das musste nichts bedeuten. Der in der Lederjacke sah ganz enttäuscht aus. Vielleicht hatte er zerschmissene Sektgläser, zerfetzte Seidenhöschen, den reifen Dunst einer ganzen Bordellbesatzung erwartet. Oder zumindest eine minderjährige Fixerin in der Badewanne, die ihn mit Obszönitäten eindeckte, solange sie auf den Amtsarzt warteten. Der Hauptbulle ging zum offenen Fenster und sah hinaus. Blum wusste, was er sah – das Garagendach, drei Stockwerke tief. Profis konnten das schaffen. Er machte das Fenster erst zu, nachdem er sich das Dach sorgfältig angesehen hatte. Dann sah er sich Blum an, nicht ganz so sorgfältig, aber Blum war auch nur 1,78 m groß.

»Sieht so aus, als ob hier eingebrochen worden wäre. Vermissen Sie etwas? Sehn Sie mal nach.«

Blum hätte gern nachgesehen, aber dazu hätte er sich vor den Nachttisch knien müssen. Er blickte flüchtig über seine verstreuten Habseligkeiten. Für einen Antiquitätenhändler sah es recht dürftig aus. Dann stellte er fest, dass tatsächlich etwas fehlte. Sein Transistorradio. Er brachte es trotzdem fertig, den Kopf zu schütteln.

»Nichts, und das Fenster habe ich aufgelassen, Herr Kommissar. Ich brauche frische Luft zum Schlafen.«

Inzwischen sah sich der in der Lederjacke um, im Bad, in den Schränken, aber schon so nachlässig, dass Blum spürte, sie trauten ihm nichts zu. Für sie war er einfach einer, der die Flohmärkte abgraste, ein Schnürsenkelvertreter, der Staub der Großstadt, den in der Frühe die Kehrichtwalzen beiseite wirbelten.

»Sind Sie selbständig, Herr Blum?«

Das war schon ziemlich deutlich.

»War ich mal, aber in Berlin, wissen Sie, die Konzentration, die Konkurrenz, und wirtschaftlich wird es ja auch nicht besser bei uns.«

Der höhnische Blick, den die Beamten sich zuwarfen, sprach Bände, einen ganzen Brockhaus. Berliner, das waren die Koffer, die keiner mehr wollte.

»Sie sind also nicht selbständig.«

»Nein, ich reise für Tröger, Tröger in Charlottenburg, und da vor allem Teppiche. Letztes Jahr habe ich hier in einem Nachlass in Seckbach einen Täbriz entdeckt, Herr Kommissar, unter einem Berg von Müll, also ich sage Ihnen, ein Gedicht …«

Seine Stimme nahm allmählich das Berliner Idiom an, das die Insulaner gepflegt hatten. Blum war nach Berlin gekommen, als es für die Insulaner noch etwas zu pflegen gab. Den Polizisten reichte es bald, und sie waren froh, als der Ausweis kam. Es lag nichts vor.

»Das hätte ich Ihnen gleich sagen können, Herr Kommissar …«

»Sperren Sie in Zukunft Ihr Zimmer ab. Frankfurt ist nicht Charlottenburg.«

»Also wenn ick Sie so reden höre, Herr Kommissar …«

Aber als die Tür zu war, brauchte Blum eine volle Minute, bis er so weit war, um vor dem Nachttisch in die Knie zu gehen und die Hand auszustrecken. Der Schlüssel war immer noch da, samt Haar, unangetastet. Sein Herz machte einen Sprung. Er musste seine Hand festhalten, um sich eine Zigarette anzuzünden, aber dann war er wieder ganz der Alte und dachte, Radios klauen, das können sie. Manche lernen ihr Handwerk doch nie.

28

In der B-Ebene war die Luft immer schwül, auch noch nachts, auch in dieser Märznacht. Eine halbe Stunde prüfte Blum die Lage. Einmal Razzia, immer Razzia. Unter der Hauptwache schien sie vorbei zu sein, denn es hasteten nur noch versprengte U-Bahn-Reisende durch die Gänge, vorbei an den Boutiquen, den Apotheken, den Sozialstationen und den finsteren Ecken, in denen sonst die Penner zwischen ihren Zweiliterflaschen in der Scheiße lagen und zusahen, wie sich die Kriminellen noch die Haare richteten, ehe sie den Rentnern und Kindergärtnerinnen zeigten, was die Unterprivilegierten auf dem Herzen haben. Aber heute war hier unten alles leer, und der Platz mit den Schließfächern lag in gespenstischer Ruhe. Der einzige Mensch, der in Sicht war, ein junger Mann in einem Skianorak, studierte die Popkonzertplakate im Aushang einer Kulturverkaufsstelle. Selbst vor den Toiletten war alles leer. Blum hätte am liebsten kehrtgemacht, aber er dachte nicht daran, die Nacht in Frankfurt mit 100 Gramm Koks im Blazer zu verbringen. Und das Schließfach brauchte auch wieder was. Das Hotel hatte er sofort nach der Polizei verlassen.

»Meine Maschine geht in einer Dreiviertelstunde.«

»Ihre Maschine? Jetzt, um diese Zeit?«

»Eine Privatmaschine, für die gilt das Nachtflugverbot nicht.«

»Sieh einer an. Darf man fragen, wohin die Reise geht?«

»Nach Wien.«

»Ah, die blaue Donau. Wie schön. Das macht dann 345,80, Herr Blum, Mehrwertsteuer inklusive. Diese Nacht müssen wir natürlich noch berechnen.«

»Aber mit Stempel, wenn ich bitten darf. Das Finanzamt ist da sehr pingelig.«

Die hatte er erst mal geleimt. Nach zehn Kilometern im Taxi Richtung Flughafen hatte er dem Fahrer gesagt, er müsse nun doch noch nach seiner kranken Tante schauen, und die wohne in Neu-Isenburg, nächste Ausfahrt. Der Mann hatte ihn mit Sicherheit für einen Terroristen gehalten, aber in fünf Minuten war Neu-Isenburg erreicht, und von dort ging es mit zwei anderen Taxen zurück in die Innenstadt. Kostspielig, aber wer überleben und auch noch etwas davon haben wollte, durfte nicht am falschen Ende sparen. Der Kerl im Skianorak trollte sich. Dafür kamen zwei Penner vorsichtig die Treppe herab. Einer hatte die Plastiktüte mit den Getränken, der andere qualmte einen Stumpen. Ein Bild des Friedens. Blum ging zu den Schließfächern.

Da war nun doch noch Leben. Ganz hinten hatte sich versammelt, wer partout nicht wusste, wohin. Eine Flasche ging von Mund zu Mund, ein Gör, das nicht älter als zwölf sein konnte, malte sich die Lippen an, ein Türkenbengel mit Narben im Gesicht spielte Karten mit einem Mischling, der auch noch unter das Jugendschutzgesetz fiel. Ungefähr zehn Kibitze, alles in allem. Der Kindergarten der B-Ebene.

Blum waren sie unheimlich. Er wusste, dass sie ihn nicht aus den Augen ließen. Er machte das Schließfach auf und wandte ihnen den Rücken zu. Gerade verstaute er die Tüte Koks in der Reisetasche und stellte sie zu dem Musterkoffer, als ein Hüsteln ihn zusammenzucken ließ. Es war die Göre. Ihr frecher, kirschroter Mund verzog sich zu einem heimtückischen Grinsen.

»Hast du 'ne Kippe, Alter?«

Schon war sie neben ihm und schielte hinauf in das Schließfach. Er drückte die Tasche hinein und ließ die Tür zufallen. Dann hielt er ihr das Päckchen HB hin. Sie nahm sich gleich zwei.

»Willst du 'ne Nummer schieben?«

»Was hast du gesagt?«

»Du hast mich doch genau verstanden. Für'n Zwanziger lass ich dich ran. Ich hab 'n prima Arsch.«

»Mensch, Mädchen, hau ab, bevor ich –«

»Na was denn – bevor du dein' Ausweis zückst? Bist 'n Bulle, gell?«

Er hatte endlich die 1,50 DM parat und warf sie in den Schlitz. Dann drehte er den Schlüssel um und zog ihn ab. Das Gör verfolgte seine Bewegungen mit hungrigen Augen.

»Zieh Leine, Spätzchen.«

»Zieh selber Leine, du Arsch.«

Jetzt standen auch die Jungen um ihn herum. Der Mischling streckte die Hand aus.

»Gib mir 'ne Mark.«

For the Church, Mister. Das hier sah aber wesentlich brutaler aus.

»Mir auch.«

»Mir auch.«

»Und mir.«

Der Türkenbengel zog das Fazit. »Gib uns zehn Mark, und die Sache ist okay.«

»Warum soll ich euch denn zehn Mark geben? Ihr habt sie wohl nicht mehr alle.«

»Er hat gesagt, er fickt mich in den Arsch«, sagte der Lockvogel mit den roten Lippen.

»Dann gibst du uns besser zwanzig Mark«, meinte der Mischling.

Einen Augenblick glaubte Blum, den Verstand verloren zu haben. Zu viel Koks. Er machte die Augen kurz zu, dann riss er sie weit auf. Er stand immer noch vor den Schließfächern, und die Kinder rückten ihm auf die Pelle.

»He, Alter, ist dir schlecht?«

»Er sieht aus, als ob er gleich umfällt.«

»War sicher zu viel Omo im Schuss.«

»Jetzt will ich euch mal was sagen –«

»Er redet wie'n Bulle, aber er is gar keiner.«

»Komm mit der Knete rüber, Opa, sonst passiert was.«

Die Penner standen stumm an einem Stützpfeiler und beobachteten die Szene. Blum gab sich einen Ruck. Er war wirklich schon mit anderen fertiggeworden. Wenn nur dieser Nebel in seinem Hirn nicht wäre ... Er knöpfte sich den Türken vor.

»Was sagt eigentlich dein Vater dazu, dass du dich hier rumtreibst, Mustafa?«

Der Türke warf ihm einen verächtlichen Blick zu. Dann schaltete sich der Mischling ein und zog Blum am Ärmel.

»Lenk nicht ab, Alter. Wir wissen, was du hier machst.«

Blum verpasste ihm eine saftige Ohrfeige. Die anderen fingen den Mischling auf, und dann hatte der Türkenbengel ein Messer in der Hand. Blum schlug zu, und es fiel klappernd auf den Boden.

»Ihr müsst noch 'ne Menge lernen, bevor ihr was wisst«, sagte er, aber er blieb nicht da, um es ihnen beizubringen. Rückzug in geordneten Bahnen. Man legte sich nicht mit einer Horde frühreifer Teenies an, wenn man ein Schließfach voll Koks hatte. Die Penner standen mit offenem Mund an der Säule und vergaßen für einen Augenblick ihren Durst. Blum winkte ihnen zu, aber sie winkten nicht zurück. Sie mussten es noch länger in der B-Ebene aushalten. Oben war es kalt und regnerisch. Deutschland, das war nur noch was für Kenner. Blum hielt sich für einen, aber die Strolche hatten ihn fast geschafft. In jedem Kalkutta hättest du ihnen was gegeben, dachte er. Aber sobald sie deutsch reden, ist der Ofen aus. Er ging in die nächste Imbissstube, bestellte Kaffee und einen Magenbitter und nahm auf der Toilette eine Prise Koks. Die Nacht fing ja gut an.

Er hätte sich am liebsten in den Großstadtrummel gestürzt, aber Frankfurt war eher ein versumpfter Teich, alle Blumen kamen von der gleichen Blüte, und alle Libellen tanzten über demselben Wasser. Für einen Puff war ihm sein Geld schon wieder zu schade. Er brauchte einen Unterstand für die Nacht, eine feste Stellung für die Stunden, in denen alles auf der Kippe steht. Und weil die anderen das auch wussten, war es vielleicht doch geschickter, sich einfach treiben zu lassen. Er fing gleich damit an.

In der nächsten Kneipe begrüßten sie ihn schon, als ob er

dazugehöre, und einer mit Latzhose fragte ihn, ob er wieder zwei Gramm hätte.

»Zwei Gramm was?«, fragte Blum zurück, gerunzelte Stirn, Pokerface.

»Na, Mensch, was? Koks natürlich.«

»Koks? Du meinst Briketts? Eierkohle?«

»Du, kennst du mich nicht mehr? Ich bin doch Detlev.«

»Ah, du bist der von der Atombewegung. Jetzt verstehe ich. Koks statt Kernkraft. Kokskraft. Kernkoks. Baut ihr euer eigenes Atom an, biologisch oder mit Zellophan? Ich empfehle Rasierschaum, garantiert keimfrei.«

Detlev sah ihn entgeistert an und wich zurück.

»Ja, der Stoff ist tierisch, Mann, ich hab's gemerkt.«

»Tatsächlich? Und ich wollte schon auf Braunkohle umstellen.«

Aber das konnte natürlich nicht gutgehen, nicht eine ganze Nacht lang, die komische Nummer geben. Vielleicht war die tragische besser. Er setzte sich eine Stunde in eine Bar und starrte in sein Glas. Dann fragte ihn die Bardame, ob er was am Keks hätte, und er ging. Es regnete. In einer anderen Bar glaubte er, Cora zu sehen – die gleichen Haare, die gleiche Figur, nur dass sie ein langes Kleid trug –, aber als er sich die Dame von vorne ansah, war es nicht die BB, sondern höchstens Anita Ekberg. Zu viel Kino, dachte er und bezahlte. Es regnete immer noch. Am Opernhaus glänzten die Stahlgerüste. Das wurde wieder hochgezogen, »dem Wahren, Schönen, Guten«. Geht in Ordnung, dachte Blum, mit einer Million bin ich dabei. Vielleicht hat Cora recht, dachte er, und es ist kein Leben, nur in Zahlen zu denken, in Misstrauen zu reisen, in Paranoia zu verkehren und auf Bargeld zu bestehen. Das macht alles irgendwie schmutzig, genau, Baby, aber ist das Saubere nicht dazu da, schmutzig zu werden? Und außerdem bin ich zu alt, um noch mal neu anzufangen, und wenn ich's könnte, ich würde doch immer das Gleiche tun. Es hat wirklich keinen Zweck, ich glaube nicht an die Liebe, aber dafür hab ich immer bezahlt, und wenn ich später meine Kneipe auf der Insel hab, steht an der Tür: Alle Währungen akzeptiert. Ich finde, dachte Blum, das ist auch eine Art Glaube. Es hatte aufgehört zu regnen. Jetzt schneite es.

Um drei Uhr früh stand Blum vor einer Bar, die gerade zumachte, und rieb mit seinem Halstuch den Schnee von der Sonnenbrille. Ein Streifenwagen glitt vorüber. Der Beifahrer musterte Blum. Jetzt meldet er dem Oberfahnder, dass ich immer noch unterwegs bin, dachte Blum. Er wird sich noch mal die Daten abrufen, das Dossier kommen lassen. Irgendwas, wird er denken, ist doch oberfaul an diesem Kunden. Sehn Sie mal, Tomaczek, der Mann war ein Jahr im Ausland, da müssen wir doch einhaken. Und uns erzählt er, er kauft alte Teppiche auf. Einer von diesen falschen Berlinern, Tomaczek, diesen falschen Fuffzigern. Aha, da haben wir es ja. In Tanger war er also auch. Mann, da rieche ich doch Rauschgift auf hundert Meter gegen den Wind. Jetzt verbinden Sie mich mal mit Interpol, und Sie greifen sich diesen Dealer, Tomaczek, quetschen Sie ihn aus, dann bringen Sie mir den Rest, und vergessen Sie nicht, den Boden sauberzuwischen. Mit Vim.

Ein Taxi hielt. Zwei Typen in langen Regenmänteln schälten sich heraus und entdeckten jetzt auch, dass die Bar schon zugemacht hatte. Das Taxi fuhr weg. Sie flüsterten miteinander. Blum merkte, dass der eine ihn aus den Augenwinkeln beobachtete. Im fahlen Licht hatten sie beide bleiche Gesichter. Schneeflocken schmolzen auf ihren dunklen ungekämmten Haaren. Blum wollte weggehen, blieb aber wie angewurzelt stehen. Schließlich kamen die beiden zu ihm herüber. Junkies, dachte Blum. Die haben dir noch gefehlt.

»Du hast doch sicher etwas anzubieten«, sagte der Größere.

»Ich? Wie kommst du denn darauf?«

»So was hat man im Blut«, sagte der Kleinere wegwerfend.

Es waren Junkies.

Er fuhr mit ihnen in ihre Wohnung. Wahnsinn, dachte er, aber es war ihm jetzt egal. Er hatte das Tablettenröhrchen mit Koks dabei. Irgendwie spielte alles keine Rolle mehr. Man musste den Dingen ihren Lauf lassen. Den Lauf nehmen, wenn er kam, mit ihm schwingen. Es klang zwar wie Schmus, aber vielleicht war doch was dran, und Drogen hatten mit Magie zu tun. Die Wohnung war groß und düster, ein Altbau mit Blick auf die Straße, Bäume davor. Eine verdreckte Küche, sonst alles wie überall, der gleiche sinnlose Kram. Junkies waren Junkies, das war der einzige Unterschied. Er gab ihnen eine Prise, und sie mischten das Kokain mit Heroin und drückten es sich in die Vene, alles vor seinen Augen, abgebrüht wie asiatische Straßenbettler und mit der kalten Sachlichkeit von Chirurgen.

»Willst du es nicht auch versuchen?«

»Danke, ich mag keine Nadeln.«

»Da verpasst du aber das Beste, was es gibt.«

Er schüttelte den Kopf, stöberte durch die Wohnung. Eine Zimmertür ging knarrend auf, ein Mädchen mit roten Wuschelhaaren blinzelte im Korridorlicht, die Hände hielten einen alten Morgenmantel über der Brust. Sie kam ihm bekannt vor, aber er konnte sie nicht einordnen.

»Wer bist du denn?«, fragte sie.

»Ein Geist«, sagte er.

»Dich hab ich doch schon gesehen«, meinte sie und machte eine Zigarette an. Ihre Fingernägel waren sehr lang und blutrot.

»Geht mir auch so«, sagte er.

»Ich weiß auch wo. Am Eisernen Steg. Du bist der Typ mit dem Kokain.«

»Und du hast den Langen gefahren.«

»Hast du noch was von dem Zeug?«

Sie setzten sich zu den Junkies. Die Rothaarige schnupfte. Blum fragte sie, warum der Lange den Deal hatte platzen lassen.

»Ach, der«, sagte sie verächtlich, »das ist doch nur ein Angeber. Tut wie der Kaiser von China, und nichts dahinter.«

Blum nickte. In der Ferne rumpelte eine Straßenbahn. Einer der Junkies legte eine Platte auf, Reggae.

»So as sure as the sun will shine
I'm gonna get my share, what is mine
And the harder they come
The harder they fall …«

Dann hockten sie nur noch rum, und die Rothaarige wollte mit Blum ins Bett, aber er wollte keinen Junk nehmen, und er wollte auch keinen Sex nehmen. Nur das Geld nahm Blum, 200 Mäuse für 1 Gramm, Junkie-Geld, an dem Blut klebte, Blutgeld, Asche für Schnee. Die Rothaarige fing an, ihre Zehennägel zu lackieren, und Blum legte sich auf eine Couch und hörte den Junkies zu – der eine hatte jetzt schon sechs Tage nicht geschissen, der andere erzählte von einem dreckigen Deal, und beide schienen über das Gleiche zu sprechen, austauschbare Symptome des gleichen Zustands, der gleichen unheilbaren Krankheit. Er sah, wie es langsam dämmerte zwischen den Bäumen, wie die Stadt wach wurde, wie sie weitermachte, Frankfurt / Main, BRD.

29

In Wiesbaden war der Himmel strahlend blau. Blum ließ das Taxi zweimal durch die Stadt nach Biebrich und nach Dotzheim fahren, bis er entschied, dass niemand hinter ihm herfuhr, aber als er am Hauptbahnhof ausstieg, hatte er doch wieder das Gefühl, beobachtet zu werden. Und hundert Mark waren auch futsch.

Der Rollkragenpullover, den er sich am Morgen gekauft hatte, kostete 129 DM. Ein Cappucino 3,50 DM. Ein Steak mit Salatplatte 17,80 DM. Eine Fahrkarte nach Amsterdam 104,30 DM. Man musste sich ganz schön abstrampeln in diesem Land. Aber das war noch kein Grund, ihn zu linken, wie Cora. Er tat ja auch kein Babypuder an den Koks und machte zehn Pfund daraus. Nein, man konnte sauber bleiben, auch wenn man durch den Schmutz watete, aber um das zu begreifen, musste man seiner Sache schon sicher sein.

In den Zeitungen stand kein Wort von der Großrazzia. Dafür machten wieder die Asylanten Schlagzeilen. Mr Haq freilich hatte kein Asyl gesucht, sondern ein Gespräch über die Eigenarten des modernen Lebens sowie Geschäfte. Deswegen wurde man doch nicht gleich ausgewiesen. Lieber Mr Haq, die ganze Wahrheit und nichts als die Wahrheit haben Sie mir nicht bekanntgemacht, und damit sind wir pari, aber nicht quitt. Sagen Sie dem Barmann im Punjab-Club, er soll schon mal das Eis zerkleinern …

Der Intercity nach Köln wurde ausgerufen. Blum blieb bis zum letzten Augenblick auf dem Bahnsteig und beobachtete die Leute, die einstiegen, aber was nützte das schon – jeder konnte einer von ihnen sein.

Blum saß auf einem Platz am Gang. Die Landschaft brauchte er sich nicht anzusehen. Es sah sowieso alles gleich aus. Wichtig waren die Menschen. Gefährlich wichtig. Die gut erhaltene Siebzigerin mit den ondulierten weißen Haaren, die auch beim Schokoladeessen ihre Handschuhe nicht auszog; der Bebrillte mit dem grauen Haarbüschel und dem Tatterich, dem nur eine halbe Flasche Wodka helfen konnte; der Dünne im grüngestreiften Anzug, der sich mit der verbiesterten Miene eines Pädagogikstudenten im letzten Semester durch einen ganzen Packen von Modelleisenbahnzeitschriften wühlte – sie waren die schönen Aussichten, Binger Loch und Loreley. Und dabei durfte man keinen Augenblick den Gang aus den Augen lassen und den Musterkoffer im Gepäckfach.

In Bingen verschwand der Bebrillte. Vor Koblenz kam er ohne Tatterich, aber mit einer wehenden Fahne zurück und war so beschwingt, als hätte er der ganzen Welt die Zunge herausgestreckt. Der Mann mit dem Getränkekarren erschien. Blum ließ sich einen Kaffee geben, der Dünne hatte Hunger, und die nächsten 50 km war er damit beschäftigt, ein Plastikmesser aus einer Zellophantüte zu lösen und damit eine in Zellophan verpackte Plastikwurst auf eine in Zellophan verpackte Scheibe Plastikbrot zu verteilen. Blum blätterte im Bahamas-Handbuch und informierte sich über *offshore-banking*. Ein schönes Thema, aber man durfte darüber nicht ins Träumen kommen. Der Bebrillte und der Dünne wären eine gute Wahl für ein Syndikats-Kommando gewesen. Die waren ja schon filmreif. Und nur weil die Dame über siebzig war, brauchte sie noch nicht pensioniert zu sein.

Auf dem Gang tat sich nichts. Die Leute grübelten über ihren Aktienkursen, sahen gelangweilt aus dem Fenster, ließen sich von den Leitartikeln einschläfern. Allmählich entspannte sich Blum. Die alte Dame verwickelte ihn in ein Gespräch über die Bahamas. Blum empfahl ihr Investitionen in Freeport. Als er ihr das »Hawksbill Creek Agreement« erklärte, mit der die Freihandelszone von Grand Bahama geschaffen worden war, verließen die beiden Männer fluchtartig das Abteil. Von wegen Syndikat.

»Für mich ist es sicher schon zu spät«, sagte die Dame schließlich, »aber riskieren Sie nur etwas, junger Mann – hier geht doch alles wieder vor die Hunde.«

»Madame, es ist nie zu spät«, antwortete Blum.

Kurz vor der Einfahrt in den Kölner Hauptbahnhof hielt der Zug einige Minuten. Blum stand im Gang und starrte in einen schmutzigen Hinterhof. Der Ruß von hundert Jahren lag auf den Mauern. Eine Bluse flatterte vor einem Fenster. Auf den Mülleimern standen Kartons mit leeren Bierflaschen. Eine Frauenhand schob eine Gardine zur Seite, öffnete das Fenster und holte die Bluse herein. Hinter ihr sah Blum einen Mann im Unterhemd, der lachte und eine Bierflasche ansetzte. Dann war das Fenster wieder zu, und Blum spürte einen Stich im Herzen. Ein Ruck ging durch den Zug, und er fuhr in den Kölner Hauptbahnhof ein.

Auf dem Bahnsteig Amerikanerinnen mit Plastikrucksäcken, Türken mit verschnürten Pappkoffern, Pendler, die Bockwürste futterten, kettenrauchende Teenager, die alle die gleichen Hosen, die gleichen Haare und die gleichen Abzeichen trugen, und Spitzel, die mit besorgten Mienen die Fahrpläne studierten, wie Reisende, die befürchten, dass alle Züge an ihrem Ziel vorbeifahren. Der Zug nach Amsterdam war pünktlich, und in der 1. Klasse fand Blum ein leeres Abteil. Es war geheizt, und die roten Polster mit den aufgewärmten Ausdünstungen von Schweiß und Parfüm erinnerten an die Salons altmodischer Bordelle in Algeciras oder Ceuta. Blum saß am Gang, die Hand auf dem Musterkoffer.

In Deutz kamen gleich zwei Männer ins Abteil, ein Dicker mit Aktenkoffer, der sich einen Fensterplatz nahm, und ein grauhaariger Engländer, der den *Daily Telegraph* las. Der Dicke machte seinen Aktenkoffer auf und nahm ein neues Herrenmagazin heraus. Beim Lesen bewegte er die Lippen. Wenn ich noch mit Pornos zu tun hätte, wäre das ein guter Kunde, dachte Blum. Die friedliche Zeit mit Pornos, dachte er. Söderbaums *Frühlingserwachen*, die dicken Dänen-Titten, lauter Milch und Honig – wenn das pervers sein sollte, was war dann das da draußen? Ihm fiel auf, wie ungelenk die Männer dasaßen: entweder mit übergeschlagenen Beinen, die freie Hand ums Fußgelenk geklammert, oder grobschlächtig nach vorn gebeugt, die linke Hand, nach innen gedreht, auf den Oberschenkel gestützt, mit gesenktem Kopf, und, nur um ja nicht bequem zu sitzen, den rechten Fuß um den linken gehängt, oder – wie er – mit der rechten Hand an den Koffer gekrallt, in der linken eine qualmende Zigarette, die nach Dung schmeckte, mit rotem Gesicht, über das der Schweiß rann. Sie waren alle Sklaven auf Urlaub, und das da draußen war ihr Revier – Walzstraßen, Hochöfen, Atommeiler. Autofriedhöfe, Bergwerke, Kalifabriken. Plastikmärkte, Giftaufbereitung, Satellitenstädte, selbst die Sonne noch ein Tranquilizer-Ersatz. Siedlung auf Siedlung wie Krale, in denen die Eingeborenen zum schrillen Geheul der Sirenen um einen Fetisch tanzten.

In Oberhausen stieg der Engländer aus. Der Dicke legte das Herrenmagazin in den Aktenkoffer, lockerte die Krawatte und machte sich über ein Sexblättchen her. Die flache Landschaft lag in einem schwefligen Dunst. Blum musste auf die Toilette. Den Musterkoffer nahm er mit. Der Dicke sah hoch und grinste.

Im WC spritzte Blum Wasser auf sein Gesicht, das ihm abgezehrt und spitz erschien. Als er auf den Gang trat, sah er im anschließenden 2.-Klasse-Wagen einen Mann vor dem WC stehen, den er kannte. Panik schlug in ihm hoch, sein Herz raste. Schon eilte er durch den Gang zurück, der Koffer stieß hart gegen die Türen. Der blaue Anzug, die Koteletten, die Brille vor den Froschaugen, und der Dicke im Abteil mit dem Sexblättchen – sehen Sie, Blum, wir wissen, wer Sie sind, uns entgehen Sie nicht. Der Zug verlangsamte das Tempo. Ein Bahnhof. Blum packte den Musterkoffer fester und ging rasch an seinem Abteil vorbei. Er sah nicht hinein. Seine Reisetasche musste er jetzt aufgeben, die Hemden, das Halstuch, das Bahamas-Handbuch. Der Zug klirrte, kam zum Stehen. Er machte die Tür auf, sah sich um. Niemand schien auszusteigen. Er sprang auf den Perron. Zu seiner Linken sah er ein Schild AUSGANG und ging darauf zu. Schon pfiff der Stationsvorsteher. Auf einem Anschlag stand »Willkommen in Wesel«.

30

Samstagnachmittag. Die Erwerbstätigen führten ihre überfressenen Familien spazieren. In den Geschäftsstraßen ließen sie die Mütter und Kinder von der Leine und verzogen sich mit dem Hund in die Eckkneipe. Eine halbe Stunde noch bis zur *Sportschau,* tippte Blum. Er wusste, dass er nicht viel Zeit hatte. In Emmerich würden seine Verfolger sofort einen Trupp abziehen und nach Wesel jagen. Die anderen würden in Emmerich bleiben, im Bahnhof, an den Autobahnen. Er musste ihnen also zwischen Wesel und Emmerich wieder durch die Lappen gehen, und zwar endgültig. Am besten, er stieg in einen Zug in die entgegengesetzte Richtung. Zurück nach Köln, und von dort ein Flugzeug – aber wohin? Auf jedem Flughafen gab es Sicherheitskontrollen, Zoll. Nein, er musste nach Amsterdam. In Amsterdam konnte er das Zeug sofort loswerden. Für weniger Knete, versteht sich, aber gestern Abend wäre er auch noch mit 15 Mille zufrieden gewesen. Und so konnte er leicht noch an die 100 Mille rausholen. Der Gulden war auch eine gute Währung. Das einzige Problem war jetzt, nach Amsterdam zu kommen. Taxi. Aber wer im Taxi so weite Strecken fuhr, war verdächtig. Mietwagen schied endgültig aus. Nur nicht in Wesel aktenkundig werden. Nie mehr den Namen nennen.

Er kam zum Dom. Davor war ein Bauzaun aufgestellt, und auf die Bretter hatte jemand mit schwarzer Farbe gepinselt: SIEG ... Ein Dackel hob seine Hinterpfote und pisste. In den Marktstuben herrschte bierseliger Dämmer, die Box spielte Evergreens – »Junge, komm bald wieder, bald wieder nach Haus« – und am Tresen war versammelt, was sich auch samstagnachmittags in Deutschland nicht unterkriegen ließ. Blum bestellte ein Pils und trank es in einem Zug.

»Sie haben aber einen gepflegten Durst«, sagte der Mann neben Blum.

»Ich glaube, das Bier habe ich mir redlich verdient«, sagte Blum und sah sich seinen Nachbarn näher an. Der Mann war eine Komposition in Braun – dunkelbraune, straff gescheitelte Haare, rotbraunes, runzliges Gesicht, grünbraun changierender Regenmantel, torfbrauner Anzug, senfbraunes Hemd, rossapfelbrauner Schlips. In seinen braunen, fleischigen Händen leuchtete das Bier im Glas wie flüssiges Gold. Er musste wohl zwischen 55 und 60 sein, hatte aber noch kein graues Haar, und seine Augen waren wie zwei blaue Murmeln.

Sie kamen ins Gespräch. Irgendetwas an dem Mann kam Blum vertraut vor, und zugleich fühlte er sich davon irritiert. Mit einem Gespräch über Bier konnte man in Deutschland immer noch ganze Abende bestreiten, aber Blum hatte es eilig und kam rasch auf etwas anderes. Er sei als Reisender tätig, sagte der Mann in Braun. Er klapperte mit obskuren Waschmitteln die Märkte und Fußgängerzonen der kleineren Städte ab, vom Niederrhein bis runter ins Sauerland. Blum konnte sich das gut vorstellen – unter einer regenfeuchten Plane in der Fußgängerzone von Neheim-Hüsten, mit der Schaumseife »Frühlingserwachen« und dem Waschpulver »Lämmerflocke«, zwei Präparaten, die seit 57 Jahren einen aussichtslosen Kampf gegen Henkel führten, vor zwei Hausfrauen mit Migräne und drei Schulkindern, darunter zwei aus Kleinasien, an einem Donnerstagnachmittag, mit 13,30 DM in der Tasche und der Aussicht auf ein Abendessen aus Bockwurst mit Kartoffelsalat und ein kaltes Bett im Christlichen Hospiz. Wenn man es sich vorstellen konnte, hieß das noch nicht, dass einem dasselbe blühte, und doch lief Blum ein Frösteln über den Rücken, eine Angst, die tiefer saß als die vor allen Syndikaten.

»Und Sie, für wen reisen Sie?«

»Oh, Sie meinen wegen dem Köfferchen – ich bin kein Reisender. Da sind nur meine Klamotten drin.«

»In einem Musterkoffer? Dann waren Sie es aber mal.«

»Nein, nein«, versicherte Blum, »ich bin immer in anderen Branchen gewesen – Bau, Gaststätten, Antiquitäten, Zeitschriften, eben alles, was so kommt.«

»Da kommt noch viel«, meinte der Reisende, »da haben Sie noch viel vor sich. Ich bin auch nicht immer in Waschmitteln gereist.«

Aber er wollte nicht damit heraus, was er vorher gemacht hatte; er bestellte noch zwei Pils. Blum sah auf die Uhr.

»Sie haben es doch nicht eilig?«, fragte der Reisende. »An einem Samstagnachmittag?«

»Ich muss noch nach Holland.«

»Was wollen Sie da, die mögen uns nicht.«

»Aber Geschäfte machen sie schon mit uns.«

»Das macht doch jeder. Das liegt in der Natur des Geschäftemachens. Und welcher Art sind Ihre Geschäfte in Holland?«

»Ich sehe mir – Gaststätten an. Wissen Sie, ich möchte selber mal eine aufmachen, und da informiere ich mich jetzt, was es alles an Möglichkeiten auf dem Gebiet gibt.«

Der Reisende schluckte sein Bier und lächelte milde.

»Sind Sie deswegen in den Marktstuben?«

»Auch wenn man es ihnen nicht ansieht, sind solche Kneipen doch immer eine Goldgrube.«

»Und Sie möchten auch eine Goldgrube?«

»Möchten wir die nicht alle?«

»Sie haben noch Illusionen«, sagte der Reisende und wischte sich Schaum vom Mund, »in Ihrem Alter hat man die noch. Aber wenn ich das Wort Grube höre, denke ich immer an die Gruben, in denen wir die Kameraden begraben haben. Damals, wissen Sie, in Russland. Da hatten wir auch noch Illusionen und dachten, wenn wir zurückkommen, wird das noch mal, das Deutschland.«

»Na, und ist es nichts geworden?«

»Das wissen Sie doch so gut wie ich, Kollege, dass das nichts geworden ist. Nehmen Sie den Nachtzug? Oder übernachten Sie hier?«

Blum musste sich zusammenreißen, um eine Antwort zu finden. Der Reisende strahlte eine Hoffnungslosigkeit aus, die sich auf das Hirn legte wie ein fauliger Nebel. Dabei konnte der Mann ihm vielleicht nützlich sein.

»Darüber wollte ich gerade mit Ihnen reden. Aber vielleicht irgendwo, wo wir ungestört sind?«

Der Reisende nickte, als habe er Blum von Anfang an richtig eingeschätzt.

»Ich lade Sie zum Abendessen ein. Bratkartoffeln mit Ei, das essen Sie doch?«

Es war keine Frage, sondern eine Aufforderung.

Draußen war der Dunst jetzt grau und dunkelte rasch. Eine Weile folgten sie einer Landstraße, dann gingen sie ein Stück am Rhein entlang. Am Ufer standen Spaziergänger und blickten über den Strom nach Westen. Von den Feldern stiegen die Krähen auf. Ein Kohleschlepper tuckerte flussabwärts in den Abendnebel.

»Was kommt denn, wenn man hier weitergeht?«, wollte Blum wissen.

»Zunächst der Aue-See, da biegen wir von ab, der Campingplatz, der wird Sie weniger interessieren, und dann müssten Sie schon durch Westerheide auf Bislich kommen.«

»Ich meine, dahinter. Da müsste doch irgendwann Holland anfangen.«

»Wollen Sie zu Fuß hin?«

Blum gab keine Antwort.

»Na ja, da kommt dann schon Holland«, sagte der Reisende mit einem langen Blick von der Seite, »aber das ist noch ein Stück. Da kommt erst noch Rees und dann natürlich Emmerich, und da müssen Sie dann über die Grenze. Aber die ist heutzutage ganz harmlos, die Holländer lassen ja jeden rein, falls er nicht praktisch nackt ist oder Dreck am Stecken hat.«

»Aber Sie fahren öfter hin?«

Der Reisende zuckte die Achseln und schnickte den Stummel seiner Reval weg.

»Was soll ich in Holland?«

»Ich dachte, man kauft da billig ein.«

»Was ich brauche, gibt es bei uns«, sagte der Reisende und beendete das Thema damit, aber Blum vermutete, dass er aus viel triftigeren Gründen nicht über die Grenze fuhr.

Sie verließen den Rhein, gingen an einem Segelflugplatz vorbei und kamen dann aufs offene Land. Längs der Straße gab es keinen Fußgängerweg, und so liefen sie hintereinander, und wenn die Lichter der Autos sie erfassten, tanzten die Mücken vor ihren Gesichtern, und Blum fragte sich allmählich, ob er nicht doch im Begriff war, den Verstand zu verlieren. Mit Koks verlor man ja den Verstand angeblich erst, wenn man die Kontrolle über die Dosierung verlor, aber vielleicht verlor man als Kokshändler den Verstand, wenn man die Kontrolle über den Handel verlor. Und die hatte man doch verloren, wenn man in einer Märznacht hinter einem Waschmittelreisenden durch die niederrheinische Tiefebene zockelte, per pedes, mit lumpigen paar Mark in der Tasche und mehreren Syndikaten am Hals. Aber die Luft war ganz erfrischend, ein schöner Abend, sogar Sterne am Himmel. Blum fühlte sich merkwürdig heiter, gelassen, ja voller Zuversicht. Was waren schon die 5 Pfund Koks in dem Koffer, dessen Griff er so fest umklammert hielt, als hinge sein Leben daran? Sie waren nichts, wenn er nicht jeden Augenblick genießen konnte wie diesen, völlig irre, fast frei.

31

Hat's geschmeckt, Kollege?«

Blum nickte mit vollem Mund. Er machte seinen Teller leer, und der Reisende räumte ab und spülte und machte die Bratpfanne mit Scheuersand sauber. Ein wohliger Geruch nach Fett, Bratkartoffeln, Speck und Briketts hing in dem Holzschuppen, den der Reisende bewohnte. So, stellte Blum sich vor, lebten heute Spartaner – Holzhütte, Feldbett, Bullerofen, Plastikschrank, Eierkisten, Sperrholzmobiliar, Volksempfänger, drei Reihen Reclambändchen, der gesammelte Karl May. Fernsehen, Eisschrank, Bestseller, Frauen spielten für den Spartaner keine Rolle. Dafür erzählte er Blum von der Geschichte der deutschen Befreiungskriege – Major Schill war ja in Wesel hingerichtet worden – und sparte nicht an bitteren Vergleichen mit der Opferbereitschaft seiner Generation. Sie war verführt worden, ja; belogen, betrogen, getäuscht, verführt; hatte alles gegeben, wie Schill, wie Körner; und wer das Unglück gehabt hatte, überleben zu müssen, der hatte bis ans Ende seiner Tage auch noch die Schmach zu tragen, für das Falsche gekämpft zu haben. Für das eigene Land gekämpft zu haben, wo war das je das Falsche, wann je eine Schande gewesen?

»Nun reg dich aber wieder ab, Erwin«, sagte der Kollege,

der nach dem Essen in einem klapprigen Lieferwagen aufgetaucht war. Er hieß Fred, hatte kleine wieselflinke Augen, graue schüttere Haare und einen Mund mit zu viel Zähnen. Blum wusste vor allem das kalte Bier zu schätzen, das er mitgebracht hatte, und dann stellte er bald fest, dass sie aus verwandten Branchen stammten.

»Du hast recht, Fred«, sagte der Reisende. »Ich weiß ja. Ich sollte schweigen, schweigen bis ans Ende, schweigen wie die russischen Gräber, mit den Birken darüber. Das ist ja nicht mehr meine Welt, wozu rede ich mit ihr? Seit es Deutschland nicht mehr gibt, habe ich keine Welt mehr.«

»Erwin war mal ganz oben«, sagte Fred dicht an Blums Ohr. »Ganz oben –«, und er zwinkerte, als wollte er sagen, Sie wissen doch, was das heißt. Weil wir ja ganz unten sind.

»Aber es gibt Deutschland noch ganz schön«, meinte Blum. »Ich habe ja gerade wieder eine kleine Dienstreise gemacht – das ist doch ziemlich flott zugang. Und wir haben ja gleich zwei davon.«

»Zählt nicht«, sagte der Reisende knapp. »Das eine so wenig wie das andre. Goldenes Kalb und Bolschewismus, das kann Deutschland nicht sein.«

»Vielleicht eine Mischung daraus?«

»Mischung! Mischungen, das ist Waschpulverkultur, Kollege. Nein, es ist wohl sinnlos. Aber natürlich, man soll nie aufgeben. Was, sagten Sie, transportieren Sie?«

Sein Blick war immer noch freundlich, aber die Bräune wirkte nun ganz hart, im Licht der nackten Glühbirne, die von der Decke hing, waren die Konturen scharf gezeichnet. Er rauchte eine Reval nach der anderen und zerquetschte die Kippen in einem Metallbehälter, dessen Form Blum immer mehr an einen Stahlhelm erinnerte.

»Das wollte ich ja mit Ihnen besprechen«, sagte Blum. »Ich suche einen Übergang nach Holland, der keinen Schlagbaum hat. Nicht wegen der Polizei. Bei der komme ich immer durch. Aber mit dem BKA, verstehen Sie, die Brüder sind clever, und zwar nicht zu knapp, mit denen könnte es Schwierigkeiten geben, dass die mich an der Grenze genau überprüfen. Und das wäre nicht im Sinne des Erfinders, wenn Sie verstehen, was ich meine!«

Er lachte, nahm sich noch eine Büchse Dortmunder Actienbräu und riss die Lasche vom Deckel. Der Schaum erinnerte an den in den Jumbodosen. Er prostete den beiden Kollegen zu. Der Reisende nickte düster, Freds flinke Augen zuckten in Richtung Musterkoffer.

»BKA?«, fragte Fred. »Ist das nicht …«

»Staatsschutz«, sagte der Reisende und kostete das Wort andächtig aus.

Fred sah Blum stirnrunzelnd an. Ging das nicht ein bisschen weit? Blum hob die Hände.

»Ich will auf Nummer sicher gehn«, sagte er. »Ich kann es mir wirklich nicht leisten, einen Fehler zu machen.«

Sein Blick streifte den Musterkoffer. Der Reisende hustete ein paar Reval weg, ohne Blum aus den Augen zu lassen. Kollege Fred trank sein Bier und sah nervös drein.

»Nu mal langsam«, sagte er. »Mit Staatsschutz will ich nichts zu tun haben. Musst du doch zugeben, Erwin, das wär 'ne Nummer zu groß für uns.«

Der Reisende kniff die Augen zusammen und starrte durch den Rauch, vielleicht auf Gräber, über denen Birken flüsterten, vielleicht auch nur auf die feuchte Plane, nächsten Donnerstag in Neheim-Hüsten, die Hausfrauen, die mit 5-Kilo-Trommeln Ariel aus dem Supermarkt schwankten.

»Der Mann muss über die Grenze«, verkündete er dann, »und er soll über die Grenze. Keiner darf verlorengehen. Dafür sind wir schließlich da, die Letzten.«

Sie sahen einander an, Blum und der Mann in Braun. Sie verstanden sich vielleicht nicht ganz, aber sie wussten wenigstens, wer sie waren. Und Blum sah sich selbst, in zwanzig Jahren, erledigt, in so einem Ort, ohne Befreiungskriege, mit Eisschrank und TV, am Abend, bevor die Schnürsenkel abgeschafft wurden, weltweit.

»Hast du nicht 'n Schnaps, Erwin?«, fragte Fred. »Mir ist irgendwie kalt.«

Dabei sah er Blum von der Seite an, als sei der für die Kälte verantwortlich. Aber der Reisende hatte keinen Schnaps. Er legte noch ein Brikett auf die Glut. Fred war damit nicht gedient, es ging ihm um Blum. Kleinkriminelle, ließ er durchblicken, durften einem nicht mit dem Staatsschutz kommen.

»Nächstens heißt es dann immer gleich, Knarren durchladen, Leute, mich kriegt die Schmiere nicht lebendig. Dabei geht's dann um 'n Sack Kartoffeln, wat. Das nenn ich auch Inflation.«

»Ich zahle auch dafür«, sagte Blum.

Der Reisende winkte ab, aber Fred dachte praktischer.

»Die guten Übergänge werden auch rar«, meinte er, »da können wir schon 'ne Art Gebühr erheben. Du musst endlich anfangen, auch die praktische Seite zu sehen, Erwin.«

Sie erinnerten Blum an ein altes Ehepaar – der idealistische Kämpfer für das Gute im Menschen, dem seine Frau seit 45 Jahren die Nachbarn vorhielt, die längst zu Ämtern und Pfründen gekommen waren, und jetzt war ihr Block von hergelaufenen Heiden belegt. Schließlich erledigte er die Angelegenheit mit einem Hunderter, und Fred fiel ein, dass er noch eine Flasche Korn im Handschuhfach hatte. Während er sie holte, räumte der Reisende die Bierdosen weg, und als er in seinen Mantel schlüpfte, sagte er: »Ich hoffe, Sie kommen heil durch, Kollege. Ja, in Ihrem Alter lohnt der Kampf noch, gleich, wofür.«

»Sie gehören doch noch längst nicht zum alten Eisen«, sagte Blum.

»Ich bin immerhin zweiundsechzig, und fünfunddreißig Jahre davon gehöre ich praktisch zum alten Eisen, zum Schrott. Hier, nehmen Sie die Taschenlampe, die werden Sie gebrauchen können, aber machen Sie sparsam Gebrauch davon, die Batterien sind schwach.«

»Ich weiß gar nicht, wie ich Ihnen danken soll«, murmelte Blum und steckte die Lampe in seine Jackentasche.

»Tun Sie mir den Gefallen und passen Sie auf, dass Fred nicht durchdreht«, sagte der Reisende und sah Blum mit seinen blauen Augen an, »er ist doch der Einzige, der mir noch geblieben ist.«

»Mach ich«, sagte Blum, und dann kam Fred mit dem Korn, und sie tranken alle einen, und Fred trank noch einen, und dann verließen sie die Hütte des Reisenden.

Der Himmel hatte sich bewölkt, und ein kalter Wind war aufgekommen. Auf dem Lieferwagen stand in verblasster Farbe F. KOWALSKI – FF. EIER UND FRISCHE HÜHNER – BIS-

LICH/NIEDERRHEIN. Sie zwängten sich auf die Fahrerbank, Fred hinter das Lenkrad, dann der Reisende, Blum an der Tür, den Koffer zwischen den Knien.

Während der Fahrt klapperte irgendwo ein loses Blech, und Fred hatte Mühe mit der Gangschaltung, und die Heizung funktionierte nicht. So ruckelten sie, immer in Rheinnähe, unter dem schwefligen Himmel, der es nie ganz Nacht werden ließ, Richtung Holland. Niemand sagte etwas. Blum bereute es, keine Prise genommen zu haben. Er fühlte sich unsäglich matt und müde. Ausgerechnet, dachte er, in diesem kritischen Augenblick. Mit den Kollegen konnte er ja noch fertigwerden, aber wenn dann in der ersten holländischen Stadt schon wieder die Itaker warteten, musste er die Sache wohl in den Wind schießen.

Er holte tief Luft und steckte sich eine Zigarette an. Gar nichts wurde in den Wind geschossen. Diese BRD hatte ihn fast geschafft, die Verstörten, die unheilbar Korrupten, wie Cora. Das lag jetzt gleich hinter ihm. Durchhalten, dachte er. Durchhalten. Auch wenn man am Ende doch in Neheim-Hüsten landete, konnte man sich vorher noch Freeport ansehen, vielleicht sogar den Punjab-Club in Lahore, mit Mr Haq …

»Wachen Sie auf, Kollege«, sagte der Reisende neben ihm, »wir sind da.«

»An der Grenze?«

»Jetzt geht es noch ein Stück zu Fuß.«

Blum kletterte aus dem Wagen. Fred stand hinter einer Hecke und erleichterte sich. Der Wagen war am Ende eines Wäldchens geparkt, an dem ein Schotterweg vorbeiführte. Am Horizont war der Himmel schon blass. Es war kalt.

Die Vögel fingen an, sich zu regen. Der Reisende stand dicht neben Blum.

»Geben Sie auf Fred Acht«, flüsterte er, »er hat es auf Ihren Koffer abgesehen.«

Blum nickte. Er sah auf die Uhr. Fast vier. Der Mistkerl hat uns drei Stunden spazieren gefahren, dachte er. Fred winkte. Sie liefen am Waldrand entlang, zuerst Fred, dann Blum, dann der Reisende. Nach einer Viertelstunde kamen sie an einen Bach. Fred und der Reisende trugen Gummistiefel und wateten einfach durch das Wasser. Blum nahm einen Anlauf und sprang. Er schaffte es, ohne den Koffer zu verlieren. Sie liefen im Zickzack weiter, durch ein Wäldchen, Felder, Wiesen, und erreichten schließlich einen Feldweg, der schnurgerade in den Nebel führte.

»Wenn Sie den Weg nehmen, kommen Sie wieder an einen Bach«, sagte Fred, »und dann sind Sie in Holland. Wenn Sie dem Bach folgen, geht es links zu einem Kanal, und da ist dann die Straße, da kriegen Sie auch einen Autobus.«

Es wurde allmählich hell. Blum sah Fred scharf an, den Koffer in der linken Hand, die rechte in der Jackentasche am Messergriff.

»Und wenn mich jetzt einer sieht? Hier treiben sich doch bestimmt Grenzer herum.«

Er sah, dass Fred lächelte. Der Reisende stand jetzt links neben seinem Kollegen.

»Blödsinn«, sagte Fred. »Und wenn schon – ich denke, die können Ihnen nichts?« Sein Blick wanderte zum Koffer, seine linke Hand zur Manteltasche. »Ich wüsste ja zu gern, was Sie da drin haben, Kollege.«

»Das können Sie gern sehen«, sagte Blum und rammte Fred den Koffer in den Magen, während der Reisende ihn am linken Arm packte und festhielt. Fred stöhnte und fluchte, aber nicht sehr laut.

»Gut, dass Sie gemerkt haben, dass er Linkshänder ist«, flüsterte der Reisende.

»Hab ich gar nicht gemerkt«, flüsterte Blum zurück. Er gab dem Reisenden nicht die Hand, winkte ihm aber nach zwanzig Metern zu. Der Reisende hielt immer noch Freds Arm umklammert.

»Wollen Sie wissen, was drin ist?«, rief Blum leise.

»Was denn?«

»Dynamit«, rief Blum. Dann ging er rasch den Weg entlang, ohne sich noch einmal umzusehen.

32

Blum lag auf dem Bett und starrte durch das Fenster auf das Dach des Nachbarhauses. Zwei Möwen hockten auf dem Kamin, und es sah aus, als starrten sie zurück. Vom Damrak hörte er den Leierkasten, der schon den ganzen Tag dasselbe Lied spielte. Der Himmel war schmutzig.

Er hob den Telefonhörer ab, wartete, bis sich die Rezeption meldete, und sagte, er probiere es noch einmal mit der Nummer in Frankfurt. Er las sie wieder von der Karte ab, die Hackensack ihm gegeben hatte, obwohl er sie längst auswendig wusste. Die Karte war jetzt auch schmutzig. Und wieder hörte er dem Läuten zu und stellte sich vor, das Telefon stehe in einem leeren Raum – ausgeräumt, aufgeflogen, verlassen, nur der gelbe Krokus leuchtete noch an der Wand. Plötzlich knackte es in der Leitung. Blum glaubte zuerst, die Verbindung sei unterbrochen, doch dann meldete sich tatsächlich eine Stimme, eine Männerstimme.

»Hallo?«

»Hallo, Mr Hackensack, hier ist Blum. Sie erinnern sich doch an mich, Blum –«

Er unterbrach sich. Hackensack hätte längst reagiert.

»Sind Sie das, Mr Hackensack?«

»Nein, hier ist nicht Hackensack.« Aber auch der hier war Amerikaner, das merkte man gleich. »Wer sind Sie?«

»Ich bin ein – Geschäftspartner von Mr Hackensack. Ich war letzte Woche schon bei Ihnen. Da habe ich mit einer Dame gesprochen.«

»Wo waren Sie?«

Blum nannte Straße, Hausnummer, Stockwerk, Firmenname und schilderte die preußische Mumie.

»Ah, sehen Sie, die Dame gibt es nicht mehr«, sagte sein Gesprächspartner. »Wir haben gar nicht erfahren, dass Sie hier waren. In welcher Angelegenheit wollen Sie Mr Hackensack sprechen?«

»Er wollte mich wegen einer Investition beraten. Inzwischen habe ich schon investiert, aber einige Schwierigkeiten mit der weiteren Abwicklung, wenn Sie mich verstehen.«

Pause, dann: »Möglich.«

»Kann ich denn nicht selbst mit Mr Hackensack sprechen?«

»Ich fürchte, das wird im Moment nicht möglich sein. Mr Hackensack ist nicht hier. Wir haben einige Probleme mit der Reorganisation.«

»Verstehe. Aber vielleicht können Sie ihm eine Nachricht übermitteln?«

Es rauschte in der Leitung, und Blum glaubte schon, der Mann habe eingehängt, doch dann hörte er ihn wieder, diesmal ganz nah.

»Das wird sich machen lassen. Was möchten Sie ihm denn ausrichten lassen?«

»Sagen Sie ihm, ich sei in Amsterdam und würde gern mit ihm Kontakt aufnehmen. Sagen Sie ihm, es geht um Chemie …«

»Chemie?«

»Ja, er weiß schon Bescheid. Chemie und Information. Ich bin im Hotel Roder Leeuw.«

»Und wie war Ihr Name noch?«

Blum buchstabierte seinen Namen.

»Ich hoffe, Sie können sich noch eine Weile gedulden, Mr Blum.«

»Hören Sie –«

Aber jetzt hatte der Mann aufgehängt.

Blum holte sich ein Päckchen Zigaretten vom Waschtisch. Aus der Küche des Hotelrestaurants drangen Fischgerüche in den Innenhof, und fette Tauben watschelten über die Dachrinne. Das Glockenspiel der Nieuwe Kerk spielte schon wieder *Freude, schöner Götterfunken.* Alle halbe Stunde Beethoven, und jede volle Stunde etwas Protestantisches, vermutete Blum. Auch im Roder Leeuw wurde mehrsprachig vor Hotelbränden gewarnt. *Keine Panik! Ruhe bewahren!* Leicht gesagt, dachte Blum. Jetzt regnete es, und auch die Regentropfen stammten aus einem Land, in dem gut gekocht wurde, sie waren fett und verschmierten das Fenster. Er legte sich mit der Zigarette hin.

Das Zimmer war enger als alle seit Barcelona und nur mit dem Notwendigsten eingerichtet, mit senffarbenem Teppichboden aus der Kunststofffabrik, die alle Hotels dieser Kategorie belieferte, und mit einem farbigen Druck an der Wand, der eine Gracht in Amsterdam zu einer Zeit zeigte, als man in ihr noch baden oder Fische fangen konnte, ohne an einer Vergiftung zu krepieren. In der Duschkabine tropfte das Wasser aus der Dusche. Die Schranktür schloss nicht richtig, und obwohl er die Heizung aufgedreht hatte, fror er sogar in seinem Rollkragenpullover.

Nach einem endlosen durchzitterten Tag hatte er völlig entnervt Amsterdam erreicht, sich im erstbesten Hotel ein Zimmer genommen und einen vollen Tag geschlafen, und als er dann aufgewacht war, hatte er noch einen Tag gebraucht, um sich zu einem Essen zu entschließen. Er fühlte sich wie ein schlaffer Sack Fleisch, dessen Muskeln streikten und dessen Gehirn keine Impulse mehr sendete. Vielleicht hatten die nächtlichen Sitzungen mit der Stimme, die jene chiffrierten Anweisungen in den Äther schickte, sein Unterbewusstsein gelenkt, und jetzt, in Holland, ohne Radio, abgeschnitten von den geheimen Frequenzen, war er wie ein verschollener Agent, der langsam in der Kälte krepiert.

Sie haben mich auf Eis gelegt, dachte er, wenn er bei Tag in den schmutzigen Himmel starrte; und wenn er nachts schweißüberströmt aus Angstträumen erwachte und wieder *Freude, schöner Götterfunken* hörte, während er zitternd ein Glas Wasser herunterstürzte, dachte er, jetzt grillen sie mich. Und wenn er das Telefon in Frankfurt endlos läuten hörte, sah er Hackensack, den dicken Mr Hackensack, Consultant, in einem ähnlich schäbigen Hotelzimmer in einer ähnlich heruntergekommenen Stadt an Radios drehen, die nicht mehr sendeten, und in Telefone sprechen, die tot waren. Dann sagte Blum mit lauter Stimme: »Sie müssen nur die richtige Einstellung haben, Mr Hackensack«, und lachte und drückte die halbgerauchte Zigarette aus und drehte sich zur Wand, in den neuen, ewig gleichen Alptraum, der immer an weißen Stränden begann und stets in zerfallenden Städten, unter dunklen Monden, unter Fröschen mit Killeraugen und Blondinen mit blutroten Lippen endete, auf der Flucht.

Und die ganze Zeit stand der Musterkoffer mit dem Kokain unverschlossen unter dem Waschtisch, und einmal, als Blum ihn gerade offenhatte und sich die Jumbodosen besah, kam das indonesische Zimmermädchen mit frischen Handtüchern, und er nahm eine Dose und zeigte sie ihr und sprühte sich eine Ladung Schaum auf die Backe, und das Zimmermädchen lachte, sie hatte wunderschöne Augen, und einen Augenblick lang war sogar das wieder möglich, und dann legte sie die Handtücher auf den Waschtisch, er griff zum Rasierapparat, sie ging aus dem Zimmer, und der Leierkasten spielte *Bei mir biste scheen*, zum 77. Mal an diesem Tag.

33

Blum ging chinesisch essen. In einer Straße am Rand der Altstadt fand er ein gediegen wirkendes Restaurant, das völlig leer war. Ein alter Mann, auf dessen polierter Glatze noch vier weiße lange Haare wie Zuckerwattefäden schwebten, brachte ihm Haifischflossensuppe, Morcheln, gebratene Garnelen, Reiswein. So allein in dem großen Lokal, unter all diesen Lampen, zwischen Buddhas und vergoldeten Drachen, aufmerksam beobachtet von einer Kompanie stumm lächelnder Kellner, kam Blum sich einen herrlichen Augenblick lang vor wie ein Reisender, der als Erster ein unbekanntes Land betritt und von den Eingeborenen mit jener ausgesuchten Höflichkeit behandelt wird, die in der Schwebe lässt, ob der Fremde als Freund aufgenommen oder in der Nacht zerstückelt den Schweinen vorgeworfen wird. Leider dauerte der Augenblick nicht sehr lange, denn ein neuer Gast betrat das Restaurant.

Der junge Mann – Blum schätzte ihn auf Ende 20 – wurde von den Chinesen respektvoll, aber mit erkennbarer Vertraulichkeit begrüßt und setzte sich einige Tische weiter, mit dem Gesicht zu Blum. Er verschwendete keinen Blick an die Karte, sondern hörte dem zu, was der alte Chinese ihm wispernd vortrug, und nickte dann. Er trug ein altes Tweedjackett und Jeans, seine blonden Haare lagen unordentlich auf seinen schmalen Schultern, und auf seinem hageren Gesicht mit den wachsamen Augen sprossen rötliche Bartstoppeln. Aber schon die Art, wie er seine Zigarette ansteckte, sagte Blum alles – der Junge hatte genau die aufreizende Lässigkeit, die er selbst sein Leben lang bestenfalls imitiert hatte.

Blum widmete sich wieder seinem Essen. Er beobachtete trotzdem, dass der Schnösel nur ein Schälchen Suppe zu sich nahm und dann Kaffee bestellte. Als er seinen Teller zur Seite schob und sich fragte, ob er auch einen Kaffee trinken solle, sah er, wie der Schnösel eine kleine Schnupftabaksdose hervorholte, sich etwas von dem Inhalt auf den Handrücken streute und es genüsslich in die Nase zog. Dann grinste er Blum an, als wollte er sagen: Na, Freund, was war's denn – Pöschls Brazil oder Perus Flakes? Blum holte postwendend sein Röhrchen aus der Hosentasche und machte es ihm nach: links – rechts. Und noch mal: links – rechts. Die Chinesen taten, als sähen sie nichts.

»Guter Stoff?«, fragte der junge Mann und rührte sich Zucker in seinen Kaffee. Er sprach Stoff aus wie die Hamburger: S-toff.

»Wir können ja mal tauschen – du lässt mich an deinem riechen und ich dich an meinem.«

Der Hamburger stand auf und trug seine Kaffeetasse an Blums Tisch. Aus der Nähe wirkte sein Gesicht doch etwas älter. Ein paar Falten schon und Ringe unter den Augen.

»Der Alte hat dir tatsächlich etwas zu essen gebracht«, sagte er und nahm Platz, wobei er seine langen Beine übereinanderschlug.

»Warum nicht? Das ist ja schließlich ein Restaurant, und die Schlitzaugen leben davon, dass sie mir was bringen.«

»Ist dir nicht aufgefallen, wie brechend voll es hier ist?«

Blum steckte sich eine HB an. Wenn der Kerl ihm etwas sagen wollte, konnte er sich die Antwort sparen. Sie war sowieso überflüssig, und gerade entfaltete sich das Peruvian Flake und rüttelte an seinem Kopf. Der Hamburger starrte auf ein Stück Wand, an dem ein Bild hing.

»Sinnig, dass er da ein Bild vom Boxeraufstand drübergehängt hat, nicht?«

»Über was?«

»Na, über das Blut, das da an die Wand gespritzt ist.«

»Blut? Welches Blut?«

»Blut, und ein bisschen Hirn wohl auch. Vor drei Wochen ist hier eines Abends die israelische Mafia vorgefahren und hat den ganzen chinesischen Heroinhandel auf einen Schlag unterbunden. Aber nicht ganz so, wie es sich das Rauschgiftdezernat vorgestellt hat. Dafür sieht es hier doch wieder recht manierlich aus, nicht?«

»Sehr manierlich. Und die Küche ist ausgezeichnet.«

»Ja, Mr Lee hatte die beste kantonesische Küche in Amsterdam.«

»Hatte? Saß er auch mit am Tisch?«

»Ihn hat die Polizei am nächsten Tag aus der Amstel gefischt, mit seinem großen Zeh im Mund. Aber das Restaurant hat nur drei Tage zugehabt. Und am Tag, als es wieder aufmachte, wurden drei Israelis mit durchgeschnittener Kehle in den Müllcontainern vom Hilton entdeckt. Jeder mit seinem Schwanz im Mund. Für Anthropologen ist Amsterdam ein interessantes Pflaster. Pech für die Chinesen, dass einer der Israelis vom Shin-Bet war, ihrem Geheimdienst. Seitdem ist es sehr ruhig in diesem Restaurant.«

Der Blonde schnickte mit den Fingern. Einer der jüngeren Kellner brachte ihm einen neuen Kaffee. Blum leerte den Reiswein. Der war ihm jetzt allerdings nicht mehr stark genug.

»Du kennst dich ja gut aus«, sagte er. »Schon länger hier?«

»Eine kleine Ewigkeit. Außer für Anthropologen ist Amsterdam natürlich auch immer noch für gewisse Geschäfte interessant.«

»Vorausgesetzt, man kommt mit den Israelis zurecht.«

»Und mit den Chinesen. Und den Molukkern. Und den Türken. Und den Anarchisten.«

»Anarchisten? Was haben die denn hier zu sagen?«

»Oh, die Anarchisten haben auch schon ganz schön aufgeholt. Könnten die halbe Stadt in Trümmer legen, aber sie ziehen es noch vor, erst alle Subventionen einzustreichen. In ein paar Jährchen, wenn es hier richtig losgeht, kannst du dich nur noch in einem Hubschrauber bewegen, am besten in einem amerikanischen Huey, vietnamerprobt, mit einem Trupp Rangers, die auf alles schießen, was sich bewegt – erst mal einen Kanister Tränengas über die Dächer, dann die Gasmaske aufgesetzt und mit Geleitschutz und Sperrfeuer ins Büro … ein kleines Scharmützel vor jedem Deal, das hebt auch den müdesten Blutdruck … ohne Flachs, wenn es hier heiß wird, kannst du alles vergessen, was du je über Straßenaufstand gelesen hast. Wenn hier der Deckel vom Topf fliegt, dann wirst du die Scheiße bis auf die Bahamas riechen können. Noch eine kleine Prise?«

Blum schüttelte den Kopf. Er hatte das Gefühl, als ob sich bei ihm jetzt der Deckel hebe.

»Du kennst nicht zufällig eine Blonde, die Cora heißt?«

Der Schnösel lächelte zufrieden.

»Doch. Und du bist der Blum, stimmt's?«

»Woher hast du gewusst, dass ich hier bin?«

»Reiner Zufall.«

»Ach nee.«

»Ich heiße Ted.« Er winkte dem alten Chinesen, der mit einem Zahnstocher im Mund an einem Paravent stand und auf den Boxeraufstand starrte.

»Und ich dachte immer, in dieser Branche gäbe es keine Zufälle.«

Ted beglich die Rechnung.

»Ich nehme doch an, dass du noch auf einen Drink mitkommst. Wir hatten schon fast die Hoffnung aufgegeben, dass wir dich noch finden würden.«

»Wir?«

»Mein Partner und ich.«

Als sie das Restaurant verließen, standen die Chinesen in einer Reihe wie zum Defilee, und die Lichter wurden ausgemacht. Kaum waren sie draußen, rasselte hinter ihnen der eiserne Rollladen herunter. An der Ecke fiel Blum ein Wagen mit zwei Funkantennen auf, der vor einem Zigarrengeschäft stand. Zwei Männer saßen im Dunkeln darin und blickten auf das chinesische Restaurant, und Blum ertappte sich bei einem Gefühl, das fast an Erleichterung grenzte. Andere Leute hatten auch ihre Probleme.

Ted hatte einen alten Volvo. Auf dem Weg wurde nicht viel geredet. An einer kleinen Gracht stellten sie das Auto ab und sprangen auf ein Hausboot. Das Wasser roch faulig. Aus der Kajüte fiel ein gelber Lichtkegel. Ted gab an der Tür ein Klopfzeichen, dann wurde von innen aufgemacht. Das Erste, was Blum sah, war Cora, die auf einem Sitzkissen hockte und erwartungsvoll zu ihm hochschaute.

»Hallo, Baby«, sagte Blum und ging hinein.

34

Sein Hausboot hätte Blum ähnlich eingerichtet – erstklassige Orientteppiche, bequeme Sitzecken, Stereoanlage, Hausbar. Seltsam fand er nur die drei Kuckucksuhren, die über einem Sortiment von fernöstlichem Nippes an der Wand hingen. Die gehörten zum Geschäft, erklärte Teds Partner, ein dunkelhaariger jüngerer Typ, der Tim hieß.

»Unser Warenlager ist natürlich woanders – de facto haben wir seit gestern zwei, Dezentralisierung ist manchmal rationeller –, aber die Kuckucksuhren machen sich bei manchen Kundengesprächen phantastisch. Ich meine, gewisse Leute werden einfach schwach, wenn sie alle Viertelstunde den Kuckuck hören, und das dreimal hintereinander, exakt im Zehnsekundenabstand getimt. Die Japaner flippen da restlos aus.«

»Ihr verkauft in Amsterdam Kuckucksuhren an Japaner?«

»Ich hab dir doch gesagt, die zwei sind was Besonderes«, sagte Cora. Blum sah sie finster an.

»Die Kuckucksuhren haben wir nur mal so eben mitgenommen«, sagte Ted, »die werden in Kuala Lumpur hergestellt, da haben wir öfter zu tun. Malaysia ist praktisch unser Hinterland.«

Die beiden schienen mit allem zu handeln, was irgendwie exzentrisch war – Kuckucksuhren, Walfischharpunen, Opiumpfeifen, silber-eloxierten Heftklammern aus Taiwan, Affenschaukeln aus Singapur, Koranübersetzungen ins Burmesische, Restposten Spitzenwäsche aus fallierten italienischen Modehäusern oder Trockenbatterien aus Usbekistan. Dazu rauchten sie offenbar eine afghanische Wasserpfeife und tranken literweise Bloody Marys. Und dann gingen die Häuschen der Kuckucksuhren auf, und die Kuckucke schmetterten los. Im Zehnsekundenabstand.

Cora lag dekorativ zwischen einer brennenden Kerze und einer schlafenden Katze und tat, als zeichne sie. Von ihren Cowboystiefeln war noch mehr Silber abgegangen, aber sie trug jetzt eine teure exotische Seidenbluse, sicher aus Teds Beständen. Sie schien mit den beiden Dealern recht intim zu sein. Ein Dealergroupie. Blum beachtete sie nicht mehr, und das machte sie nervös. Das Gespräch drehte sich inzwischen um Kokain – *Peruvian Flake, 96%*.

»Ein guter Stoff«, sagte Ted, der eine Prise genommen hatte und sich die Nase putzte. »Aber der Markt ist momentan ein einziges Chaos. Das macht es ein bißchen schwierig.«

»Wie viel hast du denn davon?«, fragte Tim.

»Hat euch Cora das nicht gesagt?«

»Cora hat nur gesagt, dass es schade wäre, wenn du nicht kommen würdest.«

»Ich habe noch etwa 2400 Gramm davon. Wenn ihr alles nehmt, mache ich euch natürlich einen Sonderpreis.«

»Was würdest du denn dafür haben wollen?«

Blum nannte einen Preis in Gulden. Er merkte, dass Cora

ihn ansah. Die beiden Dealer wechselten einen Blick. Jetzt ging sicher wieder das altbekannte Lied los.

»Und auf Bargeld muss ich schon bestehen, Jungs. Bei solchen Rabatten ist Bargeld wirklich unerlässlich. Möglichst in größeren Scheinen, aber ich nehme natürlich auch Kleingeld.«

Die beiden qualmten ihre Zigaretten. Die Kuckucke zogen ihre Arie ab. Aber Blum war kein Japaner.

»Könnt ihr die Dinger nicht 'ne Weile abstellen?«

Sie wurden abgestellt. Cora zeichnete, als hätte sie ihre Umgebung vergessen, aber damit konnte sie Blum nicht täuschen. Die Katze war aufgewacht und leckte ihre Pfoten. Es war eine gewöhnliche schwarze Hauskatze, aber sie hatte auf jeder Pfote einen weißen Fleck, und dem widmete sie mindestens so viel Aufmerksamkeit wie eine Bauchtänzerin ihren Schönheitsmalen.

»Also wenn ihr das Geschäft nicht in bar machen könnt«, zog Blum das Fazit, »könnt ihr es vergessen.«

»Da fällt mir das Guano ein«, sagte Ted langsam und sah Tim an.

»Gute Idee. Da schlagen wir zwei Fliegen mit einer Klappe.«

Blum räusperte sich. Coras Zeichenstift stockte.

»Guano?«

»Genau«, sagte Tim. »Ich schätze es bei den augenblicklichen Preisen auf ungefähr 125 000 Gulden.«

»Der einzige Haken ist, dass es irgendwo im Südchinesischen Meer herumgondelt«, meinte Ted, »aber daran sollte es doch nicht scheitern.«

»Eine Frage der Logistik.«

»Genau. Hast du das letzte Telex irgendwo?«

»Ich habe es im Kopf. Laufen Macao an, datiert 17. März, Kapitän Willems, oder wie der Mann heißt. Absolut zuverlässig, Blum, da brauchst du dir keine überflüssigen Gedanken zu machen. Wenn Willems funkt, dass er am Soundsovielten in Macao ist, dann kannst du deine Uhr danach stellen.«

»Wenn du in Macao bist. Noch eine Bloody Mary?«

Blum deckte sein Glas mit der Hand ab. Das war nicht der Augenblick für starke Drinks. Seine Adern schienen anzuschwellen, und seine Stimme klang unnatürlich laut.

»Was denn? Ihr wollt mir für das Kokain Guano geben?«

»Weißt du, was ein Pfund Guano wert ist?«

»St. Laurent zahlt jeden Preis dafür.«

»Diesen Dreck, aus dem Parfüm gemacht wird?«

»Du müsstest nur hinfliegen und die Ladung übernehmen. Von Willems, oder wie der Mann heißt.«

»In Macao.«

»Ich glaube, ich hör nicht richtig. Ihr wollt mich wohl ein bisschen verarschen, ihr zwei.«

Die Katze hörte auf, sich zu lecken. Sie sah Blum aufmerksam an. Auch Cora tat nicht mehr so, als hätte sie nur noch die Kunst im Kopf.

»Du brauchst dich gar nicht so zu echauffieren«, sagte Ted. »Das Guano gehört uns, sobald es in Macao ist. Ein simples Warentermingeschäft, verstehst du.«

»Seit wann muss man denn bei einem Warentermingeschäft die Ware übernehmen?«

»Die legen dich nicht rein«, sagte Cora, »den beiden kannst du trauen, Blum.«

»So wie dir, was?«

Sie sah ihm voll ins Gesicht und schob ihre Lippen vor. Verdammtes Luder, dachte Blum, aber plötzlich hatte er wieder ein Herzstechen. Er zog an seiner Zigarette. Es ging vorbei. Sie gingen immer vorbei, bis auf das letzte. Ted räusperte sich, und die Katze widmete sich wieder ihren Pfoten.

»Bleiben wir doch beim Geschäft«, schlug Tim vor.

»Wir müssen dich und deinen Stoff in unsere laufenden Deals integrieren«, erklärte Ted. »Alle Deals sind Teile eines komplizierten Systems, wie Zahnräder, die ineinandergreifen. Das Kokain muss ein Teil der Maschine werden, wie das Guano oder diese Schiffsladung mit den neuen japanischen Taschenlampen, die unser Agent in Hongkong für uns aufgetrieben hat – wenn man das Licht anmacht, sieht man diese nackte Frau, und Jane Birkin stöhnt ›*Je t'aime*‹.«

»Das ist doch alter Käse«, sagte Blum. »Habe ich schon in meiner Schulzeit populär gemacht. Und außerdem habe ich nicht die geringste Lust, in eurer großen Maschine ein kleines Zahnrädchen zu werden –«

»Mit fünf Pfund Kokain wärst du nicht gerade ein kleines Rädchen –«

»– oder ein großes Rädchen. Ich will überhaupt kein Rädchen werden, versteht ihr? Mochte ich noch nie sein, und werde ich nie werden …«

»Bist du doch längst. Jeder ist doch ein Rädchen, und alle zusammen –«

»Hör mir zu, Junge. Ich nicht. Ich bin mein eigenes Geschäft. Hab ich immer gemacht. Immer eine Ein-Mann-Firma. Keiner unter mir, keiner über mir, keiner neben mir. Nur ich. Bin ich immer tadellos zurechtgekommen damit.

Werde ich auch in Zukunft nicht mehr ändern, mein System. Kapiert? Keine Kommission, kein Termingeschäft, keine Schecks. Bei mir wird nur bar bezahlt. Immer. Grundsätzlich. Direkte Methode. Direkter Weg.«

»Oh Mann«, sagte Ted, »bleib mir nur vom Leib mit diesem Individualkapitalismus, das ist doch frühes 18. Jahrhundert …«

Blicke hin und her. Dann sagte Cora: »Und ich dachte, du würdest so gut zu den beiden passen. Du mit deinen Zahlen und Agenten und Bahamas –«

Blum stand auf, trank sein Glas aus, stellte es auf einen Stapel alter Nummern von *Fortune*.

»Du hast mir nicht richtig zugehört, Cora. Du warst ja auch zu beschäftigt, hinter meinem Rücken. Musstest ja Hermes mit Informationen versorgen. Sag ihm nur, ich hab den Stoff noch. Ganz allein. Blum hat ihn noch, und Blum verkauft ihn noch. Meistbietend. *Cash and carry.* Die alte Methode. Also. Ihr wisst ja, wo ihr mich findet.«

»In Macao wärst du wirklich eine Wucht, Blum«, sagte Ted, und Tim stellte die Kuckucksuhren wieder an. Die Katze hatte allen den Rücken zugedreht und schlief. Sie war auch eine Ein-Mann-Firma. Blum machte die Tür hinter sich zu. Es war das Einzige, was zu tun war. Das, und zurück zum Kokain, zu den kalten Zimmern, Kategorie D, und den Nächten gegen die Kartelle. Man war der Einzige, der man sein konnte, und man tat es, man blieb es. Es war vielleicht nicht immer ein gutes Gefühl, aber es war das einzige, das man hatte, und man nahm es.

35

Die Bar lag mitten in der Altstadt. Es war nicht gerade die Pegasus Bar in Phoenicia, und es war schon gar nicht die Bar, die Blum aufmachen würde, wenn er erst die Insel gefunden hatte, aber das Bier war kalt, und schräge Vögel störten ihn nicht, solange sie sich mit sich selbst beschäftigten. Er trank sein Bier und starrte auf ein Zirkusplakat an der Wand und dachte an nichts Bestimmtes, als ein Herr mit Hut sich zwischen ihn und die schrägen Vögel am Tresen drängte. Mit einem Seitenblick erkannte Blum auch gleich, warum. Der Mann war in dieser Umgebung auch Strandgut, mit seinem popligen Regenmantel, seinem Trevira-Anzug, seinem gestreiften Binder und etwa 55 Jahren Überlebenskampf im Gesicht, den Tränensäcken, der Warze auf der Backe, dem faltigen Truthahnhals. Aber die Augen suchten noch, und auch das Kinn war noch nicht am Ende. Auch ein Reisender, dachte Blum, auf dem langen Weg von Solingen über Stalingrad nach Neheim-Hüsten; aber der hier glaubt auch noch an die Bahamas, wie ich. Vielleicht eher an Ascona. Der Mann nickte Blum zu, lüftete seinen Hut, wobei Blum der schwere schwarze Siegelring auffiel, und bestellte in der Landessprache einen Genever. An Blum wandte er sich auf Deutsch. Er hatte eine graue Raucherstimme.

»Nette Kneipe«, sagte er und kippte den Schnaps.

»Nichts gegen zu sagen«, bestätigte Blum.

»Auch aus Deutschland?«

»Wie Sie hören.«

Der Mann nickte und bestellte noch einen Genever.

»Sie auch?«

»Danke, ich bleibe beim Bier.«

»Sehr vernünftig.«

»Ja, Bier ist das einzig Wahre.«

»Bier und Bargeld, wie?«

»Da haben Sie völlig recht.«

Sie tranken eine Weile, dann sagte der Mann: »Nette Stadt, Amsterdam.«

»Je nachdem«, meinte Blum.

»Sind Sie öfter hier?«

»Wie die Geschäfte so laufen.«

»Darf man fragen, welche Branche?«

»Vermittlungen«, sagte Blum.

Ein interessierter Blick, noch ein Genever. Diese alten Schluckspechte machten sich wirklich keine Gedanken mehr wegen der Leber.

»Das ist ja ein weites Feld«, sagte der Mann schließlich. »Und was vermitteln Sie so?«

»Man nimmt, was kommt. Chemie und Information, vorwiegend. Und was ist Ihre Branche?«

»An- und Verkauf. Import-Export.«

»Aha. Kennen Sie Frankfurt?«

»Wer kennt Frankfurt nicht?«

Jetzt musste er doch damit rüberkommen. Die Stichworte waren alle gefallen. Vielleicht fehlte noch eins.

»Dann kennen Sie natürlich auch die ICA?«

»ICA? Welche Messe ist das?«

Also doch Fehlanzeige. Na, man konnte nicht immer gewinnen. Aber allmählich wurde es Zeit für so etwas Reelles wie einen Appel und ein Ei in all dem Durcheinander.

»Vergessen Sie's. Gehört in die Rubrik Information.«

Eine Nutte mit blauem Haar machte sich an dem Mann zu schaffen, aber er verscheuchte sie mit einem Blick.

»Information ist mir zu weitgespannt, wissen Sie. Ich habe es lieber mit ganz handfesten Dingen.«

»Südfrüchte? Ersatzteile? Plastiktüten?«

»So in der Art. Es kommt eben darauf an, was in den Plastiktüten drin ist.«

Es waren dieselben Augen, die die Nutte verscheucht hatten, doch jetzt waren es die eines Unschuldsengels. Vorsicht, Blum.

»In den meisten Plastiktüten ist Chemie.«

»Das sagen Sie.«

»Hat natürlich heutzutage nicht die beste Presse, die Chemie.«

»Wissen Sie, in meiner Branche ist die Presse eigentlich nur zum Einwickeln der Ware da. Und mit Vorurteilen wird man auch nicht alt in unserem Geschäft, habe ich recht?«

»Genau, sage ich auch immer. Kommen Sie, nehmen Sie noch einen Genever.«

»Gern. Aber ich schlage vor, wir ziehen irgendwohin, wo es etwas – gemütlicher ist. Einverstanden?«

Er hat natürlich recht, dachte Blum. In diesem Schuppen kann ich ihm ja schlecht mit 5 Pfund Koks kommen.

Hier haben doch selbst die Ärsche Ohren, und nicht jeder schräge Vogel singt nur Verdi-Arien oder *Stranger in the Night*. Andererseits, wenn der Mann nicht für Hackensack arbeitete, konnte er nur bei der Schmiere sein. Blum leerte sein Bierglas. Er blickte sich noch einmal um, aber was er sah, war keine Alternative. Vielleicht war das hier, was Leute wie der Werbefritze die Drogen-Szene nannten – die Nutte mit den blauen Haaren, die sich jetzt mit zwei amerikanischen Matrosen anlegte; der chinesische Hermaphrodit, der an seinem Zopf lutschte, in seinen wimpernlosen Augen tausend Jahre Folterung; die Jungs in Leder, die sich damit brüsteten, wie viele Bullen sie das nächste Mal vernaschen würden; die ätherischen Disco-Girls, Stars an einem Himmel, an dem keine natürliche Sonne mehr schien; und die Gaffer in den Ecken – aber Blums Szene war es nicht. Er hatte noch nie dazugehört, und, so seltsam es sein mochte, mit 5 Pfund Kokain gehörte er noch weniger dazu. Er hätte einiges gegeben in diesem Augenblick, um zu wissen, wohin er gehörte; aber da es ihm keiner sagen konnte, bezahlte er sein Bier und folgte dem Mann mit dem Hut und der Warze und dem Import-Export nach draußen.

36

»Was ist das für ein Mann?«, fragte Cora. Sie saß rittlings auf dem einzigen Stuhl, den das Hotel Roder Leeuw seinen Einzelzimmergästen zubilligte, und sah zu, wie Blum packte. Viel zu packen gab es nun wirklich nicht mehr, aber Blum hatte ein beträchtliches Talent dafür, auch das Verstauen von zwei Paar Socken und einer Zahnbürste zu einem umfangreichen Zeremoniell zu gestalten.

»Ein kleiner Geschäftsmann«, sagte er nachdenklich. »Einzelgänger, wie ich. Grauer Hut, grauer Anzug, graue Stimme. Import-Export.«

»So einer kauft doch nicht einfach fünf Pfund Koks, so mir nichts, dir nichts. Das gibt es doch nicht. Und in bar.«

»Auf den Tisch des Hauses, ja. Siehst du, für dich hat das Wort Kokain eine ganz andere Bedeutung als für solche Leute. Du siehst das natürlich exotisch – magisch – mystisch – Geschenk der Götter, Coco, die weiße Lady, all dieser Zimt. Ich sage ja nicht, dass das völlig abwegig ist. Aber für normale Geschäftsleute ist Kokain eben eine Ware wie jede andere auch. Illegal, was heißt das heute schon. Dafür ist es auch profitabler als Schnürsenkel oder Heftklammern. Ein gutes Geschäft eben.«

»Normale Geschäftsleute handeln nicht mit Koks, Blum.«

»Was heißt schon normal? Da unsre Zeiten nicht normal sind, kannst du kaum von einfachen Geschäftsleuten erwarten, dass ausgerechnet sie als Einzige normal bleiben sollen. Bei Heftklammern, Trockenfutter, Fahrradschläuchen. Denk doch an deine Freunde Ted und Tom.«

»Tim. Ted und Tim.«

»Ja, sag ich doch …«

»Aber das sind Exzentriker, die machen das als *l'art pour l'art.*«

»Nicht alle Leute, die einen grauen Anzug tragen, sind trottelige Spießer, Cora, und ich persönlich kann nur lachen, wenn du sagst, deine Freunde machen das nur so aus Jux.«

»Das hab ich nicht gesagt. Aber du kennst sie eben nicht. Du wolltest sie ja auch gar nicht kennenlernen. Du bist doch einfach weggerannt, sobald es nicht gleich so lief, wie du wolltest – Bargeld auf den Tisch und ex und hopp.«

»Sekt oder Selters, sag ich immer.«

»Dann hast du aber in letzter Zeit ziemlich viel Selters getrunken, du Armer. Hast du jetzt endlich fertiggepackt?«

»Immer mit der Ruhe, Kind. Was willst du? Ficken?«

»Du bist manchmal richtig zum Kotzen, Blum. Aber irgendwie hab ich dich trotzdem gern, und ich hab dich nicht verraten. An niemand. Ich weiß nicht, warum du bei James Hals über Kopf weg bist, aber du bleibst ja nie, bis man dir etwas erklären kann. Nur beim Packen, da lässt du dir noch Zeit. Und jetzt dieser sogenannte Geschäftsmann – ich seh doch schon, der hat dir mit ein paar Scheinen gewinkt, und schon sagst du zu allem ja und amen. Und hinterher bist du beleidigt, weil er doch ein Bulle ist. Ist dir der Gedanke überhaupt nicht gekommen?«

»Du hältst mich für reichlich naiv, Kindchen.«

»Und sag nicht dauernd Kindchen zu mir.«

»Was soll ich denn sonst sagen? Baby magst du ja auch nicht hören ...«

»Du spinnst ja auch, Baby, Kindchen – hast du eigentlich noch nicht gemerkt, dass ich eine Frau bin?«

»Du wirst doch nicht anfangen, humorlos zu werden?«

Das war für das Selters. Er zog seine Stiefeletten aus und hielt sie gegen das Licht. Es ging auf Mittag, und ein Streifen Frühlingssonne klebte seitlich am Dach. Cora war jetzt schon eine Stunde da, und er wusste immer noch nicht, warum. Er feuchtete ein Handtuch mit warmem Wasser an und rieb die Stiefeletten blank. Cora paffte und starrte ihn an.

»Also gut, keiner von uns ist naiv, und unser Humor hat uns auch nicht im Stich gelassen. Der Mann ist kein Bulle, Cora. Ein Geschäftemacher, zehn Pleiten hinter sich, der hat sich einfach gesagt, auf die legale Tour komm ich nie zu meiner Villa in Ascona, also gehen wir jetzt mal dieser Rauschgiftsache nach, vielleicht ist das doch besser als der Gebrauchtwagenhandel oder die chemische Reinigung. Solche gibt es *en masse*. Sie fangen nicht alle an, mit Rauschgift zu handeln, aber allmählich kommen sie auch auf diesen Trichter. Das ist nicht mehr die exklusive Sache wie vor zehn, zwanzig Jahren, mit viel heiligem Getue drumherum. Das heilige Getue ist nur noch für die armen Schweine, die sich mit dem Zeug kaputtmachen.«

»Du redest manchmal auch schon wie ein Bulle. Sind deine Stiefelchen jetzt schön sauber?«

»Wenn von uns einer ein Bulle ist, dann du, Cora. Es gehört schon eine ganz schöne Bullenmentalität dazu, sich auf mich ansetzen zu lassen, mich auszuspionieren. Und für wen? Für einen Rauschgiftprofi wie Hermes. Oder hat der das auch immer nur als *l'art pour l'art* gemacht? Und wer sagt, dass du nicht von den Bullen auf Hermes angesetzt worden bist? Wo hast du deine Hundemarke, Cora? In der dritten Jacketkrone von links?«

Ihr Gesicht wurde starr. Zwei Tränen liefen über ihre Wangen, mit Tusche gefärbt. Sie zogen zwei feine Striche auf ihre Haut. Sie starrte ihn an, ihre Hände umklammerten die Stuhllehne, die Knöchel traten weiß hervor. Blum wandte sich ab und zog seine Stiefeletten an. Als er wieder hochsah, streckte sie ihre Hände aus.

»Hilf mir, Blum.«

Er blieb sitzen.

»Hilf mir doch, du Idiot! Meine Beine sind eingeschlafen, ich kann nicht aufstehen! Blum!«

Er zog sie hoch, der Stuhl kippte um, und natürlich landete sie in seinen Armen. Von wegen eingeschlafen – sie presste sich an ihn, zitternd, heiß, ihr aschblondes Haar knisterte, dann lagen sie auf dem Bett, er unten, sie über ihm, mit geschlossenen Augen, wie ein Fallschirmspringer, der aus dem Flugzeug saust. Aber Blum war keine Wolke, und er weigerte sich auch, die Wiese zu sein, auf der die kühne Höhenbezwingerin landen konnte.

»Ich muss gleich weg, Cora. Wirklich, das geht jetzt nicht.«

»Du wolltest mal, dass wir zusammenbleiben.«

»Das war, bevor ich wusste, was dein Job ist.«

»Machst du dir es nicht etwas einfach?«

»Sehe ich so aus? Sehe ich so aus, als hätte ich es mir je

einfach gemacht? In einer Stunde geht endlich der Deal über die Bühne – ich riskiere ja nur ein paar Jährchen oder dass sie mir eins über die Rübe geben –, und hier liege ich mit dir auf diesem Bett, das gleich zusammenkracht, und du bekniest mich mit deinen Lebenslügen und behauptest, ich mache es mir leicht, weil ich nicht darauf reinfalle.«

»Hermes hatte mich in der Hand. Ich bin ihm etwas schuldig gewesen. Und ich hab ihm gesagt, dass du nichts hättest. Ich –«

»Weil du es selbst gewollt hast. Du und dein sauberer Modefotograf, ihr habt es für euch haben wollen, die ganzen 5 Pfund, deshalb hast du Hermes nichts gesagt.«

»Ach Menschenskind, wenn ich deinen Koks haben wollte, ich hätte ihn längst. Glaubst du, ich hab nicht gewusst, wo der Schlüssel zum Schließfach war, die ganze Zeit? Glaubst du, ich hätte einen wie James nötig gehabt, um an deinen Stoff zu kommen? Du armer Irrer, du hast die ganze Zeit gedacht, wir wären alle hinter deinem bisschen Peru her ...«

»Seid ihr ja auch, gib's doch zu. Sieh doch endlich ein, dass es keinen Sinn hat, mich einseifen zu wollen.«

»Glaubst du das wirklich? Ist zwischen uns nie etwas anderes gewesen?«

»Ich glaub nicht mehr dran, Cora. Ich glaub nicht an uns.«

»Ich brauch dich, Blum.«

»Du bist ja verrückt. Du brauchst keinen abgetakelten Desperado mit Stirnglatze und einem Musterkoffer voll geklautem Koks.«

»Und du? Du denkst, du schaffst es allein. Du weißt

doch, dass du es allein nicht schaffst. Lass es uns doch wenigstens versuchen. Zusammen haben wir eine Chance.«

»Nein, nicht zusammen. Zusammen haben wir noch weniger Chancen als allein. Und außerdem teile ich nicht gern, den Profit nicht, und die Kosten auch nicht.«

»Ist das dein letztes Wort?«

»Wir sind nicht auf der Bühne, Cora.«

»Musst du eigentlich alles lächerlich machen?«

»Ich glaube nicht, dass dein Part in dieser Sache besonders witzig war. Aber am Ende werde ich auch darüber lachen.«

»Ich hab dich nicht verraten, Blum.«

»Vielleicht. Aber das war dein Part.«

»Ich sag dir doch, Hermes –«

»Cora, ich will deine Geschichte jetzt gar nicht mehr hören. Als ich sie noch hören wollte, hast du gesagt, es gäbe keine Geschichten für dich, du hättest keine. Und jetzt hab ich keine Lust mehr, sie zu hören. Und keine Zeit.«

»Ja, du hast ja nie Zeit. Du machst es dir einfach, Blum. Du verziehst dich einfach, wenn es ernst wird. Deinen Mr Haq hast du ja auch hängenlassen. Der schnelle Blum, immer von Termin zu Termin. Weißt du noch, wie ich dir gesagt hab, in Frankfurt, du sollst den Koks einfach stehenlassen in dem Schließfach? Manche Leute macht der Stoff kaputt, wenn sie zu viel davon nehmen. Und andere macht er kaputt, auch wenn sie ihn nur verkaufen.«

»Und du sagst, dass ich es mir einfach mache. Also, Cora, ich muss jetzt wirklich weg.«

Sie machte keine Anstalten aufzustehen, also stand Blum alleine auf. Sie sah ihn nur an.

»Blum wie Blume ohne e. Dir fehlt aber mehr als nur ein e im Namen.«

»Mir fehlt kein e, und mir fehlt auch sonst nichts. Nur ein bisschen Geld, wie den meisten Leuten. Nun komm schon, Cora.«

Irgendwann gaben auch die Zähesten auf. Sie malte sich ihren Schmollmund rosa und schlüpfte in ihren synthetischen Pelz. Dann holte sie ein Blatt Papier aus ihrer Umhängetasche, legte es auf den Waschtisch, sah ihn noch einmal an, eine Strähne von ihrem aschblonden Haar zwischen den großen grauen Augen, und verschwand. Er starrte auf die Tür. Komisches Mädchen, diese Cora. Erst sah man in ihnen immer die Träume, dann merkte man, dass sie ihre eigenen Stücke spielten. Aber das Leben verteilte nur selten die besseren Rollen. Er sah sich das Blatt Papier an. Es war eine Zeichnung, zarte Striche mit Buntstiften. Da mixte er im Hawaiihemd in seiner Bar am Hafen die Drinks, sogar die Markise war da, »Bahamas-Bar« stand über dem Eingang, ein Papagei hatte sein Plätzchen auf dem Tresen zwischen dem Erdnussautomat, und dem Fässchen mit dem Rum, das hatte den Stil, der ihm vorschwebte, und auch Cora war zu sehen, sie kam gerade die Stufen in den Schankraum herunter, winkte ihm zu, und die Trinker am Tresen hoben die Köpfe, und Blum – der Blum, der die Zeichnung ansah – erkannte in ihnen alle, vor denen er geflüchtet war.

37

Blum zahlte und stieg aus dem Taxi. Eine Schulklasse kam gerade aus dem Zoo. Der Lehrer trieb zur Eile an, denn der Regen setzte wieder ein. Es hatte schon den ganzen Mittag immer wieder geregnet. Irgendwo auf dem Gelände schrie ein Pfau, ein anderer antwortete. Vom Hafen wehte eine kalte Brise. Ein alter Mann mit Baskenmütze und dunklem Mantel stand vor Blum an der Kasse. Der Kassierer schien ihn zu kennen, sie hielten einen kleinen Schwatz. Ein alter Kunde. Geduld, sagte sich Blum und brannte sich noch eine HB an, nur nicht jetzt schon auffallen. Schließlich durfte auch er seine paar Gulden berappen. Der Mann mit der Baskenmütze verschwand im Reptilienhaus. Blum ging weiter, an den Käfigen mit den Raubkatzen vorbei. Es regnete stärker. Der Kokskoffer glänzte vor Feuchtigkeit. Blum sah auf die Uhr. Pünktlich wie die Maurer, und das trotz Cora. Die linke Hand behielt er in der Jackentasche.

Ein mit Gold behangener Javaner fotografierte vor dem Elefantengehege seine holländische Freundin, ein verhuschtes blondliches Mädchen mit fliehendem Kinn. Sicher eine Bombe im Bett, dachte Blum. Seine Schritte wurden immer langsamer. Die Symbolik war allmählich unübersehbar – das Rauschgiftgeschäft im Zoo, und vor den Käfigen mit den gefangenen Tieren schnappte die Falle auch für ihn zu. Dabei hatte sich der Kunde mit ihm im Reichsmuseum treffen wollen, und der Zoo war Blums Idee gewesen. Da war der Mann ja schon, vor den Vogelkäfigen. Hol's der Geier, dachte Blum, er hat genau solche Angst wie ich. Der Hut saß ganz hinten auf dem Kopf, sein Schlips hing locker, und die dunkle Brille sah lächerlich aus. Aber er hatte den gleichen Musterkoffer aufgetrieben. Zwei junge Mädchen bewunderten die Adler, ein Inder mit Turban redete auf einen Inder ohne Turban ein, sonst war niemand zu sehen bis auf einen Arbeiter, der einen Karren voll Abfall wegschob.

»Da sind Sie ja«, sagte der Kunde mit so viel Räuspern, dass Blum ihn kaum verstehen konnte.

»Ich hätte Sie fast nicht erkannt, mit der Brille«, sagte Blum.

»Ah, die Brille. Meinen Sie, sie ist zu auffällig?«

»Das müssen Sie schon selbst wissen.«

»Dann lasse ich sie auf. Und in dem Koffer …?«

»Ja, da ist es drin. Haben Sie das Geld?«

»Haha, Sie sind gut. Haben Sie gedacht, ich komme mit Pokerchips?«

»Dann zeigen Sie es mir doch mal.«

»Wollen wir nicht ein Stück …«

Sie gingen ein Stück und fanden eine Bank, aber die Inder schlenderten hinter ihnen her. Sie blieben vor der Bank stehen. Die Inder blieben auch stehen und gestikulierten heftig.

»Sieht vielleicht ein wenig merkwürdig aus, wenn wir uns im Regen auf die Bank setzen. Im Reichsmuseum wäre uns das nicht passiert.«

»Da sind doch viel zu viele Leute«, meinte Blum.

»Aber hier werden wir doch ganz nass!«

»Haben Sie eine bessere Idee?«

»Wir gehen ins Affenhaus. Da ist es trocken.«

»Da sind aber auch wieder die meisten Leute ...«

»Ach, die paar Schulkinder, die stören nicht.«

»Sie mögen wohl die Affen?«

»Ich hab gehört, die Gorillas sollen hier wirklich enorm sein.«

Das ist also die Falle, dachte Blum. Im Affenhaus. Nicht nur link, auch noch abgeschmackt. Wenn der Mensch mit 50 ein Verbrecher war, musste er dann mit 55 ein abgeschmackter Verbrecher sein?

Er nickte. »Für Gorillas hab ich auch was übrig.« Sie gingen auf das Affenhaus zu. Blum warf einen Blick zurück. Die Inder machten es sich gerade auf der Bank bequem. Jedem das seine. Ein Pärchen in Lederjacken und Bluejeans verschwand im Affenhaus. Blum blieb stehen.

»So ein Pech. Das sind Typen, die mich kennen. Vom Hotel. Wäre nicht besonders geschickt, das jetzt da drin zu machen.«

Der Kunde sah besorgt drein.

»Und was schlagen Sie vor?«

»Na, gehn wir doch ins Raubtierhaus.«

»Auf gar keinen Fall. Ich kann den Gestank nicht ertragen.«

»Jetzt hören Sie mal, finden Sie das nicht allmählich lächerlich? Wir machen hier ein Fünfzigtausend-Mark-Geschäft, und Sie regen sich wegen dem Gestank im Raubtierhaus auf ...«

»Mir war die Idee mit dem Zoo gleich unsympathisch.«

»Dann gehen wir eben ins Reptilienhaus.«

»Und warum nicht einfach in ein Café?«

»Denken Sie doch mal nach, Mann. In einem Café! Wie viele Zeugen wollen Sie denn bei der Sache haben?«

»In meinem Hotelzimmer hätten wir überhaupt keine Zeugen gehabt.«

»Nein, nur drei Gorillas, die mir eins über die Rübe geben.«

»Ihr Misstrauen macht unser Geschäft auch nicht leichter.«

»Wir gehen jetzt ins Reptilienhaus. Oder haben Sie auch etwas gegen Krokodile? Wissen Sie, dass es Krokodile schon seit achtzehn Millionen Jahren gibt? Die haben schon so viel gesehen, denen macht unser kleines Drecksgeschäft auch nichts mehr aus.«

Der Kunde wirkte ausgesprochen alarmiert. Er hielt mit der einen Hand seinen Musterkoffer fest und mit der anderen die dunkle Brille, die ihm in einem weg von der Nase rutschte.

»Sie führen doch etwas im Schild. Das Reptilienhaus. Warum ausgerechnet das Reptilienhaus? Haben Sie da Ihre Freunde postiert? Wollen Sie mir da das Geld abnehmen?«

»Und *Sie* reden von Misstrauen? Sie haben ja Verfolgungswahn. Woher weiß ich, dass Sie überhaupt das Geld in dem Koffer haben?«

»Und woher weiß ich, dass Sie den – den Stoff in dem Koffer haben?«

»Dann lassen Sie uns endlich ins Reptilienhaus gehen

und nachschauen. Sehen Sie doch, wie stark es regnet. Wir machen uns wirklich lächerlich! Sie kriegen meinen Koffer, ich Ihren, und wenn alles in Ordnung ist, brauchen Sie nie mehr in Ihrem Leben in den Zoo zu gehen.«

»Wer hat das je gehört, ein Geschäft im Zoo!«

»Irgendwann ist alles mal neu. Auf jetzt, gehen wir. Wir stehen schon viel zu lang vor diesem verdammten Affenhaus.«

Der Kunde schwitzte vor Nervosität.

»Dann sehe ich mich aber erst einmal im Reptilienhaus um«, sagte er. »Sie verstehen, ich muss mich absichern.«

Armes Schwein, dachte Blum, er dreht durch. Na, man kennt das ja. Lass ihn. Entweder er hat die Knete, dann kannst du auch noch einen Augenblick warten, oder er hat sie nicht, dann ist es sowieso egal.

»Gut, ich gebe Ihnen fünf Minuten, dann komme ich nach.«

Der Kunde nickte, rückte die Brille gerade und ging viel zu schnell den Weg zurück, vorbei an den Raubtierkäfigen, zum Reptilienhaus. Blum folgte ihm langsam, eine HB in der Hand, an der er von Zeit zu Zeit gierig zog. Der Javaner knipste seine Braut jetzt vor den Flamingos. Im Regen und im diesigen Zwielicht wirkte er wie der einzige echte Exot in diesem dämmrigen Gehege voll Urwaldvieh und Dschungelfauna, aber Blum brauchte nur den Musterkoffer anzusehen, um zu wissen, dass nichts exotischer sein konnte als ein Mann von rund vierzig Jahren in einem durchnässten Blazer, der mit 5 Pfund Kokain in Rasierschaumdosen ins Reptilienhaus des Amsterdamer Zoos ging, um sich endlich gesundzustoßen. Es sei denn sein Kunde, der Mann von 55 mit seinem Treviraanzug und seiner dunklen Brille, der das Reptilienhaus auf versteckte Schläger absuchte.

Ein Puma aus den Anden lag in seinem engen Käfig in der Ecke, aber als Blum vor dem Gitter stehen blieb, erhob er sich und sah sich um, als suche er einen Fluchtweg. Zufall? Es gab keine Zufälle in diesem Spiel. Er sah auf die Uhr. Vielleicht waren erst zwei Minuten vergangen, aber es war ihm jetzt egal – er konnte nicht mehr warten.

Aus dem Reptilienhaus strömte eine Schulklasse, und Blum brauchte eine Weile, bis er durch den Eingang in das flache, längliche Gebäude kam. Auf einer Seite waren die Reptilien hinter Glas, auf der anderen Seite hinter Gittern, in Bassins, in einem fauligen, schwülen Dunst, der die Aura der Nilbänke und Alligatorensümpfe simulieren sollte. Der Kunde war nicht zu sehen. Das Reptilienhaus war leer bis auf den Mann mit der Baskenmütze, der sich so lange an der Kasse aufgehalten hatte. Ein Krokodil-Fan. Er stand vor dem Bassin mit den ganz großen Viechern. Blum ging auch hin. Der Gestank war überwältigend. Vielleicht tankte der Alte das Sumpfklima wie eine Verjüngungskur, denn jetzt sah er gar nicht mehr so alt aus. Blum sprach ihn auf Englisch an.

»Haben Sie einen Mann mit Hut gesehen? Er muss eben noch hier gewesen sein.«

Der Mann warf Blum einen kurzen Blick zu, sagte aber nichts.

»Ein Bekannter von mir, verstehen Sie. Wir waren hier verabredet.«

Der Mann warf einen flüchtigen Blick auf Blums Koffer und sagte dann, ebenfalls auf Englisch: »Da war ein Mann, dem offenbar die Luft hier nicht bekommen ist.« Er lächelte. »Das geht manchen Menschen so.« Das Lächeln verschwand. »Er fing an herumzutoben. Sehr bedauerlich. Es waren Kinder dabei. Man hat ihn weggebracht.«

»Ich glaube, Sie lügen mich an«, sagte Blum.

Der Mann zuckte mit den Achseln.

»Was gehen mich Ihre Bekannten an? Ich komme wegen der Tiere hierher.«

Er wandte Blum den Rücken zu und ging langsam weiter. Blum starrte ihm nach, dann betrachtete er das Bassin mit den Krokodilen. Einige trieben sich in dem schlammigen Wasser herum, andere lagen am Rand, krochen übereinander, sperrten ihre Rachen auf, beäugten sich regungslos, warteten ab – aber das war ein Warten, das keine Zeit kannte, ein 18-Millionen-Jahre-Warten. Blum drehte sich um und verließ das Reptilienhaus.

Der Regen hatte plötzlich aufgehört. Der Himmel war sogar hell geworden. Am Kiosk vor dem Ausgang stand der Javaner und kaufte seiner Braut zum Andenken einen Stofftiger. Blum drückte sich durch das Drehkreuz. Ein Mann kam auf ihn zu. Wieder dieses Gefühl von Panik. Die Schmiere …

»Mr Blum? Ich soll Ihnen das hier geben.«

Er drückte ihm einen Briefumschlag in die Hand und war im nächsten Augenblick verschwunden. Blum hätte nicht sagen können, wie er ausgesehen hatte. Er machte den Umschlag auf:

Erwarte Sie morgen 20 Uhr – Roxy Bar Ostende
mit besten Grüßen, Harry W Hackensack

38

Als der Zug in Belgien war, atmete Blum auf. Von Holland hatte er vorläufig genug. Selbst die Kühe machten in Belgien einen normaleren Eindruck. Die kleinen ländlichen Bahnstationen mit den verrosteten Reklameschildern für Stella-Artois-Bier und den verrußten Backsteinbuffets, die Eisenbahnersiedlungen an den Kanälen, wo Kinder angelten und Gänse durch das fette Gras marschierten, der Rauch aus abbruchreifen Fabriken, der sich mit dem sanften grauen Licht zu einem nebligen Schleier verwob – das war zwar nicht Miami, Maracaibo, Macao, aber es war, was Blum nach all dem Irrsinn am nötigsten hatte. Biernüchterne Ruhe.

Auch der einzige Mitreisende im Abteil schien ähnlich zu empfinden, denn erst nach der Grenze zog er seinen blauen Plastikregenmantel aus und legte das Buch beiseite, in dem er seit Amsterdam geradezu verbissen gelesen hatte. Dann holte er ein blütenweißes Taschentuch aus der Innentasche seiner schwarzen Anzugsjacke, reinigte sorgfältig seine randlose Brille und sprach Blum in salbungsvollem Tonfall an. Blum zuckte mit den Achseln.

»Tut mir leid, ich spreche kein Flämisch.«

»Ah, Sie sind Deutscher! Das ist mir natürlich eine Freude.«

»Warum natürlich?«

»Die Deutschen haben doch so viel zur Verbreitung des Worts des Herrn getan. Haben Sie Zahnschmerzen, mein Herr?«

»Ja, ganz plötzlich. Als ob mir einer mit dem Eispickel in der Wurzel rumsticht.«

»Nun, ich bin kein Medizinmann und kann Sie nicht ärztlich versorgen, aber ich kann für Sie beten.«

»Das wäre sicher zu viel verlangt.«

»Aber warum denn? Das Gebet ist ja doch das Kraftfeld, welches uns mit der göttlichen Gnade verbindet. Das Gebet, so hat uns Duncan Campbell gelehrt, ist die Erweckung zur Heilung.«

»Wie hieß der Mann?«

»Es war unser Lehrer, Duncan Campbell, der große schottische Prediger, Herr …?«

»Schmidt«, sagte Blum.

Der Mann hatte einen viel zu großen Kopf für seinen kleinen, mageren Körper in dem schwarzen Tuch, unter dem er einen schwarzen Pullover trug, der einen weißen Hemdkragen freiließ. An dem Gesicht war auch kein Gramm Fett, aber eine Menge Energie lag um den schmalen Mund und die harten blauen Augen. Er streckte eine knochige Hand aus.

»Und ich bin Bruder Norman.«

Sein Händedruck war wie eine Stahlklammer. Diese Irren waren einfach eine Pest. Jetzt auch noch ein Pope.

»Wo haben Sie Ihr Deutsch gelernt?«

»Oh, ich hatte viel Gelegenheit dazu. Und in Deutschland haben wir eine große Gemeinde.«

»Verstehe. Um welche Kirche handelt es sich, wenn ich fragen darf?«

»Um die Kirche des Gebets, Herr Schmidt. Wie Duncan Campbell uns gelehrt hat, ist das Gebet das einigende Kraftfeld, in welchem alle Grenzen aufgehoben werden, die uns Menschen so lange getrennt haben. Ich muss doch in meinem Koffer nachsehen, ob ich nicht eine deutsche Ausgabe unserer kleinen Einführungsschrift dabei habe.«

»Oh bitte, bemühen Sie sich nicht. Wissen Sie, ich reise mit leichtem Gepäck.«

»Aber eine Broschüre wird doch noch in Ihr Köfferchen passen, Herr Schmidt?«

War das nicht ein etwas anzüglicher Blick? Egal, der Zug fuhr schon durch die Vororte von Antwerpen. In Antwerpen musste Blum umsteigen.

»Sehen Sie, meine Zahnschmerzen sind wieder weg. Sie haben mir also doch geholfen. Hat mich gefreut, Ihre Bekanntschaft gemacht zu haben, Bruder Norbert.«

»Norman. Sie steigen hier aus?«

»Ja, ich will mir Antwerpen anschauen.«

»Und wo geht es dann hin, Herr Schmidt?«

»Wissen Sie, ich mache Ferien. Ich fahre einfach ins Blaue. Auf Wiedersehen!«

Blum sprang aus dem Zug und eilte mit langen Schritten ins Bahnhofsbuffet. Er bestellte Sandwiches und Kaffee. Vor zwei Wochen um diese Zeit war er mit dem Australier nach St. Paul's Bay gefahren. *Verbum dei caro factum est.* Seltsam, überall verfolgte einen die Religion, überall mischte sie sich ein. Er holte das Marienbild aus der Brusttasche. Es war etwas feucht und roch schon leicht modrig. *Madonna salvani.* Immerhin hatte es bis hierher gehalten. Das war mehr, als man von manchen Menschen behaupten konnte. Er steckte das Bildchen weg und gab dem Musterkoffer einen liebevollen Klaps. Du kommst bald an die richtige Adresse, Baby. Blum sorgt schon für dich. Bald haben wir's geschafft. So heiter hatte er sich schon lange nicht mehr gefühlt.

Als er zum Express nach Ostende ging, sah er auf dem nächsten Bahnsteig Bruder Norman herumlungern. Such dir einen anderen, den du missionieren kannst. Er ging an die Spitze des Zugs und machte es sich im Wagen erster Klasse bequem.

Auf der Fahrt durch Flandern wurde der Himmel immer dunkler. In Ostende heftiger Wind, Regenschauer, Sonnenrisse über der See. Blum gab den Koffer bei der Gepäckaufbewahrung auf. Jetzt hatte er wieder einen Schein. Er steckte ihn zur Madonna in die Brieftasche. Eine Sealink-Fähre verließ gerade das Dock. Die Seeluft erfrischte Blum. Er lief an den Docks vorbei zum Vissers-Kai, an den sich die Seepromenade anschloss. Dahinter lag die Altstadt.

In den Kneipen roch es nach Bratfisch und Fritten. Vor den Souvenir-Läden standen Touristen, hielten sich an ihren Regenschirmen fest und rechneten die belgischen Franc in englische Pfund und deutsche Mark um. Blum beschloss, sich auf keinen Fall belgische Franc andrehen zu lassen. Das Zeug wurde man nie mehr los, höchstens im Kasino. Ein Plakat kündigte einen Auftritt von Shirley Bassey an, ein anderes einen Vortrag über das Bermuda-Dreieck. Blum fühlte sich fast wie zu Hause. Plötzlich ging ein Platzregen nieder. Schwarze Doggen rasten über den leeren Strand.

Ebbe. Zeit für einen Drink. Da war ja schon die Roxy-Bar. Ein rötliches Neonfunkeln versprach REAL ENTERTAINMENT. Es war zwar erst halb sechs, aber für solche Verlockungen war Blum immer zu haben.

39

Die Roxy-Bar erwies sich als schäbiger Animierschuppen. Trübe Funzeln erhellten einen schlauchartigen Raum. Neben dem Eingang gab es eine Art Bar, zu beiden Seiten des Schlauchs Nischen mit Resopaltischen, Holzbänken mit durchgescheuerten Sitzkissen, Lämpchen mit Plastikschirmen. An den Wänden, die in einem poppigen Erdbeerrot tapeziert waren, hingen verstaubte Pin-up-Fotos; am Ende des Schlauchs gab es ein kleines Podium mit einem alten Klavier, und Blum war sich nicht ganz sicher, ob die zwei Frauen mit Schürzen und Kopftüchern, die dort den Boden schrubbten, *Real Entertainment* darstellten oder zur Putzkolonne gehörten. In einigen Nischen hockten angetrunkene Handelsreisende und Seeleute und haderten mit ihrem Schicksal oder mit den Mädchen, die vor sich hindösten oder mit dröhnenden Stimmen Witze erzählten. Eine Musikbox dudelte einen Schlager, und es roch wie in einem Wartesaal zweiter Klasse.

Blum wandte sich an einen grauhaarigen Mann in einer schmierigen Kellnerjacke, der hinter dem Bartresen stand und Kassenbons abzählte. Eine lange weiße Narbe verzierte sein einfältiges Gesicht. Eine Frau, die etwa Mitte fünfzig war, sah ihm dabei misstrauisch zu. Sie war in voller Kriegsbemalung, hatte eine dicke Perlenkette um ihren Hals und eine tizianrote Perücke auf dem Kopf. Ihre dicken Finger mit den bunten Ringen und den spitzgefeilten Nägeln spielten mit einem Colaglas, das noch zu einem Drittel mit einer Flüssigkeit gefüllt war, die wie eine Mischung aus Eierlikör und Pernod aussah.

»Entschuldigung«, sagte Blum, »ich habe gehört, hier gäbe es die beste Show in Ostende.«

Der Barmann sah von seinen Bons hoch. Er hatte sich frisch rasiert, aber auf der Oberlippe geschnitten und vergessen, die Blutkruste wegzumachen. Er musterte Blum, und was er sah, schien ihm zu gefallen, denn er entblößte seine bräunlichen Zahnreste, doch ehe er etwas sagen konnte, legte ihm die Tizianrote ihre Hand auf den Arm und wandte sich in einer überraschend zarten und melodischen Stimme, der man die gelernte Sängerin anhörte, an Blum.

»Sie schmeicheln uns, Mister. Aber wenn einer so schön schmeicheln kann wie Sie, kommt selten etwas Gutes dabei heraus. Darf ich fragen, wer Ihnen das gesagt hat?«

»Ein Freund.«

»Ah, ein Freund. Vielleicht kennen wir Ihren Freund?«

Blum gab eine Beschreibung Hackensacks.

»Und er trägt immer bunte Hüte, und den Bourbon trinkt er wie Wasser.«

»Nein, ist mir kein Begriff. Wissen Sie, die meisten Amerikaner sind seltsam angezogen, und wie Wasser saufen sie ihren Schnaps alle.«

»Vielleicht lernen Sie ihn noch kennen. Wir sind nämlich heute Abend hier verabredet. Sie können uns doch einen Tisch reservieren?«

Sie ließ den Barmann los und knuffte ihn in den Rücken. Er strahlte.

»Gib dem Herrn etwas zu trinken, Joseph! Was möchten Sie? Sind Sie auch Amerikaner?«

»Bin ich auch seltsam angezogen?«

»Etwas zu leicht für unser Klima.«

»Oh, das macht mir nichts aus. Ich bin Deutscher. Geben Sie mir ein Bier.«

»Joseph, ein Bier! Deutsches Bier!«

»Das ist gestern ausgegangen.«

»Ich trinke gern ein belgisches.«

»Also gut. Aber wenn Sie einen Tisch reservieren, müssen Sie auch zwei Mädchen reservieren. Tische gibt es nur mit Mädchen.«

»Versteht sich. Gibt es heute Abend auch eine Show?«

»Wir haben jeden Abend zwei Shows, um neun und um elf.«

»Dann reserviere ich einen Tisch für beide Shows.«

Er legte einen Geldschein auf den Tresen. Sie nahm ihn und sah Blum dabei seltsam an.

»Sie werden doch keinen Ärger machen?«

»Madame, Ärger ist für mich ein Fremdwort.«

»Ach, schon als ich Sie hereinkommen sah, habe ich so ein Gefühl gehabt.«

Joseph hatte die Flasche Bier aufgemacht, und die Madame goss Blum ein Glas halb voll.

»Aber mir macht es nichts mehr aus«, sagte sie und stieß mit Blum an, »Ärger kann ja auch amüsant sein. Zum Wohl, mein Herr!«

»Auf Ihr Wohl, Madame.«

Sie tranken, dann sagte sie: »Warum nehmen Sie nicht gleich einen Tisch? Vielleicht ist später so viel Betrieb, dass wir ein bisschen knapp mit den Mädchen werden. Oder Sie haben nur noch Ihre Geschäfte im Sinn, das kennt man doch. Kommen Sie, amüsieren Sie sich lieber vorher, wer weiß, was dann kommt. Mein Mann – Gott weiß, wie ich unter ihm gelitten habe! –, aber das muss man ihm lassen, er hat nie versäumt, den Frauen zu zeigen, dass sie mehr wert sind als alle Geschäfte. Nun, wie ist es? Nehmen Sie einen Tisch?«

Blum blickte verstohlen auf die trüben Nischen, die Rauchschwaden, die nirgendwo abziehen konnten, die Bierlachen, die angedröhnten Zecher. Dagegen war das Playgirl, wo die Kakerlaken in der Box bumsten, eine swingende Sache gewesen. Andererseits hatte er keine Lust auf einen Stadtbummel; der Regen prasselte an die Tür, und hier war es wenigstens warm.

»Ich schicke Ihnen auch ein gutes Mädchen«, sagte die Madame und goss ihm noch etwas Bier ins Glas, »etwas ganz Spezielles. Amüsieren Sie sich ein bisschen, wer weiß, wann Sie wieder Gelegenheit haben.«

»Na gut«, sagte Blum, »etwas Stimmung kann nichts schaden. Aber wenn dieser Amerikaner kommt, sagen Sie mir Bescheid.«

Er zwinkerte ihr zu. Sie lächelte zurück. Kaum hatte er an einem der Tische Platz genommen, erschien eine Eurasierin mit einem frischen Bier für ihn und etwas Limonade für sich selbst. Anscheinend meint die Madame es wirklich gut mit mir, dachte Blum. Mona, wie die Eurasierin hieß, war halb Chinesin, halb Französin, und ihr vom Alkohol aufgedunsenes Gesicht zeigte immer noch Spuren von animalischer Schönheit. Ihre olivenfarbene Haut glänzte wie Talg. Ihre wulstigen Lippen, die zu einer Schwarzen gepasst hätten, ließen Coras Schmollmund völlig vergessen. Sie hatte ihr schwarzes Haar ganz kurz geschnitten, so dass es wie eine Badekappe auf ihrem flachen Schädel lag. Ihre fette Figur steckte in einem grünen Hosenanzug, der mit roten Glasperlen bestickt war. Selbst der barbarische Modeschmuck an ihren kurzen Fingern gefiel Blum. Sie thronte auf der Holzbank, ein chinesischer Touristen-Dämon, der »Sherry-Cocktail« schlürfte und sich mit einem Zahnstocher die Nägel reinigte, während Blum allmählich ins Schwitzen kam. Sie war die Große Hure, die Hafen-Heilige. *Madonna berikni u salvani.* In 14 Tagen von Valletta bis Ostende, von der Zahnarztbraut Helga zu dieser importierten Mona, von einem Koffer mit Pornos zu einem Koffer mit Koks. Aber die Koffer waren nicht entscheidend, vielleicht waren sie sogar lästig; vielleicht sollte einer, der morgen vierzig wurde, in Zukunft ohne alles Gepäck reisen. Etwas gespenstisch Ödes lag in der Roxy-Bar, und in den Augen der Eurasierin lag etwas, das Blum einen Schauer über den Rücken jagte – das große Loch, das Nichts.

Er fragte, woher sie sei.

»Saigon«, sagte sie und sah ihn herausfordernd an. »Mein Vater aber großer General in China, geht zurück nach Schanghai, um das Vaterland zu retten, nehmen ihn gefangen, immer im Gefängnis. Wenn ich viel Geld habe, ihn befreien.«

»Vielleicht helfe ich dir dabei«, sagte Blum.

»Du? Warum du?«

»Na, vielleicht hätte ich es auch gern, wenn mich einer aus dem Gefängnis rausholen würde.«

»Warum du Gefängnis?«

Er grinste, wischte sich den Schweiß ab, trank sein Bier.

»Wir stehn doch alle auf der Kippe.«

»Ja?«

»Ich meine, wir können doch alle jeden Augenblick in die Scheiße treten. Bäng, und schon schließen sie dich für zehn Jahre weg. Ich glaube, ich hätte nichts dagegen, wenn dann einer draußen wäre, der mich rausholen will.«

»Aber mein Vater General, im Gefängnis für China.«

»Ist das nach dreißig Jahren nicht ziemlich egal?«

Mona war das gar nicht egal. Im Vergleich mit ihrem Vater, dem General, schnitten alle anderen, die ins Gefängnis mussten, ziemlich ungünstig ab. Blum versuchte sich vorzustellen, wie Hermes von seiner Tochter – wenn es seine Tochter war – in ein günstiges Licht gerückt würde, wenn sie nach zwanzig Jahren in Hamburg oder Marseille ihren Kunden davon erzählte. Dass er für Deutschland im Knast sitze, konnte sie ja schlecht behaupten. Außerdem, Männer wie Hermes gingen höchst selten in den Knast. Sie hatten nicht nur ihre Nummernkonten, sie hatten auch ihre Fluchtrouten.

»Was denkst du, Blumm?«

»Blum. Wie Blume.«

»Blumm.«

»Du wirst lachen, ich denke an Geld.«

»Warum? Kannst du nicht bezahlen?«

»Aber sicher kann ich bezahlen, Mona.«

»Sherry-Cocktail?«

»Willst du noch einen?«

»Nein. Und mich, kannst du bezahlen?«

Natürlich könnte er auch für Mona bezahlen, sagte Blum, aber würde das nicht ihrer Freundschaft Abbruch tun? Er könnte trotzdem bezahlen, fand Mona. Schließlich brauchte sie das Geld nicht für sich selbst, sie lebte ja von Wasser und Brot, von Luft, wenn es sein musste; nein, sie brauchte es doch für ihren Vater, den General, der seit dreißig Jahren ganz allein in einem Gefängnis saß, von allen vergessen außer seiner Tochter, weil das Gefängnis so geheim war, niemand wusste, wo es lag, irgendwo am Ende der Welt; aber einmal hatte er einen Brief herausgeschmuggelt, einen Brief, den sie nach einem Jahr bekommen hatte. Und er hatte geschrieben, nichts sei verloren; er hatte sich im Gefängnishof eine Sonnenuhr gebaut, und Vögeln hatte er das Sprechen beigebracht, und Ratten brachten ihm Nahrung. Würde Blumm das auch fertigbringen? Ja, sagte Blum; wenn er eine Tochter wie Mona hätte, würde er das auch fertigbringen, und dass nichts verloren war, hatte er spätestens in Istanbul herausgefunden. Und Mona lächelte; es bildeten sich eigentlich nur zwei feine Rillen zu beiden Seiten des Mundes; aber es war doch ein Lächeln. Wenn man sonst nichts laufen hatte, war auch das schon das Glück.

»Jetzt gehn wir in Ruhezimmer«, sagte sie.

Das »Ruhezimmer« war eine Überraschung. Dort, wo der Liebe gepflogen wurde, war die Roxy-Bar ein netter altmodischer Puff mit rosa tapezierten, gut geheizten Räumlichkeiten, wo weder an Topfpalmen noch an Samtportieren, weder an türkischen Ottomanen noch an französischen Betten, weder an Lüstern noch an goldgerahmten Lustspiegeln gespart worden war. Vielleicht hatte Blum Hackensacks Geschmack doch unterschätzt; aber der Staub, der überall lag, bewies, dass das 19. Jahrhundert auch in Ostende nicht mehr viele Anhänger hatte.

Wenn am Mobiliar nicht gespart worden war, dann sparte Mona auch an nichts. Immer wieder entlockte sie Blum neue Gelüste und neue Geldscheine, und sie hatte sogar selbst Augenblicke der Lust und gab dann seltsame Laute von sich, wie Vogelgezwitscher, so dass Blum sich fragte, was für ein Mann dieser Vater sein musste und was für Vögeln er das Sprechen beigebracht hatte. Schließlich legte er, schweißgebadet, seinen Kopf zwischen ihre Schenkel, auf ihren nassen Muff, und war in Gedanken schon weit in China, als von irgendwo ein kalter Luftzug durchs Zimmer strich. Er machte die Augen auf. In der Tür stand jemand in einem weißen Anzug. Irgendwie kam ihm der Mann bekannt vor. Dann drückte sich ein zweiter ins Zimmer, durch eine Tür in der Tapete. Der hatte eine Lederjacke an und kam ihm weniger bekannt vor. Im gleichen Augenblick schob Mona ihn von sich und entschwand durch die Tapetentür. Blum richtete sich auf und rieb sich die Augen. Den Kerl hatte er doch fast vergessen.

»Ich nehme an, du bist fertig«, sagte Rossi und machte die Tür hinter sich zu.

40

Du machst einen Fehler, Rossi«, sagte Blum.

»Ist das alles, was du mir zu sagen hast?«

»Ich habe das Kokain gar nicht.«

»Warum lügst du, Blum? Seit Amsterdam haben wir dich die ganze Zeit beobachtet. Der Koffer ist in der Gepäckaufbewahrung, und der Gepäckschein ist in deiner Jackentasche.«

Seit Amsterdam beobachteten sie ihn. Also nicht seit Malta, nicht seit München, nicht seit Frankfurt.

»Und woher habt ihr gewusst, dass ich in Amsterdam bin?«

»Amsterdam ist eine kleine Stadt, Blum. So etwas spricht sich sofort herum.«

»Aber das Froschauge in Frankfurt, war das nicht dein Mann?«

»Ich weiß nicht, wovon du sprichst.«

»Kann ich mich anziehen?«

»Ich bitte darum.«

Der Italiener lehnte neben der Tür und sah zu, wie Blum sich anzog. Sein Partner blätterte gelangweilt in einem Comic. Blums Bewegungen waren etwas gebremst. Für einen Socken brauchte er eine volle Minute.

»Den ganzen Abend hab ich nicht Zeit, Blum.«

»Nach dem Bumsen sollte man wirklich frische Wäsche anziehen.«

Rossi antwortete nicht, sondern betrachtete seine Fingernägel.

»Den Koffer hab ich zwar noch, Rossi, aber das Zeugs ist nicht mehr drin. Wer fährt denn schon mit Kokain nach Ostende? Nein, den Stoff hab ich Leuten in Amsterdam gegeben. Mich hat er zu nervös gemacht.«

»Wenn du deinen zweiten Socken suchst, er hängt an der Blumenvase.«

»Ah ja, richtig. Flotte Puppe, die Mona. Woher habt ihr gewusst, dass ich ins Roxy gehe?«

»Wenn man dich ein bisschen kennt, kann man sich das an fünf Fingern abzählen. Ostende ist ein Dorf.«

»Dann war das alles Absicht, mit der Mona?«

»Darüber kannst du bis an dein Lebensende nachdenken. Allzu lange wird es damit nicht mehr dauern, bei den Fehlern, die du machst.«

»Was für Fehler denn? Ich meine, gut, zugegeben, vielleicht war es ein Fehler, den Gepäckschein aus deiner – äh – Perücke zu nehmen ... wie ich sehe, hast du sie ja wieder, die Perücke ... aber das hätte doch jeder gemacht.«

»Dein größter Fehler war es, das Kokain nicht sofort zu verkaufen.«

»Es hatte ja keiner Geld. Außerdem kann ich mich nicht beklagen. Ich hatte eine schöne Zeit.«

»Auf meine Kosten, ja.«

Rossi bediente sich mit dem Whisky, den Blum sich hatte kommen lassen. Blum saß auf dem Bett und versuchte, in die Stiefeletten zu kommen.

»Und was soll jetzt passieren?«

»Das kannst du dir doch denken.«

»Warum habt ihr mir den Stoff nicht schon in Amsterdam abgeknöpft?«

»Wir wollten sehen, was du damit machst. Aber du bist ja so nervös, Blum. Komm, nimm auch einen Schluck.«

Blum zog inzwischen seine Jacke an. Er spürte das Gewicht des Messers.

»Und falls du an irgendwelche Tricks denkst«, sagte Rossi, als hätte er Blums Gedanken erraten, »vergiss es, Francesco hier hat den schwarzen Karategürtel.«

Francesco machte eine ruckartige Verbeugung, dann widmete er sich wieder den Comics. Jetzt war Blum angezogen. Der weiße Anzug stand Rossi gut, aber Blum hätte dazu keine karierte Krawatte getragen. Italiener waren auch nicht mehr, was sie mal gewesen waren. Er gab den Koks noch lange nicht verloren.

»So, Blumo«, sagte Rossi, »jetzt holen wir uns den Stoff. Gib mir den Gepäckschein.«

»Denk doch mal nach, Rossi. Ich hab den Koffer erst vor drei Stunden abgegeben. Der Mann wird sich an mich erinnern. Es ist sicher besser, wenn ich das selbst mache.«

»Na schön. Vielleicht hast du sogar recht. Aber vergiss nicht – du hast keine Chance mehr, mit dem Stoff wegzukommen.«

»Und was passiert, wenn du den Stoff hast?«

Rossis Lächeln passte zu seinem brutalen Kinn.

»Wir werden uns schon etwas einfallen lassen. *Andiamo*, Blum.«

Es war jetzt kurz nach acht. Sie verließen das Roxy durch

die Tapetentür, einen Korridor und einen Seitenausgang. Es regnete wieder. Rossi hatte einen Amischlitten, der große Kokshändler, aber Blum konnte er damit nicht täuschen. Das ist doch für den auch eine Nummer zu groß, dachte er. In der Lange Straat flimmerten die Neonlichter der Bars und Restaurants, dann lag das Dock vor ihnen, die Umrisse einer Fähre im Scheinwerferlicht.

Sie bogen auf den Bahnhofsplatz ein. Der Wagen hielt. Sie stiegen aus. Rossi ging voran, Francesco hielt sich dicht neben Blum. An der Gepäckaufbewahrung gaben gerade zwei Amerikanerinnen ihre Rucksäcke auf. Blum holte den Schein aus der Brieftasche. Ein Itaker links von ihm, einer rechts. Sobald er den Koffer hatte, musste er irgendetwas unternehmen, er hatte nur keine Ahnung, was. Er konnte ja schlecht Radau machen. Aber wenn er nichts unternahm, waren die 5 Pfund endgültig weg. Die Amerikanerinnen bekamen ihre Gepäckscheine, blieben aber neben dem Schalter stehen und studierten einen Stadtplan. Rossi gab Blum einen Stoß.

»Der Schein, Blumo.«

Blum gab dem Beamten den Schein. Im Hintergrund des Gepäckraums sah er drei weitere Beamte, die einfach herumstanden und rauchten und die drei Fremden ansahen. Gab wohl nicht viel zu tun, freitagabends in der Gepäckaufbewahrung von Ostende. Während der Beamte noch den Musterkoffer suchte, hatte Blum einen Einfall. Er wandte den Kopf und flüsterte Rossi nach hinten zu: »Rossi, Polizei!«

Er spürte, wie Francesco zusammenzuckte. Rossi gab ihm wieder einen sachten Stoß.

»Mach keinen Quatsch, Blum!«

Der Beamte stellte den Musterkoffer auf den Tresen.

»Ich hab kein belgisches Geld, Rossi.«

Rossi legte Geld hin, der Beamte gab ihm heraus, Francesco steckte das Wechselgeld ein, und Blum griff nach dem Koffer. Das war nun der Augenblick, aber es fiel ihm nichts mehr ein. Die Amerikanerinnen standen ihnen im Weg. Sie machten einen Bogen, und dann entdeckten sie gleichzeitig den Mann, der vor der Tür des Buffetts stand und gerade seine Zigarette austrat.

Es war Larry, der Australier.

»Das ist ein Bulle, du Idiot!«

Schon setzte Blum sich in Bewegung, immer noch mit dem Koffer, und dann passierte alles gleichzeitig: Rossis Partner versuchte sich auf Blum zu stürzen, Larry stellte ihm ein Bein, ein Mann in einem Regenmantel schnitt Blum den Weg ab und riss ihm den Koffer weg, die Amerikanerinnen schrien, ein Polizist in Uniform erwischte Rossi am Ausgang, Blum stolperte und wurde von Larry aufgefangen, Larry flüsterte ihm etwas ins Ohr, das er nicht verstand, schon drängten sie aus der Halle, die Italiener flankiert von Polizisten, Blum von Larry und dem Mann im Regenmantel, Larry hatte jetzt den Koffer in der Hand, die Fähre gab ein Signal, der Regen lief über Blums Gesicht, und er hatte nur einen Gedanken: Jetzt bist du endgültig verratzt. Verratzt in Ostende.

Er wurde in ein Auto bugsiert, Larry saß vorne, neben Blum zwei Männer im Fond, harte, ausdruckslose Gesichter, keine Handschellen, aber wozu auch? Sie hatten ihn ja. Am Schluss gewannen die Bullen. Man malte den Teufel an die Wand, und schon wurde er lebendig. Und Larry als Oberbulle, Rauschgiftagent, natürlich. Und ihm was von Vietnam vorgemacht. Bei ihm konnte man's ja. Sie fuhren los. Blum spürte, wie er in das schwarze Loch rutschte. Alles gab nach, kein Halt mehr, er fiel, er stürzte. Knast. Er wollte schreien, brachte aber keinen Laut heraus. Wie viel gab es dafür? Drei Jahre? Acht? Zehn? Selbst eines würde er nicht schaffen. Nicht mehr mit vierzig. Morgen war er so weit.

Der Wagen hielt irgendwo, ein dunkles Viertel, die Riesenkästen der leeren Hotelblocks, er hörte das Meer, jetzt war schon Flut. Sie gingen in einen Kasten, Neonlicht, eine Halle, sah aus wie ein Hotel, Teppiche, Kronleuchter, die Lounge, natürlich, das waren keine gewöhnlichen Bullen. Dieser Larry grinste vielleicht, dieses Schwein. Ich nehm dich mit nach Gozo, da bist du auch vor deiner Freundin sicher. Die Zahnarztbraut. Madonna, keine Frauen mehr. Wie lange? Drei Jahre keine Frau mehr? Acht Jahre? Für immer? Lieber lass ich mich in Scheiben schneiden, lieber gleich krepieren.

Fahrstuhl, Korridor, Teppiche verschluckten die Schritte, vornweg der Bärtige in der Windjacke, mit dem Koffer, dem Musterkoffer, dem Kokskoffer. Er machte eine Tür auf, winkte Blum. Die Regenmäntel blieben stehen. Warum musste man eigentlich alles mitmachen, auch durch diese Tür gehen? Sie stießen einen, und da ging man eben, und da saß Hackensack, in Hosenträgern, und kippte ein Glas Whisky.

41

Hackensack trank aber gar keinen Whisky, sondern Apfelsaft, und auf dem Tisch, hinter dem er thronte, war eine lange Reihe von Pillendosen, Tablettenschachteln und Trinkampullen aufgebaut. Ein giftgrünes Plastikhütchen saß auf seinem Schädel und gab seinem Gesicht eine fahle ungesunde Farbe. Selbst die Nase wirkte bleich.

»Na, das ging ja noch mal glatt, Mr Blum. Was starren Sie mich denn so an?«

Blum hatte noch zu würgen. Er brachte kein Wort heraus.

»Ach so, Sie wundern sich über die Apotheke. Ja, mein Arzt hat mich auf Apfelsaft und Chemie gesetzt.« Er begann, seine Medizin einzunehmen. »Eins für die Leber … eins für den Blutdruck … eins für den Zucker … eins für den Kreislauf … eins für den Magen … und eins für den Darm … wenn man einmal mit den Quacksalbern anfängt, entkommt man ihnen nicht mehr … und eins für den Stoffwechsel … und Sie haben auch ganz schön dazu beigetragen, Mr Blum … Brauchen Sie auch etwas?«

»Danke«, brachte Blum hervor. »Wenn ich mich recht erinnere, waren wir in der Roxy-Bar verabredet.«

»Gewiss. Auf die Weise sind wir diesen Rossi losgeworden.«

Hackensack nahm noch einen Schluck Apfelsaft aus der Flasche, stellte sie mit einer Miene äußersten Abscheus so weit weg, wie sein Arm reichte, setzte eine Lesebrille auf und blätterte in einer Aktenmappe. »Und nun zu Ihnen, Mr Blum, Siegfried, geboren am 29. März 1940 in Butzbach, Oberhessen.« Ein schwaches Lächeln huschte über sein Gesicht, das seit Malta ein paar Fettpolster verloren zu haben schien. »Ist da nicht das Zuchthaus in der Nähe? Na, ist ja egal. Von 1961 bis 1963 studierten Sie Kunstgeschichte und Volkswirtschaft in Berlin. Warum haben Sie Ihr Studium denn so schnell an den Nagel gehängt?«

»Muss ich darauf antworten?«

»Sie müssen gar nichts. Aber ich will mir schließlich ein Bild von Ihnen machen.«

»Es hat mir zu lange gedauert.«

»Sehen Sie. Dann gingen Sie nach Wiesbaden und haben eine Galerie aufgemacht. Blum & Bloskowitch. Aber die hielt sich nur drei Jahre. Ging Ihnen das auch nicht schnell genug?«

»Wir haben Konkurs gemacht.«

»Mit was für Kunst haben Sie gehandelt?«

»Mit alter Kunst, Mr Hackensack. Was ist das hier eigentlich? Ein Verhör?«

»Aber Mr Blum, Verhöre gibt es nur bei der Polizei und anderen staatlichen Stellen. Ich bin Geschäftsmann. Handelte es sich bei dieser Kunst nicht vorwiegend um gefälschte Ikonen?«

»Ikonen sind Ikonen.«

»1969 gaben Sie dann ein kurzes Gastspiel in Istanbul. Was war in der Zwischenzeit?«

»Da nahm ich aktiv an der politischen Bewegung teil.«

»Meinen Sie damit die Pornos, die Sie 1968 in Kopenhagen produziert haben? Aber warum stehen Sie denn die ganze Zeit, Mr Blum? Larry, gib ihm einen bequemen Stuhl. Ihr beiden kennt euch ja wohl. Und Bruder Norman dürfte Ihnen auch noch bekannt sein …«

Tatsächlich, da hinten neben der Tür saß Bruder Norman in seinem schwarzen Anzug und lächelte aufmunternd. Sie waren zu dritt – Hackensack, Bruder Norman, Larry. Der Musterkoffer stand neben Hackensack auf dem Tisch. Blum setzte sich und machte eine Zigarette an. Das sah nicht nach zehn Jahren Knast aus. Oder kam am Ende etwas dabei heraus, was viel schlimmer war?

»Das Geld, das wir mit den Pornos verdienen wollten, sollte alles in die politische Bewegung gehen, Mr Hackensack.«

»Machen Sie sich nicht lächerlich, Blum. Sie haben Ihren Partner, diesen Söderbaum, übers Ohr gehauen und sind mit den Pornos untergetaucht. Den letzten Restposten haben Sie ja kürzlich erst im ganzen Mittelmeerraum verhökert wie Sauerbier.«

»Der Geschmack hat sich eben gewandelt.«

»In der Tat. Dann kam Istanbul, dann kam die Sache mit der Butter, dann kamen die Antiquitätengeschäfte, gefälschte Antiquitäten, das war ja das Einzige, was Sie gelernt hatten …«

»Fälschungen? Ich bitte Sie. Davon verstehe ich überhaupt nichts. Ich habe das Zeug nur eingekauft.«

»Und in letzter Zeit sind Sie dann ziemlich abgesackt, mal hier was, mal da was, sogar gekellnert haben Sie, und in

Tanger und Tunis sind Sie dann so tief gesunken, sich von Touristinnen aushalten zu lassen.«

»Auf solche Unverschämtheiten antworte ich nicht mehr, Mr Hackensack.«

»Das brauchen Sie auch nicht. Ihre Geschichte spricht für sich selbst, Blum. Eine Geschichte, deren Ende vorhersehbar ist. Auf Malta sind Sie dann jedenfalls an diesen Rossi geraten.«

»Durch Ihren Gehilfen hier.«

»Ich sage immer, die Macht des Zufalls ist die allergrößte Macht auf Erden.«

Jetzt machte Bruder Norman den Mund auf.

»Ich kann dich gar nicht oft genug daran erinnern, dass es keinen Zufall gibt, Harry. Im Kraftfeld Gottes sind wir die Eisenspäne, die der Magnet der Vorsehung zusammenführt.«

»Right on«, sagte Larry.

»Jetzt brauche ich doch einen Bourbon«, seufzte Hackensack. Der Australier zog eine silberne Hüftflasche aus seiner Windjacke und reichte sie Hackensack, der einen tiefen Zug tat und sich genüsslich die zarten Lippen ableckte. Dann bot er Blum die Flasche an.

»Ist das jetzt die zweite Phase des Verhörs?«

»Nun hören Sie schon mit diesem albernen Verhör auf, Blum! Das zeigt doch nur, dass Sie keine Ahnung haben, wovon Sie reden.«

»Wie soll ich denn unsere Unterhaltung hier verstehen?«

»Ich habe Ihnen doch gesagt, ich bin Firmenberater. Natürlich berate ich nicht nur Firmen, die auf wirtschaftlichem Gebiet tätig sind. Schließlich habe ich von früher noch genügend Kontakte, und so berate ich von Zeit zu Zeit auch Firmen, die mehr politisch tätig sind.«

»Als Terroristenberater kann ich mir Sie aber doch nicht ganz vorstellen, Mr Hackensack.«

»Wer spricht denn von Terroristen? Ich spreche von Regierungen, Blum. Nehmen Sie den Fall, mit dem wir uns jetzt befassen. Ich konnte der belgischen Regierung kürzlich einen großen Gefallen tun, indem ich dazu beitrug, eine undichte Stelle in ihrer Rauschgiftfahndung zu schließen. Mein Preis? Wir werden ja sehen, wie sich der Abend entwickelt. Aber vergessen Sie nicht, wenn Sie durch diese Tür gehen, dass auf Rauschgiftschmuggel auch in Belgien empfindliche Strafen stehen.«

»Was wollen Sie denn? Ich habe den Stoff nicht mehr. Sie haben ihn.«

»Ja, und es war eine verdammte Plackerei, ihn zu bekommen. Die Aufregungen, die ich in letzter Zeit hatte, sind mir aufs Herz geschlagen. Man wird nun mal nicht jünger.«

»Die beste Medizin ist das Gebet, Harry«, ließ sich Bruder Norman vernehmen. Hackensack blinzelte Blum zu.

»Bruder Norman meint es gut. Ich wüsste nicht, was ich ohne ihn in Vietnam gemacht hätte.«

»In Casablanca war er auch unbezahlbar«, meinte Larry und ließ einen Hustenanfall vom Stapel, der mindestens drei Minuten dauerte. Vielleicht bin ich doch schon längst in der Zelle, dachte Blum, und über dem Portal steht »Städtisches Irrenhaus«. Hackensack zuckte schon bedenklich mit seinen Wurstfingern. An einem sah Blum einen Ring, der ihm bekannt vorkam. Natürlich – es war der schwarze

Siegelring des Kunden, den er im Reptilienhaus verloren hatte.

»Sie haben einen neuen Ring, Mr Hackensack?«

»Ja, den hat mir ein Kunde geschenkt.«

»War das nicht mein Kunde?«

»Und was für einer, Mr Blum. Der Mann ist achtmal vorbestraft. Von Erpressung über Unterschlagung bis Scheckbetrug hat der so ziemlich alles auf seiner Liste abgehakt. Der wollte Ihnen einen schönen Packen Blüten andrehen. Kennen Sie sich mit Blüten aus?«

»Ich hatte Sie nicht gebeten, mir da reinzufunken.«

»Warum haben Sie mich denn dann dauernd angerufen? Nein, Mr Blum, ich sagte Ihnen doch schon neulich in der Pegasus Bar, was interessant ist, ist Macht. Geld oder Rauschgift allein, das ist völlig uninteressant, wenn man es nicht umsetzen kann in politischen Einfluss. Ohne Politik geht es nun mal heute im Geschäftsleben nicht mehr. Larry, noch einen Schluck!«

Nach dem zweiten tiefen Zug fingen Hackensacks Ohrläppchen an zu glühen. Blum verzichtete dankend.

»Vielleicht erzählen Sie mir gelegentlich, woher Sie alle diese Informationen über mich haben, Mr Hackensack?«

»Sie meinen, was in meinem kleinen Dossier steht? Aber ich bitte Sie, enttäuschen sie mich nicht allzu sehr. So etwas bekommt man doch heute schon im Selbstbedienungsladen.«

»Ah ja. Daran hatte ich natürlich noch nicht gedacht. Und welchen Sinn hat unsere kleine Zusammenkunft hier?«

»Aber Blum, was ist denn mit Ihnen los? Sie waren doch in Frankfurt bei der Firma …«

»Wie heißt eigentlich Ihre Sekretärin mit Vornamen?«

»... Sie haben doch angerufen und gebeten und gebettelt, dass wir Ihnen helfen, Ihre Investitionen zu schützen.«

»Ja, Mr Hackensack – beraten, anlegen, schützen; aber nicht stehlen.«

»Wer hat Ihnen denn etwas gestohlen? Wir haben doch dauernd verhindert, dass man Sie bestiehlt. Was glauben Sie denn, was diese beiden sauberen Brüder mit Ihnen gemacht hätten, mit ihrem Trödelladen?«

»Ich sehe. Und was machen Sie mit dem Kokain?«

»Wir machen, was Sie auch damit täten, Mr Blum. Wir legen es an.«

Er zog den Koffer zu sich und klappte ihn auf. Seine Augen schienen aus den Höhlen zu quellen, seine Lippen flatterten. Seine Nase lief so rot an, als hätte er eben eine Flasche Bourbon auf einen Zug ausgetrunken. Er starrte Blum durch seine Lesebrille an.

»Was soll das, Mann?«

»Alles wissen Sie eben auch nicht, Mr Hackensack. Das Glück ist in den Dosen.«

42

Und jetzt erzähle ich Ihnen eine kleine Geschichte. Larry, eine Zigarre!«

Larry verwahrte auch die Havannas. Hackensack brannte sich eine an, machte es sich bequem und erzählte die Story, oder jedenfalls das, was Blum davon hören sollte. Sie saßen jetzt alle um den Rauchtisch, und Blum spielte mit dem Schnappmesser. Das war zwar ein gutes Gefühl, aber mehr auch nicht. Warum ein Ex-CIA-Agent, ein flämischer Missionar und ein Mitglied einer Spezialeinheit der australischen Armee sich im letzten Herbst des Vietnamkrieges in einem zerschossenen Urwalddorf 250 Meilen nördlich von Saigon als Gefangene des Vietcong getroffen hatten, blieb im Dunkeln, falls man nicht die Macht des Zufalls bemühte. Nicht im Unklaren blieb das Schicksal, das sie zu erwarten hatten. Während Hackensack in seinem breiten Akzent erzählte, hockte der Australier tief in seinem Sessel und starrte auf das hohe Doppelfenster, an das der Regen hämmerte. Bruder Norman hatte die Augen geschlossen und schien zu meditieren. Blum sah eine Fliege über der Stehlampe kreisen. Sie summte eigenartig hell, fast wie ein Moskito. Manche Leute schleppten auch ihre Moskitos mit sich rum. Hackensack sah, dass Blum nicht ganz bei der Sache war, und fasste sich kurz. Sie hatten damals überlebt, weil jeder

der drei Gefangenen über ein Talent verfügte, das in solchen Situationen gelegen kam – der eine die Kraft, der andere die Schläue, der dritte den Glauben.

»Eine alltägliche Geschichte also, Mr Blum; alltäglich für jeden, der das mitgemacht hat. Aber jeder von uns dreien wurde in einer speziellen Weise auch gezeichnet – der Söldner verlor eine Lunge, der Missionar seine Verwendbarkeit im bürgerlichen Leben, und ich – nun, ich verlor in dem Krieg damals vor allem meine Rücklagen. Also beschlossen wir, in Zukunft zusammenzuarbeiten. Und dabei ist es geblieben. Wir haben schon manchen kleinen Coup gelandet. Ich sage ›klein‹, aber es waren Fischzüge dabei, die einer allein nie im Leben geschafft hätte. Sehen Sie, Norman war 25 Jahre bei der Mission –«

»Ist das zufällig die Mission der Brüder der Letzten Tage?«

»Na also, manchmal halten Sie ja doch Ihre Augen offen. Ich jedenfalls war ja lange Zeit für die Regierung tätig, bevor ich in die freie Wirtschaft ging. Da kommt bei uns schon viel zusammen an Erfahrung. Und seit Larry bei der Rauschgiftfahndung mitmischt, kommen wir allmählich an die wirklich schönen Brocken heran. Ja, mein lieber Blum, wir haben sogar eine richtige Glückssträhne.«

Er betätschelte liebevoll eine der Jumbodosen.

»Was hätten Sie eigentlich gemacht, wenn ich den Stoff verkauft hätte – in München, Frankfurt oder Amsterdam?«

»Uns wäre schon etwas eingefallen. Das Geld wären Sie schnell losgeworden.«

»Aber als ich in München war, hatten Sie doch noch gar keine Ahnung davon.«

»Larry ist schon eine ganze Weile hinter Rossi her. Dass Sie dann plötzlich dazwischenfunkten, hat unser Konzept natürlich ein bisschen durcheinandergebracht. Aber Sie haben sich dann ja von selbst gemeldet. Ihr Glück, Blum.«

»Mein Glück? Sie reden davon, dass Sie mir das Geld abgenommen hätten, und jetzt sagen Sie, ich hätte Glück gehabt?«

»Es geht uns gar nicht um das Geld, Blum«, sagte Larry dazwischen.

»Das kann ich mir vorstellen. Ihr habt ja auch alle gut dotierte Jobs, soweit ich das beurteilen kann.«

»Als Rauschgifthändler sind Sie einfach eine Niete«, sagte Hackensack gemütlich. »Hoffentlich dämmert Ihnen das irgendwann mal. Den Rauschgifthandel überlässt man heutzutage wirklich den Profis und der Regierung. Und jetzt lassen Sie mich noch etwas erzählen. Wie Larry schon sagte, es geht uns gar nicht so sehr ums Geld. Wir wollen uns einfach zurückziehen, und zwar am besten gleich in ein Land, wo wir selbst die Zügel in den Händen haben. Jeder träumt doch von seinem kleinen Inselreich, wo er der Boss ist, hab ich recht? Na, wir haben unseres gefunden. Haben Sie mal was von Abaco gehört?«

Blum starrte Hackensack wortlos an.

»Ah ja, das war wohl noch vor Ihrer Zeit. Damals haben Sie ja sicher noch Ikonen mit Blattgold aufgefrischt oder was weiß ich. Jedenfalls ist Abaco eine Insel in den Bahamas, und vor einigen Jahren gab es einen dieser idealistischen Millionäre, die sich immer schon gern ihren eigenen Staat zugelegt haben, um dann den Wohltäter zu spielen. Er hat damals einen unserer Top-Leute angeheuert, um die

Insel von den Bahamas loszuschlagen. Hätte auch fast geklappt, nur dass der Agent wegen Watergate unter Verputz kam. Also fand die Große Revolution von Abaco doch nicht statt. So eine eigene Republik zu haben, macht nicht nur Spaß, wissen Sie – es ist natürlich auch eine äußerst lukrative Sache. Von den Briefmarken über den Freihafen bis zu den Kasinos. Wissen Sie, worauf ich hinauswill?«

Blum steckte sich eine HB an. Die vorletzte. Es wurde allmählich Zeit.

»Das Einzige, was mich interessiert, Mr Hackensack, ist: Wozu brauchen Sie mein Kokain?«

»In der Gegend, die wir uns ausgesucht haben, bedeuten fünf Pfund Kokain eine Menge Prestige, Mr Blum. Hier bekommen Sie bloß Geld dafür, aber dort verschafft uns das eine Basis für unseren Coup.«

»Ach ja? Dann kaufen Sie doch das Kokain, Mr Hackensack. Sie können es gern haben. Ich mache Ihnen sogar einen schönen Rabatt. Schließlich kennen wir uns ja von Malta her. Sagen wir fünfzig Riesen. Dollars, natürlich. Ich nehme auch jede andere Währung, Mr Hackensack. Nur in bar muss es schon sein. Und frisch gewaschen, wenn ich bitten darf.«

Hackensack streifte die Asche von der Zigarre. Der Ledersessel seufzte unter seinem Gewicht.

»Aber Blum, wir brauchen Ihnen das Kokain nicht mehr abzukaufen. Wir haben es ja schon.«

»Vielleicht solltest du ihm doch von dem Job erzählen, Harry«, sagte der Australier.

»Na schön. Ihre Vorstellung als Rauschgifthändler war ja nicht gerade umwerfend, Blum, aber ich verkenne natürlich nicht, dass Ihnen diese zwei Wochen auch ein gewisses Recht auf eine Abfindung geben. Und Larry, der Sie ja besser kennt als ich, behauptet, wir könnten Sie bei unserem Coup gut gebrauchen. Bitte, Sie haben ein gutes Auftreten, auch einige Sprachkenntnisse, und von Ihrer Tätigkeit als Kunsthändler und Pornoschieber wird ja auch noch etwas hängengeblieben sein. Also, wenn Sie wollen, können Sie bei uns anheuern.«

»Auch als Bruder«, sagte Norman, »das darfst du nicht vergessen, Harry – auch als Bruder wäre er willkommen.«

Blum drückte die Zigarette aus.

»Jetzt hören Sie mir mal gut zu, Mr Hackensack. Und ihr auch, ihr Brüder. Ich brauche keinen Job bei euch, und auf eure Insel kann ich auch verzichten. Ihr könnt auf jede Insel und auf jedes winzige Riff in dieser Welt, und ihr macht doch immer die gleiche alte Scheiße. Regierung, Mission, Krieg. Und nicht zu vergessen den simplen Raubüberfall. Aber nicht mit mir. Ich verzichte auch auf Ihre Macht, Hackensack. Und einen Job brauche ich nicht, ich habe nämlich einen. Ich bin nämlich bei der Firma Blum angestellt. Ich bin meine eigene Firma, meine Ein-Mann-Firma …«

»Aus Ihrem Dossier geht das nicht so eindeutig hervor.«

»Da sehen Sie mal, was man heutzutage in den Selbstbedienungsläden alles angedreht bekommt. Und diesen Stoff, Hackensack, für den möchte ich keine Abfindung. Der gehört nämlich mir. Entweder gehe ich mit dem aus dieser Tür raus, oder Sie können damit Ihre Zähne putzen. Sekt oder Selters, Hackensack, etwas anderes kommt für mich nicht in Frage.«

»Was haben Sie denn gegen mich?«

»Sie wollen mir meinen Stoff abnehmen, und dann fragen Sie mich, was ich gegen Sie habe?«

»Ich biete Ihnen die Chance Ihres Lebens, Mann!«

»So? Wo denn? Als was denn? Als Frühstücksdirektor auf Ihrem Abaco?«

Hackensack sah Larry an.

»Ich hab dir ja gesagt, Larry, der Mann ist unbrauchbar.«

»Da haben Sie völlig recht«, sagte Blum und stand auf, »für Ihre Jobs bin ich unbrauchbar.«

»Allmählich begreife ich, warum Sie den Stoff nirgendwo losgeworden sind, Blum. Mit Ihrem Gehabe ... Machen Sie sich doch nicht lächerlich. An den Realitäten kommt man nun einmal nicht vorbei. Sie hatten Ihre kleine Chance – sie war winzig, gewiss, aber doch vorhanden – und Sie haben Sie nicht nützen können. Aber bleiben Sie nur weiter bei Ihren Pornos, bei Ihren Antiquitäten, bei Ihrer Butter. Sie werden ja sehen, wie weit Sie damit kommen. Aber das Kokain bleibt hier. Wissen Sie, was? Betrachten Sie es als Honorar.«

»Als Honorar?«

»Sie wollten doch von mir beraten werden. Ich habe Sie beraten, Mr Blum. Das Fazit meiner Beratung lautet: Machen Sie Ihre Firma zu, und fahren Sie zur Hölle!«

An der Tür sah sich Blum noch einmal um. Die roten Dosen glänzten im Licht. Sie hatten sich gut gehalten. Aber das war auch alles, was er jetzt noch von ihnen sagen konnte.

43

Der Regen ließ nach. Die Flut schlug auf den Strand und schäumte über die Bojen, das Geröll, den Sand mit dem Kot und den Abfällen. Der Himmel war nebliggrau, mit bleichen Löchern darin, ohne Sterne. Weit weg auf der See tanzten die Lichter eines Fischkutters. Hier war er also, am Strand, und die Möwen hockten auf den Dächern der Hotels, in denen die Lichter ausgingen. Blum knipste die Taschenlampe an, die der Reisende ihm gegeben hatte, und schwenkte sie über die anrollenden Wellen. Aber was konnte er schon mitteilen? Ihm war ja nichts passiert. Und das, was ihm passiert war, passierte allen jeden Tag. SOS, das war jede Minute an Land. Er warf die Taschenlampe in die Flut. Alles weg, alles fort, was er gehabt hatte. Er steckte sich die letzte Zigarette an. Vielleicht sollte ich sie mir mit dem letzten Geldschein anmachen, dachte er, aber so frei wurde man doch nie. Man blieb, was man war, man hatte noch Glück dabei, man wurde, was jeder werden wollte, ein Sieger im Kleinen, auf der langen Strecke zwischen Sekt und Selters. Eine Möwe fing über ihm an zu schreien, dann folgten ihr andere, und sie jagten über die dunklen Wellen, die immer näher an Blum heranschlugen. Im Dock heulten die Sirenen der Fähre. Er hörte keine Schritte, aber das Husten, das sich ihm langsam näherte.

Larry stand lange neben ihm. Das Licht der Straßenlaternen reichte weit auf den Strand, aber sie blieben im Schatten stehen. Schaumflocken wirbelten über den Sand. Schließlich warf der Australier seine Kippe weg. Der Wind fegte sie zur Promenade.

»Du könntest immer noch mit«, rief Larry. »Ich habe die Tickets.«

»Meine Tickets kann ich mir noch selber kaufen.«

»Hackensack ist ein guter Mann!«

»Das kannst du von allen sagen.«

»Das mit der Insel ist ein guter Job.«

»Peanuts«, sagte Blum, der gerade an Mr Haq dachte.

»Alleine kommst du einfach nicht mehr durch!«

»Ich bin sehr gut durchgekommen, bis ihr aufgetaucht seid.«

»Inseln werden verdammt rar, Blum!«

»Dann lass sie rar werden.«

»Hör mal, du nimmst mir das mit den Heften doch nicht übel? Es gehörte zum Job.«

»Verdammt mieser Job, Larry.«

Der Australier antwortete nicht. Die Wellen schwappten ihnen jetzt über die Füße. Dann rief Larry: »Was machst du jetzt, Blum?«

Ja, was machte er jetzt? Er hatte wieder die Qual der Wahl. Manche Firmen gingen bankrott, und andere machten weiter. Manche Menschen verloren, aber damit hatten die anderen noch nicht gewonnen. Er warf seine Kippe in den Wind und blickte auf die Uhr.

»Ich seh mir die Show in der Roxy-Bar an«, sagte Blum.

Nachwort

Nicht München, nicht Frankfurt, sondern Düsseldorf. Im Cinema in der Schneider-Wibbel-Gasse. Manchmal bin ich dort nur hingegangen, weil ich so gern Schneider-Wibbel-Gasse sagte. Ich geh jetzt in die Schneider-Wibbel-Gasse. Kommst du mit in die Schneider-Wibbel-Gasse? Ins Kino? Ja, ins Kino in der Schneider-Wibbel-Gasse.

1985 war ich 19 Jahre alt und hatte im Zwiebelzwerg-Verlag einen schmalen Band mit Gedichten und Kurzgeschichten veröffentlicht. Es ging bergauf, dachte ich. Verdrängend, dass ein Verlag, der Zwiebelzwerg-Verlag heißt, eher in die andere Richtung weist. Zwei Jahre zuvor hatte ich im Selbstverlag ein Buch veröffentlicht. Mirko, dessen Vater Chef einer sehr renommierten Werbeagentur war, hatte mir 10 Bücher abgekauft. »Gedichte interessieren mich nicht, aber man muss arme Künstler fördern«, hatte Mirko gesagt, der gleich alt war wie ich. Wenn Mirko in der Schule sitzenzubleiben drohte, kaufte sein Vater der Schule einen neuen Physiksaal oder eine Ampel.

Vom Zwiebelzwerg-Buch wollte Mirko kein Exemplar kaufen. Aber Bubu-Messer mit dem Gatz kaufte eins. Gatzweiler Alt ist eine Düsseldorfer Brauerei und Bubu-Messer mit dem Gatz bestand darauf, dass ich ihm das Buch signiere. *Für Bubu-Messer mit dem Gatz,* schrieb ich. Es war das erste Mal, dass ich ein Buch signierte. Bubu war Dauergast auf der Ratinger Straße. In der Uel, dem Einhorn, dem Ratinger Hof. Während ich signierte, überredete er mich, im Sommer mit ihm nach Portugal zu fahren. Er würde vorfahren, ich könnte nachkommen, eine Spitzenidee. Ich kannte Bubu kaum, aber ich kannte ja noch kaum etwas, darum klang alles interessant. Ich fuhr dann nach Portugal in den kleinen Fischerort, den er mir genannt hatte, aber Bubu war nicht da. Das war egal. Ich hätte eh nicht gewusst, was ich mit Bubu hätte reden sollen.

Jetzt, im Herbst, traf ich ihn wieder. Auf der Ratinger Straße stand er vor dem Ohme Jupp.

»Ich war in Portugal«, sagte ich.

»Aha«, sagte er.

»Wo warst du?«

»Wieso?«, fragte Bubu. »Ich war den ganzen Sommer auf der Ratinger.«

»Du hast gesagt, du bist in Porto Covo. Ich bin extra hingefahren.«

»Was soll ich denn dort? Ich war noch nie weg aus Düsseldorf. Warum sollte ich nach Portugal fahren?«

Bubu war Mitte zwanzig, und kein Mensch wusste, was er tat. »Tag, ich bin Bubu-Messer mit dem Gatz«, sagte er. Viel mehr nicht. Er war irritierend. Ich sah nie irgendwo ein Messer, und meistens trank er Diebels Alt. Muhl kam vorbei. Er war frisch auf der Folkwang-Schauspielschule. »Ihr müsst eure Väter töten«, sagte er im Vorübergehen. Scheinbar probte er gerade irgendetwas.

»Gehst du mit in die Schneider-Wibbel-Gasse?«, fragte ich Bubu.

»Warum?«

»Ins Kino.«

»Nee. Ich geh nicht ins Kino. Wozu?«

»Um einen Film zu sehen.«

»Nee, wüsste nicht, was das bringen soll«, sagte Bubu-Messer mit dem Gatz und ging Richtung Bagel, wo die Backgammon-Profis der Unterwelt um Autos und Häuser spielten.

Muhls Freundin, eine Spanierin, stellte sich zu mir. Sie studierte Jura. »In Spanien hab ich noch an der Uni gelernt, dass ein Mann, wenn er seine Frau in flagranti ertappt, sie töten darf. Aber den Mann, mit dem sie fickt, nicht.«

»Dein Freund will, dass ich meinen Vater töte«.

»Wenn wir beide miteinander schlafen, darf Muhl weder dich noch mich töten. Das ist Deutschland«, sagte sie.

»Willst du mit mir in die Schneider-Wibbel-Gasse gehen? Ins Kino? Da könnten wir im Dunkeln fummeln«, sagte ich.

»Ich hab's lieber, wenn das Licht anbleibt. Meine alte spanische Furcht. Ich muss immer sehen können, ob mein Mann reinkommt. Selbst im Kino.«

Sie trug eine tote Hose. Man konnte sie für 5 Mark bei der Band kaufen. Campino brachte sie dann selbst vorbei. Es waren Hosen, die scheiße aussahen, aber kurzzeitig halfen sie der Band, sich über Wasser zu halten.

Ich ging in der Uel aufs Klo. Thierry lehnte sich zu nah ans Pissoir, wie ich fand. Der Strahl prallte von der Wand ab gegen seine Hose. Thierry war Franzose, arbeitsloser Koch und Schlagzeuger der Band *Die Holzbeizer*. Mehrmals hatte ich versucht, ein Konzert der *Holzbeizer* zu sehen, aber es war mir nicht gelungen. *Die Holzbeizer* waren die unkonzentrierteste und unprofessionellste Band der Stadt. Zu bekifft für jede Art von Karriere. Mal vergaßen sie den Auftritt, mal die Instrumente. Selbst Thierry war es bei zwei Auftritten nicht aufgefallen, dass er sein Schlagzeug nicht dabeihatte. Ein Schlagzeug ist schwer zu übersehen. Für Thierry nicht.

Seine Hose war nass, aber er war zu breit, es zu bemerken. Er bückte sich nach einer Plastiktüte, die auch feucht geworden war.

»Das Glück ist ein Vogel, und ich bin sein Nest«, sagte er grinsend. Er öffnete die Tüte und zeigte mir den Inhalt. Dope zum Saufüttern. Viel mehr, als ich je auf einem Haufen gesehen hatte.

»Wo hast du das her?«, fragte ich.

»Gefunden.«

»Wem gehört das?«

»Jetzt mir.« Er schnalzte mit der Zunge und torkelte aus dem Klo.

»Hey, Zwiebelzwerg!« Sascha Ntiwa Dua war ein Schulfreund. Sein Vater kam aus Burundi, wo laut Sascha die Araber alles fickten, was sich bewegt. Sogar Frösche. Fickfrosch war deshalb eines unserer Lieblingsworte.

»Thierry riecht wie eine Kläranlage«, sagte Sascha.

»Er hat eine Tüte voll mit Dope«, sagte ich.

»Das hilft ihm auch nicht, wenn er riecht wie ein Iltis, der alte Fickfrosch.«

»Hast du Lust, in die Schneider-Wibbel-Gasse zu gehen?«

»Ins Kino?«

»Der Schneemann.«

»Walt Disney?«

»Nee, Marius Müller-Westernhagen.«

»Ich möchte zurück auf die Straße, möchte wieder singen, nicht schön, sondern geil und laut. Denn Gold find man bekanntlich im Dreck.«

»Und Straßen sind aus Dreck gebaut«, ergänzte ich. Genau.

»Warum nicht?«

Wir gingen durch die Altstadt, in der sich das Ruhrgebiet versammelte, um sich die ausgetrockneten Arbeiterkehlen zu befeuchten. Die längste Theke der Welt füllte sich rapide. Vorm Uerige standen mehr Menschen als in Wien am Heldenplatz, als Hitler den Anschluss Österreichs ans Deutsche Reich verkündete. Wir zwängten uns durch die Masse, die sich minütlich verdoppelte.

In der Schneider-Wibbel-Gasse wurde es ruhiger. Die Leute kamen aus Oberhausen, Essen und Duisburg nicht in die Altstadt, um ins Programmkino zu gehen. *Mit 18 rannt ich in Düsseldorf rum.* Sascha sang noch immer Westernhagen. Sascha hatte einem von Kraftwerk die Freundin ausgespannt und deshalb Heldenstatus. *Sie ist ein Model und sie sieht gut aus.* Ich hatte eine kleine gelbe Reiseschreibmaschine. Die stand bei ihr zu Hause, weil ich mit Sascha zusammen einmal im Haus ihrer reichen Eltern war, um an einem Drehbuch zu arbeiten, aus dem natürlich nie etwas wurde. Ich hatte betrunken meine Schreibmaschine bei ihr vergessen. Meine Schreibmaschine bei einem Welthit.

Das Haus stand am Rhein und hatte eine riesige Glasfront mit Blick auf den Fluss. Ich stellte mir vor, meiner Schreibmaschine ging es dort sehr gut.

Das Cinema war schlecht besucht. Wir hatten freie Platzwahl. Wir kauften kein Langnese Eiskonfekt vor dem Film. Wenn wir in eine Eisdiele gingen, wollten wir ja auch keinen Film dazu ansehen müssen. Kino ist Kino, und Eis ist Eis.

»Malta? *Where the fuck is Malta?*«, rief Sascha, als der Film begann.

Im Einhorn saß Thierry zwei Stunden später zusammengesunken in einer Ecke. Er hatte ein Cut über dem Auge und eine Schwellung an der Stirn. Einer aus dem Bagel hatte ihn verprügelt. Es ging um die Plastiktüte.

»Ich hab sie aber nicht mehr. Irgendein Arschloch hat sie mir weggenommen, als ich am Flipper stand.«

»Ist besser so«, sagte ich. Das hatte ich im Kino gelernt. Vermeintliches Glück führt zu Unglück und Verwicklungen, die man nicht selber entzerren kann.

»Weiser Mann, der Schneemann«, sagte Sascha, der mich seit diesem Abend nur mehr *Schneemann* nannte. Dirk Schneemann.

Wir fuhren mit der Straßenbahn über die Brücke nach Oberkassel. Hier standen mehr alte Gebäude als auf der anderen Rheinseite, weil die Engländer von hier aus die Stadt beschossen. Beuys wohnte hier. Wir suchten vor seinem Haus irgendwelche Zettel, die Beuys vielleicht bekritzelt hatte, um sie später zu verkaufen. Die Tochter von Beuys war vor kurzem 18 geworden. Er hatte für sie eine Riesenparty in den Rheinterrassen organisiert. Wir hatten gehört, dass er in einem Lokal ein paar Dutzend Bierdeckel bemalt und damit das Luxusfest bezahlt hatte. Wir fanden einen Einkaufszettel auf dem Bürgersteig. Klopapier und Maggi stand darauf. Vielleicht hatte er das geschrieben. Obwohl die Schrift eher nach Sütterlin aussah. Und Maggi? Würde Beuys Maggi verwenden? Schwer vorstellbar. Ein paar Häuser weiter war eine Hofeinfahrt. Hier war das Atelier von Ulrich. Er war ein schwuler Filmemacher, der gern junge Männer um sich hatte. Zurzeit war er mit einem griechischen Model zusammen. Der Grieche lag auf einem Sofa und kokste wie in einer Kokswerbebroschüre. Handspiegel, Hundertmarkschein.

»Klischeekoksen«, sagte ich und sah Bubu Messer mit dem Gatz mitten im Zimmer stehen. Er hielt eine Plastiktüte eng umschlungen. *Tainted Love* lief, und Bubu tanzte mit der Tüte. Sascha verschwand mit der einzigen Frau in den ersten Stock, und ich stand sinnlos herum. Ulrich kraulte dem Griechen die Haare, Bubu war weggetreten, die anderen Typen kannte ich nicht. Ich setzte mich auf den Boden, zupfte Flusen aus dem Schafwollteppich und wartete auf Sascha.

»Abmarsch, Schneemann«, rief Sascha nach einer Stunde. Der Teppich war gerupft und der Abend konnte weitergehen.

Von Marius Müller-Westernhagen heißt es, dass er heute nach Konzerten in Riesen-Arenen nach der letzten Zugabe sofort die Halle im Bademantel verlässt, sich in die Shuttle-Limousine setzt und seinen Manager anruft, der sein Handy in die um Zugabe brüllende Masse hält. MMW sitzt dann während der Fahrt ins Hotel im Wagen und berauscht sich an der Begeisterung, die er hinterlassen hat.

Irgendwie armselig, wenn's stimmt. Für mich war der Höhepunkt von Westernhagens Karriere in den späten 60ern, als er für den WDR im Hörspiel *Wickie und die starken Männer* die Hauptrolle sprach. Als MMW noch cool war und in den 70ern in der hippen WG in Hamburg mit Otto und Udo Lindenberg wohnte, da hätte ich ihn weit nach Otto und auch nach Lindenberg eingereiht. Warum ich Mitte der 80er Jahre sein *Ich will zurück auf die Straße* auswendig konnte, weiß ich nicht. Aber besser, als wenn ich seine späteren Lieder auswendig könnte.

Fauser hatte keine Limousine. *Der Schneemann* kam zwei Jahre vor seinem Tod in die Kinos. Und es sollte weitere 35 Jahre brauchen, bis ich den *Schneemann* endlich gelesen habe. So wie Sie. Und wenn es Limousinen da oben gäbe, wünschte ich, Fauser ging kurz mal ran. Ich würde klatschen. Laut, wie eine volle Arena.

Dirk Stermann

»Jede Art zu schreiben ist erlaubt – nur die langweilige nicht.«

VOLTAIRE

Herausgegeben und mit einem Gespräch eingeleitet von
Matthias Penzel und Stephan Porombka
368 Seiten
Auch erhältlich als eBook

»Caro Carlo«, »Dear Harry« – so beginnen oft die Briefe und Postkarten, die sich Carl Weissner und Jörg Fauser über Jahre schrieben. Darin zu spüren ist stets die große Zuneigung füreinander, während die Themen um oft prekäre finanzielle Situationen, um Urlaube und durchzechte Nächte und um den großen Frust über das Konstrukt ›Literaturbetrieb‹ kreisen. Während Fauser in diesem nie wirklich Fuß fasste, hatte sich Carl Weissner mit den Übersetzungen von Charles Bukowski oder Songtexten von Frank Zappa bereits einen Namen gemacht und tritt als Ratgeber, beruhigende Stimme oder auch Lektor auf.

Zusammengestellt, herausgegeben und mit einem Vorwort
von Peter Graf sowie einem Nachwort von Ronja von Rönne
Mit Faksimiles von Briefen und Postkarten
464 Seiten
Auch erhältlich als eBook

Als 12-Jähriger regt er sich in einem Brief an den Vater mordsmäßig über einen Schriftsteller auf. Und mit nicht einmal 14 schreibt er über eine Bundestagsversammlung und schwärmt über den jungen SPD-Mann: »Schmidt aus Hamburg! Es war großartig! Hinreißend!« In jedem Brief zeigt sich eine neue Facette des weitsichtigen Beobachters, leidenschaftlichen Schreibers, unbestechlichen Journalisten und eben auch liebevollen sowie rebellischen Sohns Jörg Fauser.

Roman
Mit Nachworten von Michael Köhlmeier und Matthias Penzel
352 Seiten
Auch erhältlich als eBook, Hörbuch und Hörbuch-Download

Harry Gelbs Rohstoff sind Opium auf einem Dach in Istanbul und LSD in einer Kommune in Berlin, sind Heroin in einer Göttinger Mansarde und unzählige Biere in Frankfurts Kneipen – vor allem aber ist sein Rohstoff das Schreiben. Rasant, brutal ehrlich und witzig erzählt Fausers Alter Ego von einer gefährlichen wie gefährdeten Jugend und von einem Mann, der weder als Nachtwächter noch als Flughafenpacker vergisst, was er sein will: Schriftsteller. Mit Nachworten von Michael Köhlmeier und Matthias Penzel.

Auf **diogenes.ch/newsletter** erfahren Sie zuerst von Neuerscheinungen und Neuigkeiten unserer Autorinnen und Autoren.

Oder schauen Sie hier vorbei: